ARCHAEOLOGY QUARTERLY

季刊 考古学 167

特集 古墳時代日韓交渉の基礎資料

古墳と葬送祭祀

韓半島の中の倭系文物

カット／ダン・ヨシコ

1 陶質土器と須恵器

陶質土器と須恵器

中久保辰夫

初期須恵器は，大甕（左上）や壺といった貯蔵器を核として，壺などを捧げもつ高杯形器台，食物や供物の器となる高杯，杯身・杯蓋，浅鉢，給仕具としての𤭯など，器種が多岐にわたる。それぞれの器種や型式が韓半島各地に由来し，取捨選択と融合を経て，日本列島固有の「須恵器」が形成された。豊富に出土した初期須恵器は，多方面にわたる交流の軌跡を跡付けるとともに，東アジア世界における独自性も浮き彫りにしている。

1. 黍田 E 号墳出土大甕（兵庫県たつの市）

初期須恵器生産の中核は貯蔵容器である大甕であった。
（たつの市教育委員会提供）

3. 長原遺跡出土須恵器（大阪市平野区）

長原遺跡は列島随一の初期須恵器出土集落遺跡である。
（大阪市文化財協会提供）

4. 楠見遺跡出土須恵器（和歌山市）

初期須恵器は韓半島南部に加え，陶橎など六朝陶瓷の系譜も視野にいれなければならない。（和歌山市立博物館提供）

2. ON231 号窯出土須恵器（大阪府堺市）

本窯は，多系統の取捨選択がなされた窯場で，地方窯にも影響を与えた。（大阪府教育委員会所蔵・（公財）大阪府文化財センター写真提供）

5. 新堂遺跡出土須恵器（奈良県橿原市）

2016 年度に発掘調査がなされた新堂遺跡では良質な初期須恵器が大量に出土した。（橿原市蔵）

② 装飾付環頭大刀

本誌 38 頁

金 宇大

日本列島の単龍環頭大刀は，従来百済の武寧王陵刀に系譜を求め得るとされてきた。しかし，近年の研究で大加耶との関係を含む複雑な技術系譜が解明されつつあり，列島への技術伝播も数次に及ぶ可能性が指摘されている。

2. 龍鳳文環頭大刀

韓国 高霊 池山洞 73 号墳
（大加耶博物館所蔵）

1. 単龍環頭大刀

韓国 公州 武寧王陵
（国立公州博物館所蔵）

3. 大加耶系龍鳳文環頭大刀

韓国 陜川 玉田 M 3 号墳
（国立中央博物館所蔵）

4. 龍鳳文環頭大刀

韓国 羅州 新村里 9 号墳乙棺
（国立中央博物館所蔵）

5. 旋回式単龍環頭大刀

日本 群馬県 皇子塚古墳
（藤岡市教育委員会蔵）

6. 旋回式単龍環頭大刀

日本 千葉県 金鈴塚古墳
（木更津市郷土博物館 金のすず所蔵）

3 馬具

本誌46頁　　諫早直人

馬という動物が生息していなかっ
た日本列島に古墳時代中期に出現
する初期馬具は，この時期，大量
にもたらされたであろう馬やそれ
を伴って移住した馬飼集団のルー
ツを探る格好の材料である。滋賀
県新開1号墳の鉄地金銅張双龍文
透彫楕円形鏡板轡は，4世紀代の慕
容鮮卑・三燕と5世紀中頃の新羅
の資料の間に位置づけられ，引手
形態から5世紀前半に新羅で製作
された可能性が高い。当該期の新
羅では，王陵級古墳にのみ副葬さ
れた優品である。

1. 鉄地金銅張双龍文透彫楕円形鏡板

中国 遼寧省 北票 喇嘛洞Ⅱ M16号墓
（遼寧省文物考古研究院提供）

2. 鉄地金銅張双龍文透彫楕円形鏡板轡

左：全体　右：左側鏡板細部
日本 滋賀県 栗東 新開1号墳
（栗山雅夫撮影。滋賀県立安土城考古博物館所蔵）

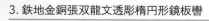

3. 鉄地金銅張双龍文透彫楕円形鏡板轡

韓国 慶尚北道 慶州 皇南大塚南墳
（国立慶州博物館提供）

④ 玉 類

本誌 54 頁

井上主税

古墳時代中期以降の日本列島では，斑点文トンボ玉，雁木玉，重層ガラス玉，メノウ製丸玉，金属製玉類，埋木製玉類など，様々な外来系玉類が出土する。その中にははるか西方（地中海や西アジア）を起源として，シルクロードを通じて東アジアにまでもたらされた製品もある。ただし，これらの外来系玉類の多くは中国や朝鮮半島を経由して日本列島にもたらされたと考えられるため，東アジアにおける交流関係の一端をあらわす資料として評価できる。

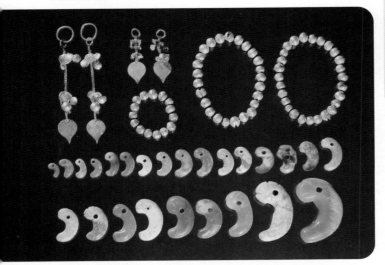

1. 慶州月城路カ -13 号墳出土玉類（ヒスイ製勾玉・金製空玉）
（国立慶州博物館蔵）

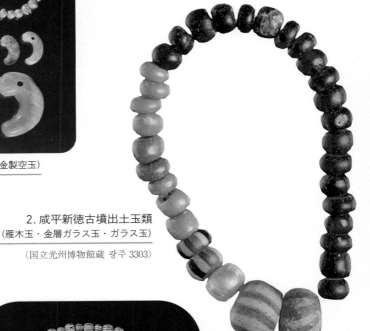

2. 咸平新徳古墳出土玉類
（雁木玉・金層ガラス玉・ガラス玉）
（国立光州博物館蔵 광주 3303）

3. 烏山水清洞古墳群出土玉類
（メノウ製丸玉・インド・パシフィックビーズ）
（国立中央博物館蔵 신수 48366）

5. 公州武寧王陵出土玉類
（金製梔子玉）
（国立公州博物館蔵 공주 641）

4. 瑞山富長里古墳群出土玉類（金層ガラス玉）
（国立公州博物館蔵 공주 24820）

6. 慶州金鈴塚出土玉類
（斑点文トンボ玉）
（国立中央博物館蔵 본관 9677）

⑤ 冠と飾履

本誌58頁

土屋隆史

ここでは紙幅の関係上，論攷で言及することができなかった朝鮮半島南部における冠・飾履の新出事例を紹介する。

銀花冠飾（國立羅州文化財研究所提供）

羅州 松堤里1号墳（國立羅州文化財研究所『羅州松堤里古墳群発掘調査報告書』文化財廳・國立羅州文化財研究所，2022（韓））

松堤里1号墳は6世紀第2四半期頃とされる古墳である。これは百済系冠の「銀花冠飾」とされる形式の中でも最も古い特徴をもつ。これによって銀花冠飾の変化の方向性が明らかになり，編年も可能になった。詳しくは土屋隆史「日本列島における百済系装身具の生産」（『考古学雑誌』106−1，日本考古学会，2023，pp.1-26）を参照願いたい。

銀花冠飾（慶南研究院歴史文化센터提供）

南海 南峙里1号墳出土

（河承哲ほか『南海南峙里百済石室』文化財廳・南海郡・慶南發展研究院歴史文化센터，2016（韓））

南海南峙里1号墳は南海島に所在する7世紀第2四半期頃とされる古墳である。銀花冠飾は最も新しい特徴をもち，編年上の重要資料である。また，被葬者が百済中央の統治体制に編入されたことを示す証拠であると指摘されている。

飾履（國立羅州文化財研究所提供）

羅州 伏岩里 丁村古墳1号石室（國立羅州文化財研究所『羅州 伏岩里 丁村古墳発掘調査報告書』文化財廳・國立羅州文化財研究所，2017（韓））

構造や透かし文様からみて，5世紀中〜後葉頃の百済系と考えられる飾履である。足の甲には龍頭装飾が装着されており，類例は他にみられない。左側の飾履（写真右側）の踵附近からは人骨とともにハエの囲蛹殻が見つかった。これは被葬者が死亡直後に埋葬されず，一定期間，解放された空間に安置されていたことを示す。殯のような埋葬までにおこなわれた喪葬儀礼に際して飾履が装着されていたことを示す重要な資料である。

6 墳丘の形状と構築技術

本誌66頁

青木　敬

高句麗や新羅，加耶などでは，高大化した墳丘がつくられ，これが古墳時代中期末以降，倭にもひろがる。また墳丘構築技術といっても実態は様々であり，高さを出すための工夫や，区画築造に用いる素材も石や土塊，土嚢など多様だった。

1. 慶州の新羅王陵
高大化した墳丘の典型例。（青木敬撮影）

2. 奈良県与楽鑵子塚古墳
従来の古墳とは異なる高い墳丘が特徴的。（青木敬撮影）

3. 霊岩沃野里方台形古墳の区画築造（左）
（国立羅州文化財研究所提供）

4. 蔵塚古墳で検出した土嚢列（上）
（大阪府教育委員会蔵・（公財）大阪府文化財センター写真提供）

5. 咸安末伊山古墳群 25 号墳の平面
平面でも区画築造にともなう土層の色調変化が識別できる。
（ウリ文化財研究院提供）

6. 金海元支里古墳群 M2 号墳の木柱痕
斜面地における墳丘構築に工夫を凝らした一例。高大化した墳丘の典型例。（三江文化財研究院提供）

7 倭系古墳

高田貫太

1990年代には朝鮮半島西南部に前方後円墳が存在することが確定的となり，2000年代以降，朝鮮半島の西・南海岸を中心に5世紀前半代の倭系古墳の発見が相次いだ。現在も新たな事例が確認されている。臨海性の高い集落の調査研究も充実し，少なからず倭系の土器や埴輪が出土している。これらの資料は，5，6世紀の日朝交渉の実態は無論のこと，当時の百済や栄山江流域に居を構えた社会(栄山江流域社会)の内実を理解するうえでも極めて重要である。

1. 多島海の小島に築かれた倭系古墳

新安ベノルリ3号墳（東新大学校文化博物館提供）

3. 咸平新徳古墳群の全景

前方後円墳の1号墳の前方部に近接して，2号墳が築かれた。(国立光州博物館提供)

2. 朝鮮半島中西部で発見された倭系古墳

天安求道里墳丘墓（百済古都文化財団提供）

4. 2021年度後半に発見された前方後円墳

羅州市鳳凰面柳谷里の前方後円墳（筆者撮影）

5. 海南半島の中心域の古墳群で確認された「類似箱式石棺」

海南揖湖里山66墓1号墳2号石槨（大韓文化財研究院提供）

6. 朝鮮半島南海岸の集落から出土した土師器系土器

光陽龍江里石亭遺跡5号住居址（大韓文化財研究院提供）

8

本誌82頁

朝鮮半島出土の 円筒埴輪と 形象埴輪

廣瀬 覚

栄山江流域の円筒埴輪において主流となるのは，反転作業を2度繰り返す特徴的な倒立技法を用いる系列である。当初は上半部に土器が載せられた形状を忠実に表現するが，前方後円墳の導入と軌を一にして単調な円筒埴輪の形状に転化する。また焼成も初期段階をのぞくと一貫して酸化焔焼成で，倭と同様に赤・黄褐色に焼きあげられる。

徳山里9号墳　　　　旺村里2号墳　　　　明花洞古墳　　　　月桂洞1号墳

1. 栄山江流域の円筒埴輪（国立羅州文化財研究所提供）

形象埴輪は，いずれも方台形古墳（方墳）からの出土である。動物（鶏・馬・猪・鹿か）と人物（女子および盾持か）が確認できるが，構成は限定的である。総じてつくりは稚拙だが，細部の表現には倭の埴輪にたいする一定の知識の受容がみてとれる。

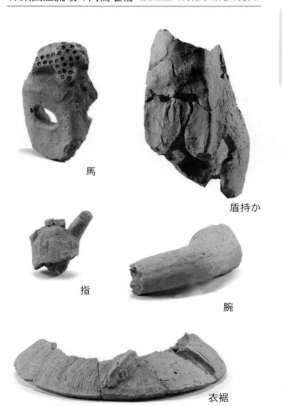

馬

盾持か

指

腕

衣裾

2. 金山里方台形古墳出土形象埴輪
（国立羅州博物館提供）

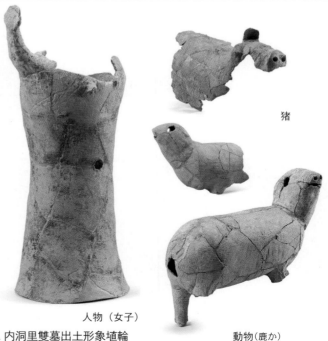

人物（女子）

猪

3. 内洞里雙墓出土形象埴輪
（国立羅州博物館提供）

動物（鹿か）

ARCHAEOLOGY QUARTERLY

季刊 **考古学** *167*

古墳時代日韓交渉の基礎資料

古墳時代並行期の日韓の社会と考古資料

∶山本孝文　YAMAMOTO Takafumi
日本大学教授

古墳時代日韓交渉史の情報と研究視点の
アップデートを図り，方向性を模索する

1　研究分野としての日韓交渉史

　日本列島内で発見される一部の資料を大陸起源とみて両地域を比較検討する研究は100年以上の歴史があり，現在も日本考古学の主要なパートとして根付いているため，その重要性について殊更強調する必要はない。とくに古墳時代の日本列島の文化・社会を考える上で，時期的に並行する三国時代の韓半島への視座が必須であるのは，大陸・半島系の文化・文物の多くが列島社会に技術革新，文化変容，習俗の変化，思想の転換をもたらしたと考えられてきたためである。『日本書紀』などの史書の当該時代に関連する記録が，日本列島と韓半島の国々との交渉・関係記事にそれなりに多くの分量を割いていることも大きく作用している。

　しかしこのような関係が一方通行的なものではなく，いわば相互関係の視点によって理解するべきものであることは，発掘調査によって増加している韓国内のいわゆる「倭系文物」の検討からも指摘されて久しい。これら両地域の関係を表す遺構・遺物に関しては政治・軍事的な解釈がされることも多く，それが妥当である性格の資料も多いが，それだけではなかったはずで，いわば教科書的な観点には補完されるべき部分がいくつかある。それが相互に主体・客体的観点を備えた視点と，交流の多様性の想定である[1]。そしてそれらの解釈を公正に行うために，何よりも個々の資料に関する正確かつ豊富な情報が求められる。

　海外との交渉関連研究はいくつかの分野に分けられる。本特集のような遺構・遺物などの出土資料を扱う考古学的検討，文献に記録された渡来集団や国家間交渉の記事を扱う文献史学的検討，そして出土人骨やDNAの系統把握によって遺伝的つながりを解明する遺伝子学・形質人類学的検討などである。形質・文化・言語などすべてを総合した視点が重要なのはいうまでもないが，なかでも考古学的検討では，日本および韓国の各地において日々の発掘調査により相互の関係性を物語る資料が発見され続けており，それをもとに常に新しい研究が公表されている。古墳時代研究でも，その多くの分野で，韓半島資料のチェックは検討の幅を広げる一つのポイントになっている。

2　情報のアップデートと多様な解釈への提言

　本特集に近い企画として，『季刊考古学』では2016年にも「古墳時代・渡来人の考古学」の特集が組まれた。そこでは古墳時代の日本列島の遺跡に見られる技術・生活・風習の転換という現象が「渡来人」の存在を前提に描かれており，従来の視点による研究の一つの到達点を示している[2]。本特集では，そこからむしろ一歩退いた視点で，資料の提示と対比という，今一度基本作業に立ち返った切り口を設けたい。その意図は大きく二つある。

　一つは，日々更新される日韓交渉史の関連資料・研究を取りまとめたアップデートである。1990年代以降には日韓両国を行き来する研究者や一般の人々の数も格段に増え，報告書のデジタル化やインターネット環境の発達によって韓国の資料へのアプローチはかつてに比べて格段に良好になっ

た。相互の資料に直接触れる機会や共同研究の場も多くなったが，とはいえ言語が異なる外国の情報や研究がタイムリーに，逐一詳細に日本に紹介されるわけではなく，情報共有はまだ一部の研究者に限られ，多くの人にとっては手が届きにくい。古墳時代資料の系譜に触れた書籍や論考などでは，取り上げられる韓半島の考古資料が数十年前の情報に留まっているものも見られる。そこで，資料の蓄積著しい近年の韓国考古学の調査・研究成果から，日本の古墳時代に関わる資料を比較検討の俎上に載せることで，交渉史研究のベースアップを図りたい。世界的パンデミックを引き起こした感染症期の一時的な空白を経て，改めて日韓考古学の人的交流の完全復活と，さらなる促進を目指す時期になっている。その一環として本特集では，多くの研究者，専攻生，関心を持つ人たちにとって，古墳時代の日韓考古学の研究史整理および知識と情報を得る機会になるような内容を目指した。一時期に多かった相互の国で考古学を学ぶ留学生も近年少なくなっているが，「手が届く身近な分野」として認知してもらい，専攻を志す人の数が増えることにも期待したい。

　もう一つは，国家間交流，渡来・移住などの枠組みにとらわれずに，まずは生の資料に立ち返り，ニュートラルな視点で資料解釈の土台を設けたいという点である。これを実現するためには，伝播・移住・交流・軋轢など資料の移動に伴う解釈の理論的枠組みを再点検し再構築する必要がある。一朝一夕にできることではないが，様々な分野の資料を提示することと，先入観抜きで両地域の資料を比較検討すること，それらを総合的にとらえる視点を培うことがその第一歩になると考える。政治的関係や渡来人という前提ありきで両地域の資料を見ると，それ以外の様々な交流の実態を覆い隠してしまうことにもなりかねないため注意が必要である。

3　本特集の構成

　三国時代も韓半島の歴史上最も大きな墳墓（古墳）が各地に多く造られ，その副葬品を主体として最も多種多様な考古資料が確保されている時代である。そのため，この時代の研究もかつての日本の古墳時代研究と同様に古墳や副葬品を主な対象として行われてきたが，住居や集落，生活什器としての土器やそれらを生産していた

窯などの情報と研究も増え，日本との比較素材が充実している。

　本特集は，住居や集落，土器や窯など当時の生活・基層文化に関わるパート，武器・武具・馬具など当時の社会を象徴的に表す文物に関わるパート，支配者の身体装飾や権威の表象に関わるパート，墓葬制に関わるパートに全体を分けている。構成とテーマは比較的オーソドックスであるが，これまでに研究の蓄積があり，新しい資料の発見や研究の進展が見られる主題を選定し，それぞれ日韓の資料に精通した研究者に担当いただいた。また，近年調査研究が盛んな韓半島の倭系古墳・倭系文物についても最新の知見をふまえた視点を示していただいた。

　ピックアップしたテーマはそれぞれ個別詳細に研究されており，それ自体が重要な交渉史の一側面を示すものである。そして土器には土器の交流背景があり，古墳には古墳の交流背景がある。両地域に共通した住居がある状況と，共通した武器がある状況を一律に解釈するのはそぐわない点がある。できるだけ多様な性格の資料を選定することで，両地域の交渉・交流に多様な側面があり，必ずしも文献の内容や国家間交渉だけにとらわれない交流があったであろうこと，多様な資料が必ずしも同じ脈絡で両地域を往来したわけではないことを示そうとした。その歴史的解釈は基盤資料を整えた次段階に行うべき課題とし，執筆者の方々には，少ない紙幅の中でできるだけ基礎情報の提示に注力していただいた。

4　考古学による日韓交渉史研究の方向性

　最後に，両地域の交渉史研究を深める上でさらなる努力と協業が必要と思われる点を二つ挙げておきたい。

①包括的研究の必要性

　考古学による日韓交渉史の検討は，個別分野ごとに優れた成果が多く提出され続けており，とくに弥生・古墳時代研究に不動の研究視座を設けている。これらの個別研究の充実を承け，今後体系的に交渉史を復元するために，様々な資料を横断的に扱う研究と，最終的に当該期の資料すべてを有機的に結び付けて当時の社会同士のつながりを復元する視点が必要になる。考古学研究の常として，個々の社会システムを組み合わせた複合的・総合的検討を目指そうとすると，自ずとそれに供

するための資料の種類や量が増える。そしてそれを扱う研究者や学術論文の数が増えれば増えるほど統合的作業が難しくなるという難点を孕む。

古墳時代の日韓交渉史を包括的にまとめた近年の業績として，武末純一氏を研究代表とする科学研究費補助金の成果「日韓交渉の考古学―古墳時代篇―」がある[3]。互いの資料に精通する日韓の研究者によって多様なテーマを包括したこのような共同作業を通じ，今後も常に情報と研究をアップデートしつつ，それを交渉史全体に組み込む努力が必要であろう。

②考古学による交渉史の理論的枠組みの構築

古墳時代の日韓関係史では，各種技術者集団の渡来記事や，国家間の関係や紛争について触れた文献の記事が大きな役割を果たしており，それが考古資料の解釈に利用されることも多い。それによって妥当性が高い解釈を導き出している場面も多いが，ときにはその大きすぎる役割が懸念される場面もある。すなわち，日本列島の各地で発見されるいわゆる渡来系の文化・文物に対し，それを歴史書の記事にある枠組みの中だけで理解したり，国家間の政治的状況の産物として，あるいはそれに寄せ過ぎた考察をすることは，多様な交流の実像を極度に矮小化させ，解釈の幅を狭めることになりかねない。

そのような危惧が持たれる一つの要因として，日本列島が通史的に集団の移動や移住が頻繁に起こったと考えられる地理的・歴史的条件を持つ地域であるにもかかわらず，人や物の移動・移住・伝播を扱った考古学独自の理論的枠組みに関する研究が少ない点がある。実際の個別資料に即した緻密な検討によって地域間交渉が語られているのは大きな強みであるが，一方でその背景に対する解釈は，史料に記された内容を前提にすることが多いせいか，比較的単調でステレオタイプ的である印象も受ける。

日韓交渉の代表的テーマである渡来人の考古学的解釈に関しては亀田修一氏による記念碑的な研究があり[4]，様々な文化・文物や人の「渡来」に関する考古学的状況のモデルが提示された。しかしその後，ヒト・モノの移動（分布変化）現象を体系的にとらえた研究は，少なくとも古墳時代の日韓交渉研究では多く提示されていないようである。「渡来人」「渡来集団」という従来の視点に加え，資料の様々な存在様態に対応できる枠組みを，考

古学からの成果として提示していくのも必要な作業であろう。

*

人類史における古墳時代の特殊性・普遍性を論じるためには比較素材が必要であり，他者との比較を通じてのみ相対的位置付けを提示することができる。その意味で，異なる社会でありながら文化・文物の共通項があり，類似点と相違点がそれぞれ明確に含まれている韓半島三国時代の資料は，格好の比較材料といえる。そしてその両者を同等の観点から扱うことは，日本列島の社会とそれに関する考古学的研究を広域地域史（東アジア史）の中に位置付ける上で重要な作業になることは疑いない。

本特集は古墳時代並行期の日韓で共通して見られるもの，両地域の関係を物語る資料を主題にしているため，取り上げられなかったテーマも多い。地域間関係を検討するためには共通点・類似点だけを拾って議論しても本質は見えず，むしろ片方にしかない要素が相互の社会の比較の上では重要なポイントになる。例えば山城や都城，寺院建築，筆記道具としての文房具（木簡を含む）などは，いずれも韓半島では三国時代に通有の，あるいはいち早く三国時代に現れて定着した要素であるが，日本列島では古墳時代以降の社会を考える上で大きな意義を持つものである。韓半島三国時代の後半と日本の終末期古墳の時代を並行する時代として扱って比較する枠組みが別途必要である。また，農耕・漁労などの生業や金属器製作などの生産活動，祭祀などの精神生活に関わるテーマも，両地域の社会を比較しつつ歴史展開を考察していく上では必要な対象である。別の機会を期したい。

なお本特集では，それぞれ同じ地域を指す「朝鮮半島」と「韓半島」，「日本」と「倭」，「加耶」と「伽耶」の表記はあえて統一せず，各執筆者の使用によっている。

註

1) 高田貫太『海の向こうから見た倭国』講談社，2017。山本孝文『古代韓半島と倭国』中央公論新社，2018
2) 土生田純之・亀田修一編「特集 古墳時代・渡来人の考古学」『季刊考古学』137，雄山閣，2016
3) 日韓交渉の考古学―古墳時代―研究会『日韓交渉の考古学―古墳時代―（最終報告書 論考編）』2018
4) 亀田修一「考古学から見た渡来人」『古文化談叢』30（中），九州古文化研究会，1993

生活と祭祀の基礎資料

近年発掘事例が増加している住居や集落，土器や窯など当時の生活・基層文化に関わる資料の最新状況を概観する

⋮ 住居・建物とその施設／陶質土器と須恵器／軟質土器から土師器へ／窯と土器生産

住居・建物とその施設

重藤輝行　SHIGEFUJI Teruyuki ⋮
佐賀大学教授

カマドと大壁建物を中心に，資料の現況をまとめる。近年，朝鮮半島で示されている多様なあり方や変遷の研究成果を踏まえた議論が求められる

　住居・建物の形態やその施設は時代，地域によって異なるとともに，そこに住む集団の出自とも対応することが多い。そのため古墳時代以降，竪穴住居に設置される施設であるカマドの形態や大壁建物の存在は，朝鮮半島からの渡来人の存在の指標となってきた。それを通じて渡来人の職掌，活動や日本列島の社会・文化に与えた影響の解明が進められている。

　ここではオンドル状カマドと関連する竪穴住居，大壁建物を中心に古墳時代並行期の日韓の住居・建物とその施設を比較検討し，資料の現況と今後の研究課題を論ずることにしたい。

1　日韓のカマドと竪穴住居

　日本のカマド　日本列島中央部でのカマドの本格的出現は古墳時代中期中頃である。中期には須恵器生産が開始され，古墳副葬品に渡来系要素が増加するので，カマド出現も渡来人の深い関与が想定される。また，カマド出現は大型甑（こしき）や小型の手持ち食器の増加と連動し，倭人の食生活を変化させ，その後の文化の基盤となった。

　日本のカマドは，多少の地域差，時間的変化は指摘されているが，方形竪穴住居の１辺の壁際の中央部に燃焼部を設け，カマド本体を粘土などで構築し，カマド主軸方向にカマド奥部から直接，竪穴外に排煙する構造が一般的である。古墳時代後期以降は竪穴住居のほとんどでカマドが設置される集落が増加し，生活に不可欠な調理，暖房の施設となったことがわかる。

　オンドル状遺構　一方，壁際の中央部に設けられた燃焼部，カマド本体から竪穴内の壁沿いに粘土などで構築された煙道を延ばし，住居隅から排煙するカマドがある（図1-1・2）。壁沿いの煙道からの輻射熱で室内を暖める暖房効果もある。朝鮮半島の伝統的なオンドルは煙を床下に通す暖房であり，それとの関連性を考慮して「オンドル状遺構」とも呼ばれるが，中国東北部の「炕」と呼ばれる暖房施設にも近い。

　上部が削平されるとL字あるいは逆L字の平面形となり，「L字形カマド」とも言える。壁に平行して地山を溝状に掘削し煙道とする，近畿北部の「青野型住居」もこの一種である。

　オンドル状遺構は朝鮮半島南部の竪穴住居に多く例があり，日本列島では少数であるため，朝鮮半島からの渡来人が存在した指標のひとつとされる[1]。

　オンドル状遺構の時期と分布　日本列島でのオンドル状遺構の出現は，古墳時代初頭の福岡市西

新町遺跡にある。西新町遺跡は朝鮮半島系土器も多く，交易拠点として渡来人も多く居住したと考えられる[2]。オンドル状遺構は古墳時代中期以降，散発的に列島各地で検出される。オンドル状遺構の多い九州北部では中期後半に宗像や豊前に広がり，渡来人，渡来系遺物の増加，拡散と符合する。

　九州北部では福岡県小郡市干潟遺跡など，飛鳥時代のオンドル状遺構の例もある。石川県小松市額見町遺跡周辺も飛鳥時代のオンドル状が集中し[3]，京都府・兵庫県北部の青野型住居も飛鳥時代まで継続する。しかし，7世紀の朝鮮半島南部では大壁建物などの地上式建物が普及し，竪穴住居が減少する。そのため，飛鳥時代のオンドル状遺構と同時期の朝鮮半島南部の比較例が少なく，オンドル状遺構をもたらした人々の新たな渡来を単純に想定するのも無理がある。5～6世紀に渡来した人々が7世紀まで，一族の出身地の文化を継承したり，列島内で移動した可能性の検討も必要となる。

　三国時代のカマド付住居　朝鮮半島南部では紀元前1世紀の慶尚南道泗川勒島遺跡などでカマドが出現し，原三国時代には南海岸地域で普及する[4]。楽浪郡設置により中国東北部のカマドが流入したと考えられる。三国時代の4世紀にはカマドが各地で普及し，カマドを用いた生活様式は日本より朝鮮半島が先行する。

　三国時代にはオンドル状遺構も存在するが，竪穴住居の形態と合わせると地域性，変化が複雑である[5]。百済の最初の王都，漢城周辺では原三国時代以来，入口部を突出させた呂・凸字形住居（図1-3）や竪穴部平面が六角形の住居が主体となる[6]。オンドル状カマドもあるが，壁に斜交するカマドもある。百済では5世紀以降，地上式建物が増加し，泗沘期には大壁建物が主体的になるようである。

　加耶の洛東江西岸から南海岸，全羅南道・全羅北道の東部では原三国時代から4世紀は楕円形の竪穴住居（図1-4）が主体で，5世紀以降，次第に方形が増加する[7]。楕円形竪穴住居では竪穴住居壁沿いに弧状に煙道を延ばすカマドが特徴的であるが，竪穴内に煙道を設置する点でオンドル状遺構と共通する。

　百済や加耶は須恵器製作技術や倭王権との関わりから，多くの渡来人を送り出したと想定される

が，渡来人が残した古墳時代の呂・凸字形住居や楕円形住居の明確な例は無いようである。

　朝鮮半島南西部は原三国時代から5世紀にかけて，四本主柱の方形竪穴住居が多い（図1-6）。また，小型のものでは柱穴の無いものもある（図1-7）。カマドは主軸方向に直接竪穴外に排煙するもの（図1-6）と，オンドル状遺構（図1-5）の双方がある。朝鮮半島南西部では百済の拡張とともに，竪穴住居が減少し，地上式建物に次第に転換する[8]。

　新羅では4世紀は楕円形，5世紀以降は方形の竪穴住居が多い。大壁建物の存在や新羅中心部と周辺部の相違も想定される。高句麗まで考慮すれば，朝鮮半島における居住用建物，カマドは多様で複雑である。オンドル状遺構の祖型，故地も含め朝鮮半島の地域性，変遷を考慮した議論への発展が期待される研究領域である。

2　その他の竪穴住居

　排水溝付竪穴住居　排水溝を竪穴外に延ばす竪穴住居は朝鮮半島青銅器時代，日本の弥生時代に存在するが，4～5世紀の栄山江流域に多い（図1-7）。日本では古墳時代中期後半以降，九州北部を中心に増加し，宗像地域では集落内の多数を占める例もある（図1-8）。中期の九州北部では，栄山江流域の土器も増加する。排水溝付竪穴住居を伝えたのは栄山江流域の渡来人と絞り込むことができ，その地域からの渡来人が居住した可能性が高い[9]。

　九州北部における排水溝付竪穴住居は，宗像地域から周辺に拡散する様相がうかがえる。また，栄山江流域で竪穴住居が消滅した後の7世紀前半まで事例が継続し，渡来人が九州北部においてその伝統を長く維持したと考えられる。

　四柱式・無柱式住居　栄山江流域を含む4～5世紀の朝鮮半島南西部では，四本主柱あるいは柱穴の無い竪穴住居が主体を占める[10]。竪穴外排水溝，オンドル状遺構がなければ，平面形態では日本列島の竪穴住居と区別が難しい。

　これら四本柱や無柱の竪穴住居も日本に伝わったとすれば，オンドル状遺構の分布以上に，朝鮮半島からの渡来人が居住していたことになる。その詳細の解明には，カマド，竪穴住居平面形に加え，壁溝，壁構造さらには屋根などの上部構造まで想定した比較が必要であろう。

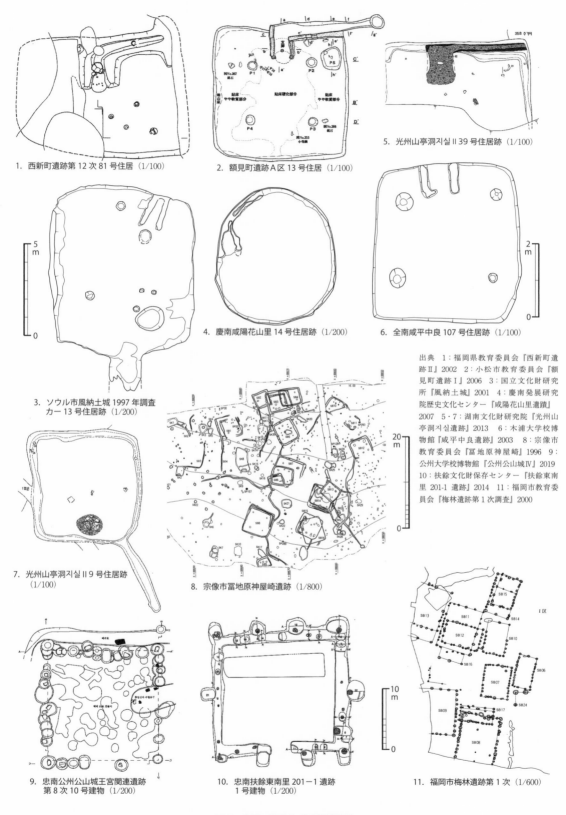

1. 西新町遺跡第12次81号住居（1/100）

2. 額見町遺跡A区13号住居（1/100）

5. 光州山亭洞지실Ⅱ39号住居跡（1/100）

3. ソウル市風納土城1997年調査
カー13号住居跡（1/200）

4. 慶南咸陽花山里14号住居跡（1/200）

6. 全南咸平中良107号住居跡（1/100）

出典　1：福岡県教育委員会『西新町遺跡Ⅱ』2002　2：小松市教育委員会『額見町遺跡Ⅰ』2006　3：国立文化財研究所『風納土城』2001　4：慶南発展研究院歴史文化センター『咸陽花山里遺跡』2007　5・7：湖南文化財研究院『光州山亭洞지실遺跡』2013　6：木浦大学校博物館『咸平中良遺跡』2003　8：宗像市教育委員会『冨地原神屋崎』1996　9：公州大学校博物館『公州公山城Ⅳ』2019　10：扶餘文化財保存センター『扶餘東南里201-1遺跡』2014　11：福岡市教育委員会『梅林遺跡第1次調査』2000

7. 光州山亭洞지실Ⅱ9号住居跡
（1/100）

8. 宗像市冨地原神屋崎遺跡（1/800）

9. 忠南公州公山城王宮関連遺跡
第8次10号建物（1/200）

10. 忠南扶餘東南里201-1遺跡
1号建物（1/200）

11. 福岡市梅林遺跡第1次（1/600）

図1　住居・建物とその関連施設

3　大壁建物

日本の大壁建物　大壁建物は布掘り状に溝を掘り，密に柱を立て，土を塗り込め壁とした建物である（図1-10）。奈良県南郷遺跡群や滋賀県穴太遺跡群など大和や近江に多く，古墳時代後期に増加する。百済を中心に同様の例があり，渡来人がもたらした建物と考えられる。検出されれば他の掘立柱建物と区分が容易なことから，渡来人の居住の一つの指標としても重視される。

韓国の大壁建物　百済の熊津期，泗沘期の都城では，公山城王宮関連遺跡，扶餘東南里遺跡や扶餘双北里遺跡で大壁建物が多く発掘されている[11]。削平のためか布掘り状の溝が確認されなくても，密な柱の検出から認定できる例もある（図1-9）。そのような観点からみると，布掘りは無いが柱が密に検出される福岡市梅林遺跡の例（図1-11）も大壁建物となる。また，慶州の月城周辺や大邱時至洞遺跡でも同様の例があり，広く比較が必要となる。

4　おわりに

本稿で論じたように，オンドル状遺構や大壁建物は古墳時代の渡来人の存在を抽出する指標として重要である[12]。ただ，オンドル状遺構などが日本列島で持続的に構築される場合もある。渡来人が故地の住居，建物とその施設を構築することがなぜ可能で，その伝統をどのような理由で維持したかは，古墳時代研究の論点となろう。

朝鮮半島南部の竪穴住居，建物とその施設は多様であり，三国時代にはその変化も顕著である。オンドル状遺構，大壁建物以外の住居，建物が伝わった可能性にも注意する必要がある。また，十分に検討できていないが百済，新羅では都鄙の間での住居構造，建物構成の差も想定される。筆者の能力を超えているが，韓国における研究状況を踏まえた，より深い日韓の住居，建物の比較検討が進むことが期待される。

また，朝鮮半島におけるオンドル状遺構，カマドの出現には楽浪郡や中国東北部・沿海州との関連が背景にある。取り上げられなかった高句麗領域の住居，建物との対比も必要である。朝鮮半島北部，中国東北部を視野に入れ，古墳時代の住居，建物とその施設を東アジアの脈絡に位置づける広域研究も今後の課題であろう。

註

1) 亀田修一「考古学から見た渡来人」『古文化談叢』30(中)，1993　など

2) 武末純一「西新町遺跡の竈―その歴史的意義」『碩晤尹容鎭教授停年退任紀念論叢』1996
久住猛雄「「博多湾貿易」の成立と解体―古墳時代初頭前後の対外交易機構―」『考古学研究』53―4，2007　など

3) 望月精司「北陸西部地域における飛鳥時代の移民集落―移民系煮炊具と竪穴建物構造，集落経営の視点から―」『日本考古学』23，2007

4) 金範哲「粘土帯土器文化의 住居와 聚落」『馬韓考古学概論』ZININZIN，2018(韓)

5) 竪穴住居とカマドの多様性，カマドの使用法は韓志仙氏，長友朋子氏の研究に詳しい。
韓志仙「馬韓의 住居生活―飲食文化를 中心으로―」『馬韓의 村과 生活』学研文化社，2018(韓)
長友朋子「韓半島における穀物の受容と竈・甑からみた地域差」『古墳時代の「台所革命」と東アジア』宮崎県立西都原考古博物館，2022　など

6) 沈載淵「中部地域의 呂凸字形 住居址」『馬韓考古学概論』ZININZIN，2018(韓)

7) 孔奉錫「慶南 西部地域 三国時代 住居와 聚落」『嶺南地方原三國・三國時代住居와 聚落1』嶺南考古學会，2009(韓)

8) 鄭一「全南 西部地域 四柱式住居址 檢討」『住居의 考古学』第37回韓国考古学会発表要旨，2013(韓)

9) 重藤輝行「古墳時代九州北部の排水溝付竪穴住居と渡来人」『福岡大学考古学論集3―武末純一先生退職記念』2020

10) 李暎澈「中・西南地域의 四柱式住居址」『馬韓考古学概論』ZININZIN，2018(韓)

11) 金洛中『考古学으로 百済文化 理解하기』ZININZIN，2021(韓)

12) 滋賀県穴太遺跡や奈良県清水谷・観覚寺遺跡で検出されたオンドルは，集安東台子遺跡や慶北高霊大加耶王宮遺跡などと対比ができる。

陶質土器と須恵器

中久保辰夫 NAKAKUBO Tatsuo
京都橘大学准教授

陶質土器と須恵器には，貯蔵器にみる共通性と供膳器にみる多様性の両面がうかがえる。日韓各地域の独自性と交流の実態が土器に反映している

陶質土器と須恵器は，舶載品である陶質土器，日本列島において製作された須恵器と，生産地によって分類されてきた。2000年代以降，日韓両地域における出土資料の充実，研究の深化によって，型式学的にみた彼我の遠近も明瞭となってきた。本論では，甕，高杯，蓋杯に着目して検討したい。

1 初期須恵器に関する研究現状

研究の来歴と現在　初期須恵器研究は，3つの方向性をもって進んできた。①編年論[1]，②陶邑と地方窯の技術的関係性をめぐる議論[2]，③陶質土器との比較を主眼とした系譜論である。

①日韓各地を通貫した併行関係と暦年代論は，今後も追究が必要である。②技術論は，仲辻慧大が陶邑窯跡群の多系性を確認したうえで，他の初期須恵器地方窯では単系的であることをまとめている[3]。また，藤井寺市津堂遺跡の調査事例をもとに，政権中枢地における初期須恵器の生産と供給の実態も判明してきた[4]。

須恵器の系譜に関する再検討　2010年代以降，紀伊の楠見遺跡，東海・東山窯，九州・朝倉窯，四国・三谷三郎池窯と宮山窯などの事例研究は深化した。ただし，比較対象となっているのは，陶邑窯であることが多い。出土資料が充実してきた加耶各地の墳墓群や湖西・湖南地域の集落遺跡との対比，つまり③系譜論には伸張の余地がある。

2 陶質土器と須恵器の比較

初期須恵器の器種には，甕，壺，器台，直口壺，甑，無蓋・有蓋高杯，蓋と杯身，把手付椀，把手付有蓋脚付壺，船形・家形などの形象土器などがある。他方，陶質土器は地域色が顕著であり，そもそも加耶，百済といった様式的差異がある。加耶地域だけを例としても，阿羅加耶：咸安様式，小加耶：晋州・固城様式，大加耶：高霊様式などがある。新羅様式のなかでも慶州，昌寧など，小地域色を見出すことが可能である。

初期須恵器との比較のために，器種に着目すると，金官加耶との共通器種は多いが，彼地で主体を成す炉形器台や外折口縁高杯は極少数例を除き，須恵器にはない。一方，加耶では甑が少数派であり，むしろ広口小壺と小型器台が同サイズの器種である。甑は樽形甑も含め，ON231号窯や濁り池窯操業以降，生産され，栄山江流域を中心に，韓半島湖南・湖西と器形が共有されていく[5]。なお，漢城百済を代表する供膳器である三足土器は須恵器にはなく，洗，合，盌，低脚高杯もまた須恵器では少数派である。

したがって，初期須恵器の器種構成は，洛東江下流域の特定地域における陶質土器様式をそのまま反映していないのである。

大甕の共通性　初期須恵器と陶質土器の主要器種は最大200〜300ℓを湛える大甕である（図1）。

初期須恵器の大甕は，洛東江流域と共通する。初期須恵器の口縁部形状の多くは，口縁端部を丸くおさめ，端部外面直下に突線をもつ[6]（1・2，5〜7，10・11，）。こうした断面口唇状の口縁部は，金海・大成洞88号墳を嚆矢として出現する大甕（3）から東萊・福泉洞21号墳（8），同10号墳，大成洞93号墳（13）と共通する。慶州・皇南大塚南墳（17・18）においても同じ系統の口縁部が認められるために，洛東江流域以東において通有の形状といえるだろう。

ただし，相違点もみられる。陶邑では初期の段階より，大甕肩部につけられた乳頭状突起がないものが多い。また，TK73型式期になると，平行タタキを多用し，内面には青海波文がみられるようになるが，彼地では基本的にはみられない。もちろん，青海波文は大成洞88号墳で確認でき，皇南大塚南墳（17）では平行タタキ目を外面にのこすために，須恵器独自であるとは言えない。しかしながら，須恵器はさらに，断面口唇状の口縁端部上端をつまみ上げるようになり（14・15），定型化とともに差異化が明瞭となっていく。なお，栄山江流域では，口縁端部を逆L字状に折り曲げ，端

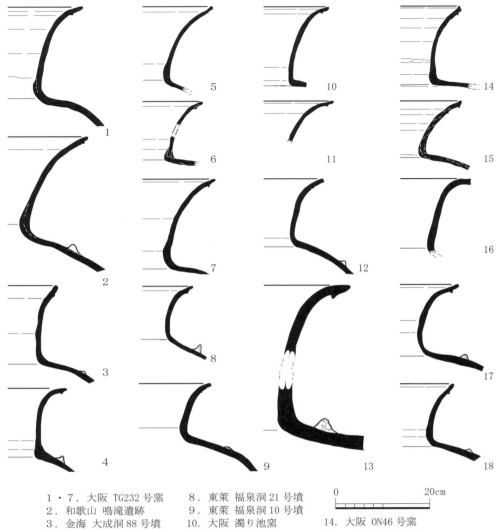

1・7. 大阪 TG232 号窯
2. 和歌山 鳴滝遺跡
3. 金海 大成洞 88 号墳
4. 昌寧 余草里窯
5. 大阪 ON231 号窯
6. 大阪 長原東部 SX701
8. 東萊 福泉洞 21 号墳
9. 東萊 福泉洞 10 号墳
10. 大阪 濁り池窯
11. 大阪 TK73 号窯
12. 兵庫 玉津田中遺跡
13. 金海 大成洞 93 号墳
14. 大阪 ON46 号窯
15. 大阪 大仙陵古墳
16. 光州 東林洞遺跡 101 号溝
17・18. 慶州 皇南大塚南墳

0   20cm

図1 初期須恵器と陶質土器の甕口縁比較

部に面をもたせる(16)。初期須恵器大甕は，基本
的には洛東江流域以東との共通性が高いのである。

供膳器の多様性について (図2) 須恵器供膳器の
基本器種は，有蓋・無蓋の高杯と杯身・杯蓋である。
初期須恵器の長脚有蓋・無蓋高杯(1 ～ 3，14 ～
18)は，基本的に金官加耶(24)，阿羅加耶系(26・
27)に系譜を求められる。ただし，先述したよう
に外折口縁高杯(25)は TG231 号窯に類例がある
のみでごく少数派である。阿羅加耶を代表する意
匠である火焔透窓も新堂遺跡(16)や布留遺跡など
類例は限定的である。初期須恵器の無蓋高杯は，
多種多様なあり方から，次第に 18 や 20 といった

外反口縁となるが，これは 28 の影響として評価
できるかもしれない。ただし，TK73 型式期と併
行すると考える福泉洞 10 号墳で量的に多い二段交
互透窓高杯は新羅様式として評価できるが，須恵
器には導入されない，あるいは許容されていない
ものとなる。長原遺跡例(19)などには類例がある。

次に杯身は，ON231 号窯，濁り池窯で出現し，
TK216 期には蓋杯となる。杯身は，36 や 37 と
いった栄山江流域の供膳器が祖型となり，日本で
は布留遺跡例(5・6)などと共通する。漢城百済の
三足土器(34)や低脚高杯(35)も祖型候補ではあ
るが，脚部が異なっており，蓋の形状も異なる。む

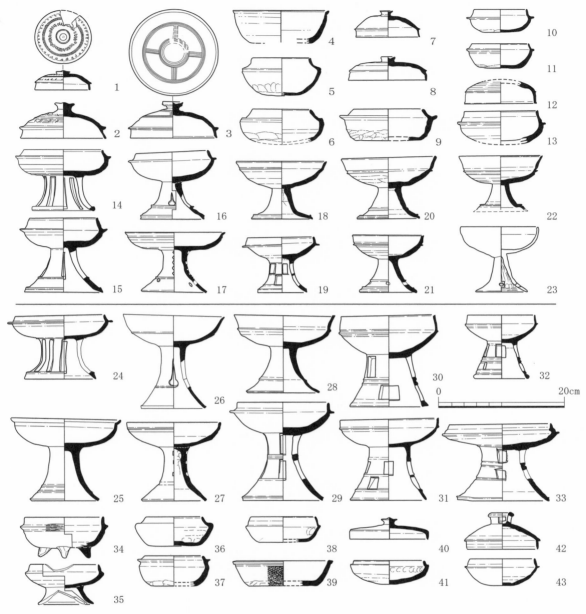

1・10・11・19. 長原遺跡　12・13・22. TK216 号窯　27. 光陽　龍江里　石停遺跡　34・35. ソウル　風納土城
2・14・15・17. TG232 号窯　21. 大庭寺遺跡　28. 東萊　福泉洞 2 号墳　36・38. 光州　東林洞遺跡
3・16. 新堂遺跡　23. 久宝寺遺跡　29. 東萊　福泉洞 10 号墳　37. 潭陽　城山里遺跡
4・18. ON231 号窯　24. 東萊　福泉洞 53 号墳　30. 東萊　福泉洞 10 号墳　39. 光州　河南洞遺跡
5・6. 布留遺跡　25. 東萊　福泉洞 25 号墳　31. 金海　大成洞 93 号墳
7〜9・20. TK73 号窯　26・29. 咸安　道項里 5 号墳　32・42・43. 慶州　皇南大塚南墳
33・40・41. 高靈　池山洞 44 号墳

図 2　初期須恵器と陶質土器の供膳器

しろ，蓋は列島内において有蓋高杯のつまみ部を
なくしたことによって組み合せた可能性もある。
しかしながら，櫛描波状文や幼虫文といった文様
によって装飾する加耶各地とは，相違点も多い。
大加耶（40・41），新羅（42・43）と比較しても，つ
まみの形状や器形構成比が異なる。
　このように高杯・蓋杯といった供膳器では日韓，
そして韓半島各地において多彩であり，それぞれ
の独自性を看取できる。日本列島の場合は，須恵
器とともに土師器の椀形高杯（23）が多用され，韓

半島と異なる点もここで強調しておきたい。

3 おわりに

　5世紀という時期，日韓各地では貯蔵容器の大量生産が大きく進んだ。須恵器生産の主目的は大甕生産であり，それは洛東江流域以東の陶質土器大甕に影響を強く受けた。

　他方，供膳器の形式，脚の有無と高低，装飾性には日韓各地の政体で独自性がみられる。韓半島では装飾華美な加耶と新羅，質朴な百済・栄山江流域と大別することが可能である。須恵器は器台が加耶・新羅と類似し，杯身・杯蓋，有蓋高杯，甕は百済・栄山江と同調的なあり方を示す。韓半島各地に由来する器種・型式・意匠は，倭がどう選択したのか，各政体がなぜ許可しなかったのか。主語を日韓各地に置きかえることによって，古墳時代日韓交流の実態により接近できるだろう。

軟質土器から土師器へ

寺井　誠　TERAI Makoto

大阪歴史博物館

倭人が新たな文化に出会ったとき，何を取り入れ，また，何を維持したのか，その受容過程を追う

　海峡を挟んで対峙する日本と韓国は，地球規模で見るともっとも類似する文化を有し，今や私たちにとって「近くて近い」国でもある。ただ，一般の日本人からすると，韓国人との違いにどうしても目が向きがちである。例えば，何気ないしぐさや髪型，服装（とくに色）などで韓国人であることがある程度わかり，会話を聞いて「やはりそうか」と思うことがある。とくにしぐさをはじめとする慣習は，両地域で積み重ねられた文化的伝統が異なることによって生じるものであり，簡単に変わるものではないが，文化交流・相互理解においてはそもそも相手との違いを理解することが出発点なのである。

　さて，本稿で与えられた課題は，三国時代の朝鮮半島の軟質土器と古墳時代の日本列島の土師器の比較である。いずれも酸化焔焼成であり，地球規模での比較ではもっとも類似するものであろうが，器種構成や製作技法などに差異がある。この差異は異文化が接触した際に鮮明に見えるようになる。受容者側である倭人が新たに何を取り入れ，また，何を維持するのかということをあらためて考えてみたい。

1　両地域の基本的な違い

　まず，両地域の酸化焔焼成の土器の相違点を，本稿に関わる2点に絞って示してみる。

　一つめはタタキの多様性である。朝鮮半島南部では楽浪など北方地域の影響を受け，原三国時代初頭の紀元前1世紀頃から瓦質土器（還元焔焼成軟質の土器）とともに縄文タタキが採用される。後半期（紀元後2～3世紀）には格子文・縦方向の平行文などのタタキが現れ，軟質土器（酸化焔焼成の土器）にもタタキが多用されるようになる。さらには三国時代になると，百済や馬韓の領域（朝鮮半島南西部）では鳥足文タタキという特徴的なタタキが登場する。

　一方，日本列島では弥生時代後期から古墳時代前期の北部九州や近畿地方で木目の方向に刻みを施した平行文タタキが盛行するが，古墳時代前期末頃になるとタタキメはほとんど見られなくなる。器面に粘土紐の名残である凹凸が見られる場合も多いので，タタキ技法自体が使われなくなると思われる。その一方で，ハケ調整が一貫して主たる器面調整であるという点は，朝鮮半島との大きな違いである。

　二つめは把手の有無である。朝鮮半島では青銅器時代以来，胴部の両端に棒状や牛角状の把手を有する土器が一定量存在するが，日本列島ではこのような把手は古墳時代中期まで現れない。これは朝鮮半島では竈普及以前から，両手で把手をつかんで土器を持ち上げていたものの，日本列島ではこのような持ち方がされなかったことを反映していて，伝統的な身体技法に違いがあったことを意味する。

2　新しい炊事具の受容過程

　古墳時代中期の日本列島では地域差はあるものの，朝鮮半島からの文化的影響により火処としての竈の採用やそれに伴っての新しい炊事具を使い始めることとなった。とくに，穀物などを蒸すた

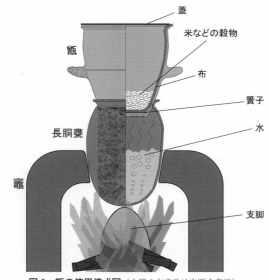

図1　甑の使用模式図（土器の右半分は内面を表示）

蓋
米などの穀物
甑
布
箕子
長胴甕
水
竈
支脚

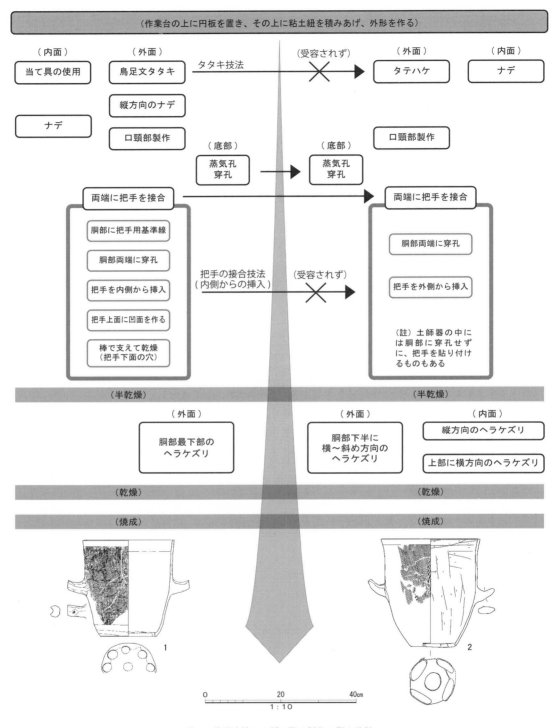

（作業台の上に円板を置き、その上に粘土紐を積みあげ、外形を作る）

（内面）	（外面）	タタキ技法	（受容されず）	（外面）	（内面）
当て具の使用	鳥足文タタキ		✕	タテハケ	ナデ

縦方向のナデ

ナデ　　口頭部製作　　　　　　　　　　　　　　口頭部製作

（底部）　　　　（底部）
蒸気孔穿孔　→　蒸気孔穿孔

両端に把手を接合　→　両端に把手を接合

胴部に把手用基準線

胴部両端に穿孔

把手を内側から挿入　　把手の接合技法（内側からの挿入）　（受容されず）✕　　胴部両端に穿孔

把手上面に凹面を作る　　　　　　　　　　　　　把手を外側から挿入

棒で支えて乾燥（把手下面の穴）　　　　　　　（註）土師器の中には胴部に穿孔せずに、把手を貼り付けるものもある

（半乾燥）　　　　　　　　　　　　　　　　　（半乾燥）

（外面）　　　　　　（外面）　　　　　　　（内面）
胴部最下部のヘラケズリ　　胴部下半に横〜斜め方向のヘラケズリ　　縦方向のヘラケズリ

上部に横方向のヘラケズリ

（乾燥）　　　　　　　　　　　　　　　　　（乾燥）

（焼成）　　　　　　　　　　　　　　　　　（焼成）

1　　　　　　　　　　　　　　　　　　　　2

0　　　　20　　　　40cm
1：10

図2　長原遺跡の2種の甑の製作工程の比較

めの甑は両側に把手があり、底部に複数の孔が穿たれたものであり、内側に簀子や布を敷いてコメなどの穀物を入れ、竈に据えられた長胴甕（水甕）に重ねて、高温の水蒸気を通すことにより、蒸し調理がされていたと思われる（図1）。竈を用いた蒸し調理は倭人にとっては初めて遭遇するものであったことから[1]、おそらく受容の際は甑の作り方や使い方に試行錯誤があったことであろう。

図2は長原遺跡（大阪市平野区）の古墳時代中期初頭の２種の甑の製作工程を示したもので，各技法の単位の上側が先行し，下側が後行するということを表している。図2-1は朝鮮半島の技法を留めた甑で，鳥足文タタキの事例を取り上げた[2]。まず筒状の器形をつくってから，外面にタタキを施し，内面はナデで仕上げる。前後関係の確証はないが，この段階で平底の底部が接合され，蒸気孔を穿ったと思われる。続いて，把手を接合する位置にあらかじめ沈線を巡らせ，対称の位置に孔を穿ってから，把手を内側から挿入し[3]，乾燥させる間に把手が垂れないように，棒で支える。把手の下面に残る小さな穴はこの棒の痕跡である。そして，半乾燥した段階で胴部最下位に横方向のヘラケズリによって整え，完全に乾燥させた後，焼成に至る。なお，長原遺跡をはじめとする畿内では平底の甑が圧倒的に多く，故地は朝鮮半島南西部の百済や馬韓である。タタキ技法を含めた製作技法もこれらの地域のものを一時的に踏襲するものの，後述の通り日本列島では継承されない。

一方，時期をほとんど置かずして，外面をタタキではなく，ハケ調整で仕上げる甑が長原遺跡では登場する（図2-2）。まず，粘土紐を筒状に積み上げた後，縦方向のハケで器面調整を行う[4]。そして，対称になる位置に孔をあけ，外側から根元に突起をつけた把手を接合する。この際に高さの基準となる沈線は巡らされない。そして，半乾燥状態になった段階で，内面の底部以外の全体にヘラケズリを施して仕上げる。このような製作技法は伝統的な土器の技法を踏襲するものであり，以後はおおむねこの技法が継承される。

ここから見えてくるのは，バケツ状の平底の器形で，両側に把手をもち，底部には蒸気孔が穿たれるという，蒸し調理の甑としての形態は維持されるものの，作る際は在来の土師器の技法が踏襲されるということである[5]。つまり，倭人が新たな器種や製作技法に出会ったものの，朝鮮半島の技法を採用せず，自分たちの慣れ親しんだ土師器の技法で必要な炊事具を作り上げたということである。

また，製作工程を技法の連鎖という観点で見るなら，一連の完結した工程の中に別の技法が入り込むことが困難であったことも示している。畿内第Ⅴ様式や庄内式の甕のように，タタキの後にハケ調整がされたり，内面にヘラケズリが施されたりしてもいいわけであるが，甑など新器種ではそ

のような技法の折衷はほとんど確認されていない。緊密な技法の連鎖があった故に，タタキとハケ調整といった両系統の技法がひとつの土器の中で共存せず，排他的な関係であったことがわかる。

3 変容・改造の布留式甕

布留式甕は古墳時代前期の球胴の甕であり，器形は朝鮮半島の長胴甕とは対照的である。外面はハケ調整，内面はヘラケズリで仕上げられ，時期が新しくなるとヘラケズリが不十分で器壁が厚くなるものも多くなる。この「純日本」的な布留式甕が，朝鮮半島系の文化と接したとき，折衷的なものが一時的に作られることがある。以下ではその事例を紹介したいと思う。

図3-1は蔀屋北遺跡（大阪府四條畷市）の古墳時代前期末頃の溝から出土した資料で，外面には格子文，詳細に言うなら上半には正格子文，下半には斜格子文タタキというように異なるタタキが施されている。実物観察ではこの両者に明確な前後関係を確認できなかったものの，朝鮮半島の丸底の土器と同じく，側面（胴部上半）を叩いてから，下半（底部側）を叩いた可能性が高い。外見は日本の土器であるものの，朝鮮半島の製作技法が採用

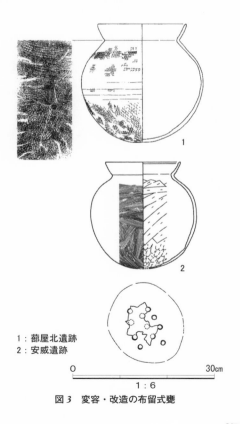

1：蔀屋北遺跡
2：安威遺跡

0　　　　　　　　　　　　　　30cm

1：6

図3　変容・改造の布留式甕

されているのである。在来土器に格子文タタキが施された事例は弥生時代後期以降に複数あるものの，多くは在来の平行文が格子文に置き換わっただけで，技法は在来のものを継承している。その点で本例は，朝鮮半島の技法まで取り入れた可能性のある稀有な事例である[6]。

図3-2は安威遺跡(大阪府茨木市)の資料で，共伴遺物から見て古墳時代中期初頭である。一見普通の布留式甕であるが，底部には焼成後に10ヵ所ほど孔が穿たれている。これは在来の布留式甕を甑に改造した事例である[7]。ただ，この布留式甕については内面にヘラケズリが施されて器壁の厚さが2mm程度と非常に薄く仕上げられていることから，焼成後に孔を穿つことは，そもそも耐久性に問題がある。実物を観察した限りでは，蒸気孔が穿たれているあたりに割れや欠失が多いことから，甑としての役割をほとんど果たせずに終わったのではないかと推測する。

上記2例については，いずれも在来の器形の土器に朝鮮半島的な要素が加わった事例であるが，共通するのはいずれも継承されないという点である。格子文タタキが普及しない理由は，前述の甑と同じく，土師器としての製作工程が完結しているため，タタキ技法が入り込む余地がなかったということである。一方，焼成された布留式甕に蒸気孔を穿って改造した甑は，そもそも耐久性に無理があり，結局朝鮮半島から伝わった器形に落ち着くのである。いずれの事例も新しい文化を受容する際の試行錯誤を反映している。

4　まとめ

以上，異文化に接触し，新たな文化要素を受け入れる際の取捨選択について，本稿では軟質土器の影響を土師器の文化である倭人がどのように受容したかという点に着目し，いくつかの事例を挙げて説明した。ここで見えてくるのは，新しい器種を採用する際においても基盤となる製作技法については前代のものがほぼ継承されるという点である。その理由として土師器の製作工程が緊密に連鎖しているため，新しい技法が断片的に入り込む余地がなかったことが考えられる。一方，須恵器については窯焼成が倭人にとって初めて遭遇するものであったから，窯の構築を含めた生産工程一式を受容している。このことから土師器と異なり，時期が新しくなってもタタキ技法は継続する

のである。

渡来文化の研究では新たに何を受け入れたのかという点を強調されることが多かったが，この多くが一時的なものであり，継続しない。比較検討をする上では異文化を受容した際の在来文化の継続性にも着目する必要がある。それは冒頭で述べたような確固とした慣習がゆるぎないものであったからである。こういった点で渡来文化を受容し展開する主体は，倭人であるということをあらためて確認することができる。

註

1）　古墳時代前期の西新町遺跡(福岡市早良区)では竈・甑といった朝鮮半島的な炊事が採用されているが，局地的であるとともに持続せず，以後の日本列島的な導入にはつながらないため，本稿では例外的なものとして除外している。

2）　朝鮮半島の技法を留めた甑のタタキメにはほかに格子文，縄文，縦方向の平行文などがある。いずれも日本列島になかったタタキである。

3）　把手を内側から挿入した痕跡は，把手が付いた位置の内面が低い土饅頭状に膨らんでいたり，把手の根本付近で器壁が外側にゆがんでいたりすることから読み取れる。
　　　寺井　誠「甑の観察点—長原遺跡で出土した古墳時代中期の資料の検討を基に—」『大阪歴史博物館研究紀要』12，2014，pp.17-29

4）　器面に粘土紐の凹凸が横方向に帯状に残っている場合が多いことから，ハケ調整の前にタタキは施されていなかったと筆者は考えているが，今後精査する必要も感じている。

5）　中久保辰夫氏の「定着型軟質土器」に該当する。
　　　中久保辰夫『日本古代国家の形成過程と対外交流』大阪大学出版会，2017

6）　寺井　誠「在来土器に施された格子文タタキ」『大阪歴史博物館研究紀要』22，2024，pp.1-20

7）　同様の事例は南郷千部遺跡(奈良県御所市)や高塚遺跡(岡山市)にもある。
　　　寺井　誠「土師器甕を加工した甑—渡来文化受容の一事例—」『大阪歴史博物館研究紀要』13，2015，pp.25-34

図の出典

図1：寺井作成

図2-1：櫻井久之「鳥足文タタキメのある土器の一群」『大阪市文化財協会研究紀要』創刊号，1998，pp.21-32／2：大阪市文化財協会『長原遺跡発掘調査報告XII』2005

図3-1：大阪府教育委員会『蔀屋北遺跡I』2010／2：大阪府教育委員会『安威遺跡』2000

窯と土器生産

長友朋子 NAGATOMO Tomoko
立命館大学教授

中国から韓半島，日本列島へと窯技術はどのように伝わったのだろうか。中国の窯分類をもとに，韓半島と日本列島の様相を概括し，その系譜を考える

窯の導入は土器生産の大きな画期である。中国に起源をもつ窯は，燕や漢が中国東北部から東へと勢力を拡大するのに関連して韓半島へ拡散し，中央政権が成熟しつつある古墳時代中期に日本列島へ伝わった。その背景には，儀礼に用いる陶質の器の需要の高まりに加え，長距離交易の活発化にともない，航海で必要な水や酒を船内に確保するため耐久性の高い容器の必要性が高まったことも要因の一つと推測される。本稿では，この窯技術の拡散と土器生産に関連して，日韓の基礎資料を提示しつつ，研究の現状を整理したい。また，韓半島と日本列島の古代窯を理解するためには，中国の窯把握が欠かせないため，紙面を割いて中国の窯の分類について触れたい。

1 中国の窯の分類

中国の窯分類に関する研究史については，すでに整理した通りである[1]。本論では，深澤分類を基礎に[2]，筆者が作製した分類を示す（図2・3）[1]。

傾斜を利用し穴を掘って築かれる原始窯，さらに燃焼部と焼成部の間の箄（ひ）の有無により，有箄窯と無箄窯に分けられる（図1）。箄は，焼成部の床面となり，その下方の火焔を小孔などから焼成部に取り込むためのものである。無箄窯は，焼成部の幅に対して長さが2倍以内の広短窯（平窯）と2倍以上の長胴窯（窖窯）に分けられる（図3）。

有箄窯は，燃焼部と焼成部の間に火道のあるものとないものがあり，有火道から無火道へ変遷す

ることが知られる[3]。無火道の窯は燃焼部の真上に焼成部があるため，有火道の窯よりも熱を伝えやすいが，土器の重みが直接箄にかかるため，一度に焼成できる土器量には限界がある。この問題を解消したのが，一室に燃焼部と焼成部を水平にずらして配置した，無箄窯である。無箄広短窯は，有箄昇焔窯の構造により近い。火焔が燃焼部から焼成部との境界の階（段）にあたって上昇し，さらに天井から煙道入口のある奥壁下部へ下り，半円を描くように熱が伝わる（半倒焔）[4]（図2）。これに対して，無箄長胴窯は，焚口から煙道へと天井を伝いながら直線的に熱が伝わり（平焔），燃焼部と焼成部の間に階（段）があるものとないものがある。無箄広短窯の場合，焼成する土器量を増やすには，焼成部の幅を広くする必要があるが，幅の拡大は天井を支える側壁の間隔を広げることになり天井が崩れやすくなる。他方，無箄長胴窯は，焼成部の長さを伸ばせば土器量を増やすことができる。ただし，焼成部が長くなると，熱の伝わりにくい窯尻近くの土器を焼成するために，焚口付近を高温にする必要がある。

実際に，土器の最高焼成温度を計測すると，無箄広短窯で焼成された土器は1,000度以下であるのに対し，無箄長胴窯で焼成された土器は1,200度前後であった[5]。無箄広短窯は華北の黄河中下流域と長江中流域に多いのに対し，無箄長胴窯は河南の長江下流域に分布し，地域差がある（図4）。以上をふまえ，韓半島の様相をみてみよう。

2 韓半島の窯と土器生産

韓半島東南部地域の瓦質土器は，窯焼成土器である楽浪土器の影響で成立し[6]，西南部および中部地域の打捺文土器も楽浪土器の影響で成立する[7]。

当時の窯構造に関して，1980年代には，瓦質土器は「平窯（無箄広短窯を指す）」，三国時代の陶質土器は「登窯（無箄長胴窯を指す）」による焼成と理解された[8]。しかし，その後最古級窯の鎮川三龍里・山水里窯の床面が傾斜することから平

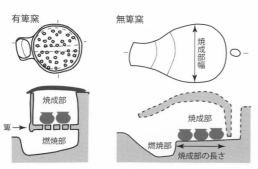

図1 窯の名称図

有箄窯　無箄窯

焼成部幅

焼成部

箄→　焼成部

燃焼部　燃焼部

焼成部の長さ

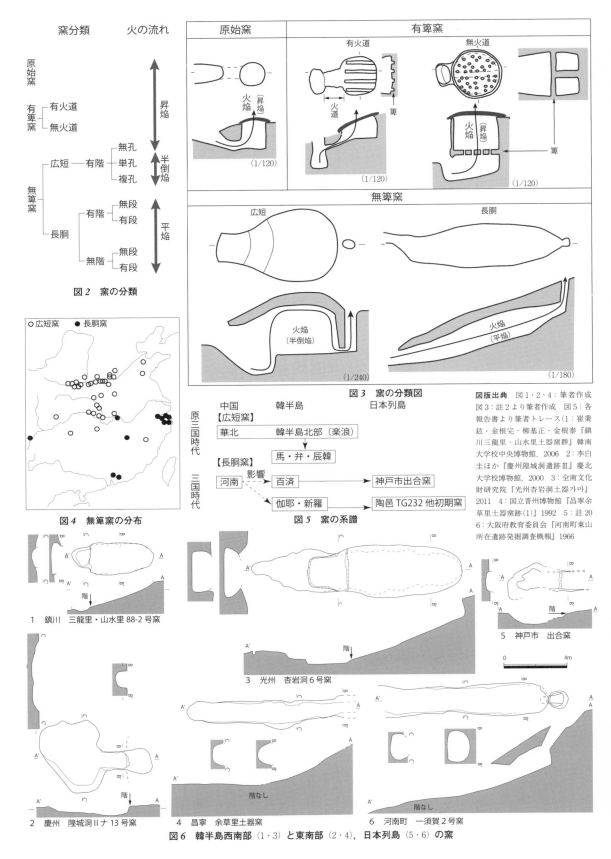

窯分類　火の流れ

図2　窯の分類

図3　窯の分類図

図4　無箅窯の分布

図5　窯の系譜

図版出典　図1・2・4：筆者作成　図3：註2より筆者作成　図5：各報告書より筆者トレース（1：崔秉鉉・金根完・柳基正・金根泰『鎮川三龍里・山水里土器窯群』韓南大学校中央博物館，2006　2：李白圭ほか『慶州隍城洞遺跡Ⅲ』慶北大学校博物館，2000　3：全南文化財研究院『光州杏岩洞土器가마』2011　4：国立晋州博物館『昌寧余草里土器窯跡(1)』1992　5：註2　6：大阪府教育委員会『河南町東山所在遺跡発掘調査概報』1966

1　鎮川　三龍里・山水里 88-2 号窯
2　慶州　隍城洞Ⅱナ 13 号窯
3　光州　杏岩洞 6 号窯
4　昌寧　余草里土器窯
5　神戸市　出合窯
6　河南町　一須賀 2 号窯

図6　韓半島西南部（1・3）と東南部（2・4），日本列島（5・6）の窯

30

窯（無箪広短窯）説が否定され[9]，原三国から三国時代へと内的に窯は発展したとの理解が普及した[10]。崔秉鉉[9]は最古級窯の床面傾斜を平窯（無箪広短窯）説否定の根拠とした一方で，李盛周[10]は初期の窯が無箪広短窯と無箪長胴窯の両方の中国窯の影響を受けたとみており，見解は一致していない。この点についてあまり注意が払われないまま，窯の調査が増加した2000年代以降になると，百済および馬韓[11]，新羅，伽耶[12]など，地域別に多様な視点から窯研究が進められた。

韓半島南部では，楽浪あるいは中国東北部燕の影響を受けて新たな土器が成立することから，原三国時代初めの前2世紀末〜前1世紀頃に窯が導入されたと想定される。楽浪あるいは中国東北部の窯は，無箪広短窯と想定されることから，この型式の窯が韓半島南部へ導入されたと考えるのが自然だろう。土器が硬質になるものの三国時代の陶質土器ほど焼成温度が高くない点も，無箪広短窯の特徴を示している。

韓半島東南部の最も古い窯は，現状で慶州隍城洞IIナ13号窯であろう（図6-2）。この窯の焼成部の大部分は失われていたが，燃焼部と焼成部の間に階（段）が確認された。韓半島西南部では，3世紀からはじまるとされる，三龍里・山水里窯群が古い（図6-1）。この窯群では，燃焼部と焼成部に階（段）のある窯が多いのが特徴で，地面を掘り込み燃焼部が作られる。燃焼部と焼成部間の階（段）は，無箪広短窯の特徴である。

原三国時代終末頃から窯は長大化するが，これは長江下流域の無箪長胴窯の影響を受けた可能性が高い。そして，長胴窯の影響の受け方の違いにより，新羅・伽耶と百済の窯の地域差が顕在化する点も重要である。燃焼部を地面より掘り下げ，燃焼部と焼成部の間に階（段）を設ける場合の多い百済窯（図6-3）に対し，焚口から水平に燃焼部を設け，焼成部との間に段を設けない伽耶・新羅という差である（図6-4）。この特徴から，伽耶・新羅の方が無箪長胴窯の影響をより強く受けていることがわかる。

三国時代において，百済領域の京畿地域では5基前後の窯群が3〜4世紀頃からみられるが，湖南地域では5基以上の窯群が5世紀末から増加する[13]。また，羅州五良洞窯のように甕棺焼成用の窯群が湖南地域で営まれる。窯が長大化し（図6-4），陶質土器流通圏は時期を下ると拡大し，栄山江流域で最大15kmの流通圏になる[14]。

新羅では，慶州市蓀谷洞・花山里窯や大邱市旭水洞・慶山市玉山洞窯などが4世紀後半に出現し5世紀半ば以降に盛行期を迎える。このような大規模かつ継続的な40基以上の窯群が新羅の王都周辺に築造され，政体に管理された土器生産体制が想定される。これに対し，伽耶領域ではこれほど大規模な窯群は現時点で見つかっていないが，集落内に1，2基営まれていた窯が，集落とは別に経営されるようになり，伽耶においても，より大規模な窯群を呈するようになる[15]。

3　日本列島への窯の導入

日本列島に窯が導入されるのは古墳時代中期初頭頃で，長期継続する大規模な窯群である陶邑窯（大阪府堺市）もこの時期から形成される。須恵器研究もこの陶邑窯の検討を中心に大きく進展した。TK73号窯から発展し陶邑窯から地方へ拡散するとの理解[16]が，北部九州および瀬戸内海，大阪湾沿岸地域での初期窯発見により，各地方に多元的に窯が導入されたとの理解へ変化した[17]。しかし，TG232号窯の発見により[18]，TK73号窯よりも古い陶邑窯群内の窯の存在が確実となり，規模や継続性において陶邑窯群は他を凌駕することや，須恵器組成の中心となる杯身の定着が陶邑窯出土土器に特徴的なことから，窯の展開における陶邑窯の重要性が再び強調されている[19]。

従来日本列島の導入期窯の系譜は，百済説[20]や，地域を特定せず韓半島と比較されていた[21]。しかし，燃焼部の位置と燃焼部・焼成部間の階（段）の有無に着目すると，導入期の窯（図6-6）は階のない伽耶・新羅系（図6-4）と理解できる。なお，その後に続かないが，神戸市出合窯（図6-5）は燃焼部と焼成部の間に階（段）があり，燃焼部が深いため，百済系譜の窯といえる。窯導入期の陶質土器と初期須恵器を比較すると，伽耶にない広口壺や甑などが含まれているため，一部は百済や馬韓からの影響[23]があるものの，主体はあくまで伽耶とその周辺地域の陶質土器の影響であり，窯の系譜と一致するといってよい[5]。以上をまとめると韓半島では，無箪広短窯を導入した後，長胴窯の影響を受けて地域色が顕在化する。そして，日本列島の窯は最初期に百済からの影響があるものの，その後伽耶・新羅の窯の影響を強く受けたといえる（図5）。

4　日本列島の窯と土器生産

　窯導入により，土器生産は専業的な体制へ変革する。しかし，専業的な生産体制へと突然変わるのではなく，韓半島では①野焼き土器生産，②集落内での小規模な陶質土器生産，③集落から独立した陶質土器生産という異なる生産体制が一定期間併存する[24]。日本列島の中央政権下にある陶邑窯には専業的集団（③）が，地方へは陶質土器と軟質土器の製作者を含む数世帯の集団（②）が渡来し，窯技術を伝えただろう[24]。日本列島の人々の目線に立つと，窯技術が古墳時代中期初頭に伝わるまでには，金属器の専業的生産の定着，土器の量産化への技術変革と展開があり，専業的生産が本格化する礎は弥生時代後期以降に形成されていた[25]。そのために，初期には多数の失敗品が出るリスクを負っても，技術の大きく異なる窯を導入することができたと考えられる。その後，陶邑窯の製作技術の定着を経て，本格的に窯業とそれにともなう土器生産が各地へ広く伝わることになる。

註

1)　長友朋子「東アジアにおける古代窯の分類」『柳本照男さん古稀記念論集』2020
2)　深澤芳樹「窖窯の系譜」『奈良文化財研究所学報』85，奈良文化財研究所，2011
3)　小澤正人「黄河中下流域における新石器時代から西周時代の土器焼成」『史観』128，早稲田大学史学会，1993
4)　劉振群「窯爐的改進和我国古陶瓷発展的関係」『中国古陶瓷論文集』文物出版社・中国軽工業陶瓷研究所，1982（中）
5)　長友朋子「東アジアにおける窯の系譜」『立命館文学』660，2019
6)　申敬澈「釜山・慶南出土瓦質系土器」『韓国考古学報』12，韓国考古学会，1982（韓）
　　崔鐘圭「陶質土器成立前夜와 展開」『韓国考古学報』12，韓国考古学会，1982（韓）（後藤　直訳『古文化談叢』12，1983 に所収）
7)　朴淳發「漢江流域　原三国土器의　様相과　変遷」『韓国考古学報』23，韓国考古学会，1989（韓）
8)　武末純一「韓国慶尚道の「瓦質土器」と「古式陶質土器」」『古文化談叢』15，九州古文化研究会，1985
9)　崔秉鉉『新羅古墳研究』一志社，1992（韓）
10)　李盛周「原三国時代土器의　類型・系譜・編年・生産体制」『韓国古代史論叢』2，韓国古代社会研究所，1991（韓）
11)　朴琇鉉「湖南地方土器窯址에 関한一試論」『研究論文集』1，湖南文化財研究院，2001（韓）
　　李志映『湖南地方 3 ～ 6 世紀土器窯変化像研究』全北大学校大学院考古文化人類学科修士学位論文，2008（韓）
　　鄭一「光州杏岩洞遺跡을 通해 본 百済時代土器窯」『近年の百済考古学成果と忠南大学校百済研究所』忠南大学校百済研究所，2008（韓）
　　崔卿煥「錦江流域百済土器窯址의 構造와 生産体制에 대한 一研究」『韓国考古学報』76，韓国考古学会，2010（韓）
12)　金光玉『嶺南地方土器窯研究』嶺南大学校修士学位論文，2004（韓）
　　金才喆「嶺南地方 原三国時代의 土器窯 構造에 関한 予察」『文化財』40，国立文化財研究所，2007（韓）
13)　前掲註 11 李 2008 に同じ
14)　李志映「湖南地域 馬韓百済 土器窯」『馬韓百済土器窯의 世界』崇實大学校韓国基督教博物館，2023（韓）
15)　金才喆『韓国古代土器窯変遷研究』慶北大学校文学修士学位論文，2011（韓）
16)　田辺昭三「須恵器の誕生」『日本美術工芸』390，日本美術工芸社，1971
17)　橋口達也「陶質土器についての若干の考察」『古寺墳墓群』甘木市教育委員会，1982　など
18)　岡戸哲紀 編『陶邑・大庭寺遺跡』Ⅳ，大阪府埋蔵文化財協会，1995
　　岡戸哲紀 編『陶邑・大庭寺遺跡』Ⅴ，大阪府埋蔵文化財協会，1996
19)　菱田哲郎『古代日本　国家形成の考古学』京都大学学術出版会，2007
　　仲辻慧大「瀬戸内海周辺における初期須恵器生産の導入」『海の考古学を考える』Ⅲ，第 3 回海の考古学を考える会，2013
20)　植野浩三「馬韓・百済の土器窯と日本須恵器窯の比較研究」『文化財学報』35，奈良大学文学部文化財学科，2017
21)　藤原　学「伝来期の須恵器窯跡」『古代窯業の基礎研究』窯跡研究会，2010
22)　亀田修一「播磨出合窯跡の検討」『岡山理科大学埋蔵文化財研究論集』岡山理科大学埋蔵文化財研究会，2008
23)　酒井清治「わが国における須恵器生産の開始について」『国立歴史民俗博物館研究報告』57，国立歴史民俗博物館，1994
24)　長友朋子「日本列島における土器窯の導入」『待兼山考古学論集Ⅲ』大阪大学考古学研究室，2018
25)　長友朋子『弥生時代土器生産の展開』六一書房，2013

日韓の武器・武具・馬具

武器・武具・馬具は，三国時代・古墳時代の社会を象徴的に表す文物としてこれまでの研究でも注目されてきた。近年の研究動向を加えて再整理し，論点を示す

‥ 東アジア古代国家の武器体系／装
　飾付環頭大刀／甲冑／馬具と馬

東アジア古代国家の武器体系
燕（前燕）・高句麗・百済・新羅・加耶・倭の武器体系

禹 炳喆　WOO Byeong cheol
韓国 嶺南文化財研究院

訳者：山本孝文

燕・高句麗・百済・新羅・加耶・倭という古代東アジアの隣接する国を対象に武器体系を比較し，実戦用および儀仗用武器の類似性と差異を検討する

　従来の古代国家の武器類に関する研究は，その特性や製作技術，時期，地域，象徴性などを集中的に検討し，多くの成果をあげてきた。しかし同一の武器類をめぐる系統や象徴性などの解釈に認識の違いもある。その代表例として韓半島で出土する倭関連とされる武器類があり，現在もこれらをめぐって韓半島の在地系とみる意見と倭系とみる意見がある。このような認識の差を埋めるためには，個別の武器類の特性に対する分析とともに，各国が指向した武器体系全体の様相を比較する必要がある。

　従来の伝統的考古学の具体的な分析により「何」に対する研究は進んだが，それをもとに「なぜ」これら武器類が製作および指向されたのかに対する認知・プロセス考古学の研究方法論によるアプローチが必要である。具体的には，中国大陸の燕（前燕，以下燕とする），韓半島の高句麗・百済・新羅・加耶，日本列島の倭では「主にどこで戦闘が行われたのか」，「主にどの敵と戦ったのか」などによって国ごとに指向した武器体系に差が生じるという点がある。

　一方で，多数の兵が使用する実戦用武器類と，指揮官が使用する象徴性が高い武器類は分けて検討するべきである。実際に中国大陸の燕，韓半島の高句麗・百済・新羅・大加耶は地形が似ているため長槍兵中心の実戦用武器は形態が類似し，指揮官級が所持した象徴性が高い武器類は互いに大きく異なる。

1　燕と高句麗の武器体系

　中国燕と韓半島の高句麗の武器体系は，長槍兵および重装騎兵が使用した燕尾形・直基形の鉄矛，盤付鉄矛，多枝形鉄矛（三叉矛），弓兵が使用した広形系三翼形，鑿頭形鉄鏃，細形系の錐形・菱形鉄鏃などの武器類が盛行した。三翼形鉄鏃は匈奴で実戦用の主力鉄鏃として主に使用された武器で，鑿頭形鉄鏃とともに馬を負傷させることで敵の戦力を削ぐ武器である。

　燕と高句麗の武器体系が類似するのは，この両国が中国東北地方に位置するという地理的環境および相互の頻繁な戦争によるものである。両国ともに北部に匈奴などの騎馬戦術体系を主

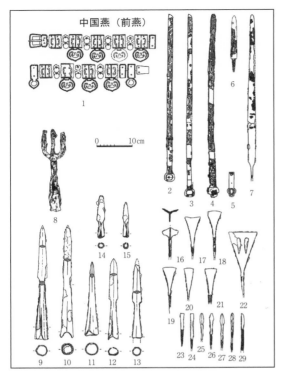

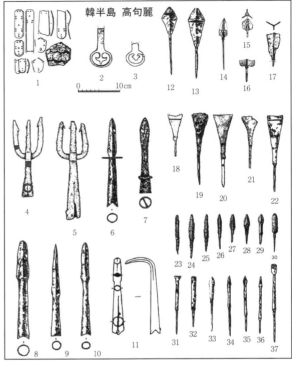

1・8：北票喇嘛洞 M196 墓　2・12：喇嘛洞Ⅱ M3 墓
3：喇嘛洞Ⅰ M10 墓　4：十二台 88M1 墓
5・11：喇嘛洞Ⅰ M5 墓　6・23・24：喇嘛洞Ⅰ M202 墓
7：喇嘛洞Ⅱ M266 墓　9・10：喇嘛洞Ⅰ M13 墓
13：喇嘛洞Ⅰ M14 墓　14・21：喇嘛洞Ⅰ M108 墓
15：喇嘛洞Ⅰ M328 墓　16：喇嘛洞Ⅰ M209 墓
17・18：喇嘛洞Ⅰ M202 墓　19・20・27：喇嘛洞Ⅰ M379 墓
22：喇嘛洞Ⅰ M60 墓　25：喇嘛洞Ⅰ M229 墓
26：喇嘛洞Ⅰ M324 墓　28・29：喇嘛洞Ⅰ M3 墓

1・11・15：禹山下 1041 号　2：集安麻線溝 1 号
3・8・9・12・22：禹山下 3560 号
4・5・18：桓仁五女山城 4 期文化層　6・31：禹山下 3296 号
7・19・23〜30：集安国内城　10：禹山下 3598 号
13：禹山下 3305 号　14：禹山下 2110 号　16：集安太王陵
17・21・33：集安山城下 145 号　20：麻線溝 2100 号
32：禹山下 3103 号　34・35　禹山下 3162 号
36・37：禹山下 3105 号

図1　燕と高句麗の武器体系の比較

力とする国があり，西南には中国の諸国があった。つまり中国の多くの国と同様に歩兵中心の軍事組織を基盤としつつ，北方勢力との戦争のために騎兵軍事組織が活性化し，匈奴などの騎馬戦術体系に対応するために長槍などの武器類が発達したのである。

　燕と高句麗の武器体系では，儀仗用武器類に違いがある。燕では三累環頭大刀や柄部を薄く作った鉄剣が盛行したのに対し，高句麗では三葉環頭大刀や燕ではあまり見られない盤付鉄矛が使用された。

2　新羅・加耶の武器体系

(1)　内陸で戦術化された新羅と大加耶の武器体系
①　鉄矛を使用する長槍兵中心の武器体系　三国

時代の韓半島東南部地域の 4 世紀代の武器を見ると，鉄刀・鉄矛・鉄鏃などの武器類がまとまって副葬されており，なかでも鉄矛が主流である。この組み合わせは原三国時代の様相と類似するが，鉄矛の機能が刺突専用になったことがわかる。このような鉄矛の機能変化は燕や韓半島北部に位置する高句麗の武器体系から影響を受けたことによる。

　新羅では，有関燕尾形鉄矛が主な実戦用武器としての位置を占める。一方，大加耶は鋬部の形態が直基形で関部が形成されない無関直基形の鋬部多角形鉄矛を主に使用する。新羅と大加耶では一部で技術的な差が見られるが，大枠で見ると両地域とも形態的にほぼ類似する鉄矛を使用したといえる。

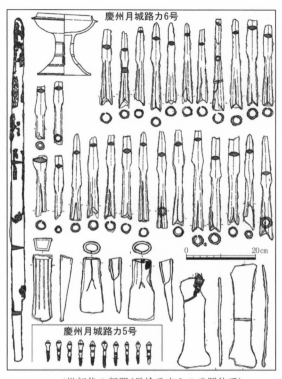

4世紀代の新羅（長槍兵中心の武器体系）

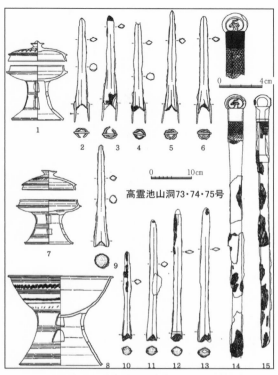

5世紀代の大加耶（長槍兵中心の武器体系）

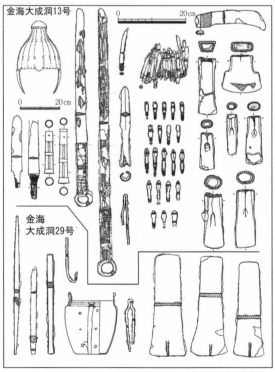

4世紀代の金官加耶（刀剣・槍の比率が類似する武器体系）

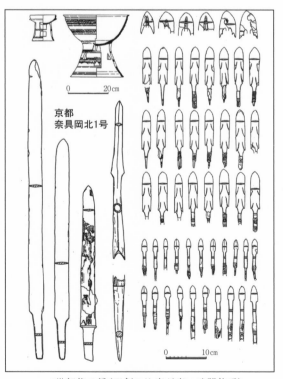

4世紀代の倭（刀剣の比率が高い武器体系）

図2　新羅・加耶・倭の武器体系の比較

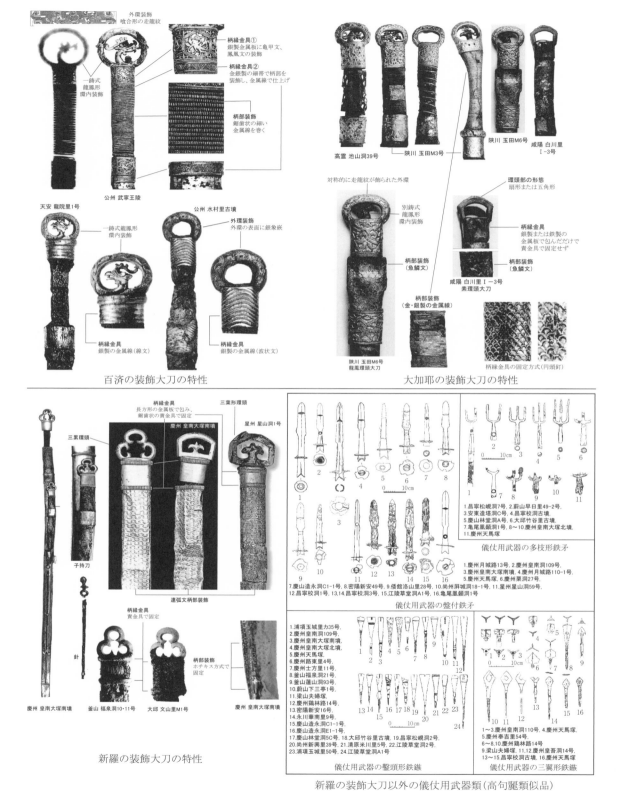

百済の装飾大刀の特性

大加耶の装飾大刀の特性

新羅の装飾大刀の特性

新羅の装飾大刀以外の儀仗用武器類(高句麗類似品)

儀仗用武器の多枝形鉄矛

儀仗用武器の盤付鉄矛

儀仗用武器の鑿頭形鉄鏃

儀仗用武器の三翼形鉄鏃

図3 百済・大加耶・新羅の儀仗用武器の比較

② **新羅と大加耶の儀仗用武器**　新羅の装飾大刀には環頭部にＣ字形の環３つをつなげた三累環頭大刀，楕円形または扇形の環頭部の中に三葉文装飾がある三葉環頭大刀，環頭部の中に装飾がなく環部を金・銀・金銅で装飾するか鉄地のままの素環頭大刀があり，三累・三葉環頭大刀は環頭部を金・銀・金銅で製作することが多い。装飾大刀以外の儀仗用武器には高句麗から強く影響を受けた盤付鉄矛，多枝形鉄矛，鑿頭形鉄鏃，三翼形鉄鏃などがある。

　大加耶の装飾大刀は龍鳳文環頭大刀が代表的で，百済の龍鳳文環頭大刀とは製作技術が異なる。鳳凰文環頭大刀は環頭部と内環装飾（龍鳳）を別個に作って結合させる。外環装飾は２頭の龍の頭部が交差せずに対称になる文様である。柄縁の金具は新羅のように金・銀・鉄製の板を巻いて別途責金具で固定するものはほとんどない。柄は大部分が打ち出しの魚鱗文で装飾されている。大加耶系素環頭大刀は環頭部の形状を五角形に製作し，銀板を巻くものが多い。

(2) 海岸部で戦術化された金官加耶の武器体系

　韓半島南部地方の金海地域を中心とする金官加耶の武器構成における最も大きな特徴は，槍（鉄矛・鉄槍）の比率である。中国の燕，韓半島の高句麗・百済・新羅・大加耶では鉄矛を圧倒的に多く使用するのに対し，金官加耶と倭では槍の比率が高い。金官加耶で４世紀前半に一時的に盛行する鉄槍は日本列島の槍と形態的にきわめて類似する。

　金官加耶は古金海湾一帯において王宮を中心に居住域（住居址・工房・貯蔵施設・儀礼空間）—土城—耕作地—墓域—草地・山地—下位集落が取り巻く「都市国家」の景観を呈している。百済・新羅・大加耶が北方に位置しているため，騎馬民族に直接相対する必要性も相対的に低い。このような金官加耶の地形的特性や周辺国の状況が，新羅および大加耶とは異質な武器体系を形成させた可能性が高い。

3　倭の武器体系

　韓半島南部地方と日本列島は歩兵中心の軍事組織であるという共通点があるが，個別武器類の構成比率には差がある。とくに中国大陸と韓半島に比べ，短距離用武器である刀剣の比率がかなり高いのが特徴である。５世紀代の倭の武器は，大陸の諸国に比べると独自性がより強く表れている。古墳時代の初期には長槍兵が使用した槍が多い地域もある。中国大陸と韓半島で長槍兵が使用した鉄矛と，倭と金官加耶で使用された槍は機能面で違いがある。前者が騎馬戦術に対応するために発展した刺突専用の長槍であるのに対し，後者は刺突と切断の機能があり，戦術上は接近戦に有利である。倭と金官加耶の地理的特徴から，海戦を中心に発達した武器とみることもできる。

　韓半島と日本列島は地理的に近いにもかかわらず，軍事組織には大きな違いがあった。４〜５世紀の東北アジアの入り乱れた国際情勢の中で，新羅と大加耶が騎馬部隊を中心とした高句麗の武器体系を積極的に取り入れたのに対し，日本列島は海峡で隔てられていることから北方の騎馬戦術に対応する武器体系は当初さほど求められず，日本の状況に適合した刀剣・槍・矢中心の武器体系が発達したのであろう。

引用・参考文献

李賢珠「三国時代おける武装体系の変化と地域性」『日韓交渉の考古学—古墳時代—』同研究会，2018

禹炳喆『新羅・加耶武器研究』慶北大学校大学院文学博士学位論文，2019（韓）

禹炳喆「３〜６世紀東アジア国家の武器体系から見た韓半島南部地域出土の倭系武器の認識」『韓日の武器・武具・馬具』嶺南・九州考古学会，2022

豊島直博「第３節　武器副葬の拡大と軍事組織の形成」『鉄製武器の流通と初期国家形成』研究論集16，奈良文化財研究所，2010

松木武彦「古墳時代の武器・武具および軍事組織研究の動向」『考古学研究』41—1，考古学研究会，1994

装飾付環頭大刀

金宇大 KIM Woodae

滋賀県立大学准教授

日本列島と朝鮮半島で直接比較が可能な資料は存外に少ないが，近年の研究の蓄積で，装飾付環頭大刀などから両地域間の多角的な関係がみえてきている

とりわけ古墳時代後期に盛行した器物の一つに，いわゆる装飾付大刀がある。その主流形式の一角をなす環頭大刀は，中国大陸に淵源をもつ外来系大刀と認識されており，朝鮮半島からの舶載品ないし渡来系工人による製品と考えられる。

朝鮮半島では，新羅，百済，加耶と，地域ごとに異なる特徴をもつ装飾付大刀が出土する。主に6世紀以降に装飾付大刀の流通が最盛期を迎える日本列島に対し，朝鮮半島では6世紀代に下る資料は少数である。その多くは5世紀代に，いわゆる「着装型威信財」の一つとして流通した。

以下，各地域の装飾付環頭大刀の概要を近年の研究に触れつつ整理[1]し，それを踏まえて日本列島出土資料との関わりを探ってみたい。

1 朝鮮半島各地の装飾付環頭大刀の概要

新 羅 朝鮮半島南部でいわゆる装飾付大刀の出土数が最も多いのが新羅であるが，反面，韓国でもその専論的な研究は少ない。

新羅では，4世紀後葉以降，高句麗との関係が深まる中で[2]，慶州月城路カ13号墳刀のような一部に貴金属を使用した素環頭大刀が出現する。5世紀前葉に至ると，釜山福泉洞古墳群を中心に，打出文様をもつ金属板を把に巻いた装飾性の高い大刀（図1-1）の製作が開始される。5世紀中葉頃には，三葉環頭大刀・三累環頭大刀を基本とする定型化した装飾付環頭大刀（図1-2・3）製作が確立する。その特徴は，①三累環および外環蒲鉾形の三葉環をあしらった環頭部，②連続C字文などの文様を打ち出した金属板を巻いた把間，③鋲状の釘をもちいた把間金属板の固定，④鞘の佩表側中央付近に子刀を付したいわゆる「母子大刀」の形態，などである。その意匠には高い規格性が認められ，少なくとも6世紀前半まで製作が継続される。

百 済 百済の装飾付大刀は，韓国で近年比較的盛んに研究がなされており，文様や製作技法の分析から日本列島を含む周辺地域との関係にもたびたび言及されている[3]。

百済では，七支刀の事例で知られるように，4世紀代から象嵌で装飾を施した環頭大刀がつくられる（図2-1など）。5世紀中葉に至るまでには龍鳳文環頭大刀の製作も開始されるが，基本的に鉄地象嵌で文様を表現したものが一般的で，銅地に装飾を施した大刀は天安龍院里1号石槨墓刀（図2-4）が唯一である。6世紀代は公州武寧王陵の単龍環頭大刀（図2-5，口絵[2]1）が著名だが，5世紀後葉以降は，銀装素環頭大刀（図2-2）や円頭大刀の事例はあるものの，出土地が明確な龍鳳文環頭大刀は現状武寧王陵刀以外知られていない。

武寧王陵出土単龍環頭大刀については，外環の走龍文を龍院里1号石槨墓刀をはじめとする5世紀代の龍鳳文環頭大刀の外環文様と同一系譜に位置付ける見解[4]もあるが，前者はいわゆる「筋交型」，後者は「喰合型」に属し[5]，型式的な差異が大きい。発見当初は中国南朝製の特注品との評価[6]がなされたが，最近武寧王陵刀の直接的類例となる資料が確認されたこと[7]や，単龍環頭大刀とセットで出土している装飾刀子の類例が羅州松堤里古墳で発見されたことから，昨今は百済での製作品とする理解が優勢である[8]。

加 耶 加耶諸国の中でも安定的に装飾付大刀を生産したのは大加耶に限られる[9]。5世紀中葉には初現的な装飾付大刀が出現するが，高霊池山洞73号墳刀（図3-1，口絵[2]2）のような，百済と新羅の特徴を折衷した資料がみられることから，自力での大刀生産を早くに開始していたと考えられる[10]。

大加耶の大刀生産が飛躍的に発展するのが5世紀後葉である。陜川玉田M3号墳刀のような龍鳳文環頭大刀（図3-3〜5，口絵[2]3）が出現したことで大加耶における大刀製作体制は完成をみるが，その契機は百済系技術の伝播とみられる[11]。このことは結果として，大加耶製大刀と百済製大刀の明確な峻別を困難にしている。大加耶系大刀の特徴として挙げ得るのは，①中心飾を別づくりにする，②外環に金属板を被せる，③間接失蝋法による製作で外環側面に線状の痕跡が残る[12]，といった点である。

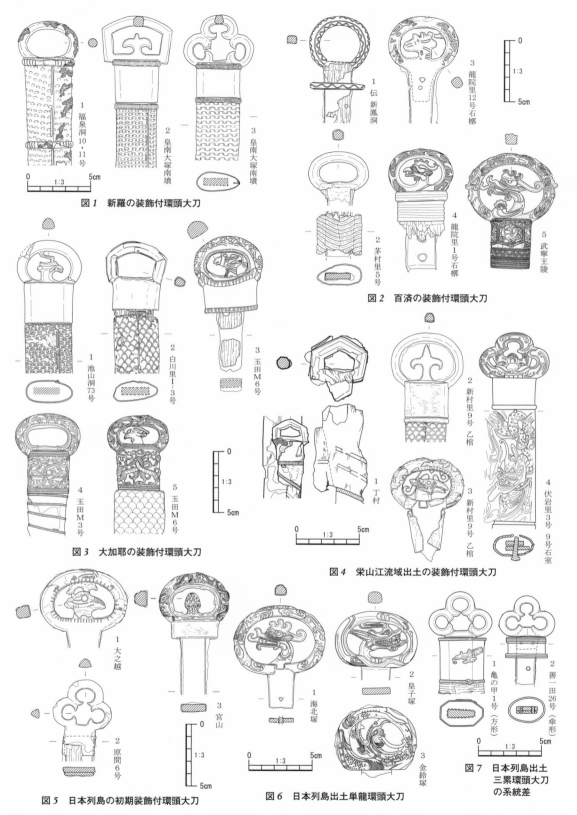

図1　新羅の装飾付環頭大刀

図2　百済の装飾付環頭大刀

図3　大加耶の装飾付環頭大刀

図4　栄山江流域出土の装飾付環頭大刀

図5　日本列島の初期装飾付環頭大刀

図6　日本列島出土単龍環頭大刀

図7　日本列島出土三累環頭大刀の系統差

図1-1〜3，図3-3〜5は報告書を改変再トレース。図4-1は報告書を引用。図5-1は山形県立博物館所蔵。図5-3は姫路市教育委員会所蔵。図4-4は大谷晃二「御崎山古墳の獅噛環頭大刀」（『八雲立つ風土記の丘』219，島根県立八雲立つ風土記の丘, 2016）を，図6-3は註10 大谷2015をそれぞれ改変再トレース。他は筆者作図。

なお加耶地域では近年，銘文大刀に着目し，その評価を試みる研究が認められる[13]。とりわけ，日韓の銘文大刀の象嵌技法を詳細に比較し，その関係性を論じた金跳咏の研究[14]は注目に値する。

栄山江流域　近年新資料の発見が相次いでいるのが，百済の影響下にありながら独自の勢力基盤を維持したとされる栄山江流域地域である。出土する冠や飾履などの金工装身具は大部分が百済からの搬入品とみられ，装飾付大刀についても基本的に百済の製品とする見解がある[15]。しかし，時期が下る羅州伏岩里3号墳の獅嚙環頭大刀（図4-4）や圭頭大刀，先述した松堤里古墳の装飾刀子は百済製の搬入品とみられるが，羅州丁村古墳の銀装素環頭大刀（図4-1）[16]など，多くは大加耶からの搬入品と考えられる[17]。一方，咸平新徳古墳では倭の捩じり環頭大刀が出土しており，当該地域における多角的な交流の在り方が大刀からも垣間見える[18]。

2　日本列島における外来系装飾付環頭大刀

続いて，日本列島の比較資料に触れつつ，その系譜的な関係を探ってみたい。

5世紀代の日本列島出土装飾付大刀を体系的に扱った研究はほとんどなく，多くは個別資料の紹介や評価に留まっている。以下，日本列島での装飾付環頭大刀の出土様相を整理する。5世紀前半には三累環頭大刀（図5-2）など新羅圏域から搬入されたとみられる資料が多い。しかし，5世紀後半以降は新羅からの舶載刀はほとんどみられなくなり，百済や大加耶からの搬入品（図5-1・3）が主となる。

6世紀後葉になると，単龍・単鳳環頭大刀をはじめとする外来系の環頭大刀が多量に流通する。一方で，この時期の半島では装飾付環頭大刀の古墳への副葬例が激減し，資料の実態が不明瞭になる。そのため，日本列島の装飾付環頭大刀研究は，半島における実資料が不在のなか，系譜論を展開せざるを得ない状況にある。

単龍・単鳳環頭大刀は，武寧王陵刀の文様との高い共通性から，従来百済との関係を前提に理解されてきた。ところが近年，列島出土の初期の単龍・単鳳環頭大刀が大加耶系龍鳳文環頭大刀と共通する技術で鋳造された可能性が指摘されており[19]，筆者は初期に主流となった一群（図6-1）が，大加耶滅亡にともなって日本列島へと渡来した大加耶系工人集団を取り込んで成立した列島中枢の大刀製作工房が製作したものと推断した。これは

百済の武寧王陵刀を起点とする文様の型式学的組列に対し，製作技術面からは大加耶との関連で捉え得るとしたもので，単龍・単鳳環頭大刀の解釈に関わる重要な認識の転換と考える。

一方で最近は個別事例の研究が進み，列島出土の単龍・単鳳環頭大刀の中にも積極的に舶載品と評価し得る資料が存在することが明らかとなってきた。その最たる事例が千葉県金鈴塚古墳の単龍環頭大刀である（図6-3，口絵②6）。本例は，「旋回式単龍環頭大刀」と呼ばれる複雑な構図の龍文を表現した事例で，百済からの舶載品と考えられる[20]。旋回式の図像を備える資料は，群馬県皇子塚古墳刀（図6-2，口絵②5）などいくつか知られているが，単龍・単鳳環頭大刀の列島内製作が軌道に乗った後の単発的な舶載品や新たな工人の渡来，列島内工房への合流といった，継続的な交流の実態が少しずつ明らかになりつつある[21]。

その他の環頭大刀については，半島との関係性を直接的に論じた研究は少ないものの，詳細な系譜的検討が蓄積されてきている。例えば，三累環頭大刀は，上述のように新羅地域に特徴的な形式と認識されてきたが，筆者はこれらを整理し，6世紀後葉以降の三累環頭大刀が大きく2系統に分かれること（図7），両者とも日本列島製である可能性が高いことを指摘した[22]。その製作地の見解には依然諸説あるものの，従来の「三累環頭大刀＝新羅」という単純な図式を無批判に適用することはできなくなっているといえる。

3　課題と今後の展望

本分野における最大の難点は，日本列島で装飾付環頭大刀が最盛期を迎える6世紀後葉以降は，朝鮮半島の出土例がほぼ皆無であるという点である。しかし，先述の金鈴塚古墳刀のような資料が存在することから，当該時期の半島資料が存在しないわけではなく，副葬事例が減ったため実態が可視化されないだけであることは明白である。したがって，あらゆるケースを想定しつつ，5世紀代の半島出土資料を念頭に緻密な系譜検討を重ねていくことが必要となる。そしてそのためには，単なる資料の参照に留まらない，研究レベルでの情報交換が日韓両国の研究者間で交わされることが求められる。

註
1)　ここで触れていない各地域の装飾付大刀の研究史については，拙著の各章冒頭に詳しく整理して

ある。金宇大『金工品から読む古代朝鮮と倭―新しい地域関係史へ―』京都大学学術出版会，2017。なお，以下に示した各地域の大刀の変遷観は上記拙著での検討によるものである。

2) 高句麗の装飾付大刀の実態は不分明で，平壌兵器廠地域内出土とされる三葉環頭大刀と集安禹山992号墳の把部片が知られるのみである。後者は魚鱗文を打ち出した金属板を巻いた把部片で，新羅の大刀の特徴に通じる。

3) 장옥진（チャンウクジン）『刀・鞘の結合を通じてみた5～6世紀百済装飾大刀の製作特性研究』韓瑞大学校大学院碩士学位請求論文，2015（韓）。李漢祥『三国時代装飾大刀文化研究』書景文化社，2016（韓）。李鉉相「百済装飾大刀の原型復元のための比較研究」『馬韓・百済文化』31，円光大学校馬韓百済文化研究所，2018（韓）。李鉉相「百済漢城期装飾大刀の製作技術研究」『歴史と談論』87，湖西史学会，2018（韓）。梁晋碩「百済における龍鳳文環頭大刀の伝播様相」『百済研究』75，忠南大学校百済研究所，2022（韓）など

4) 前掲註3 李漢祥2016に同じ

5) 穴沢咊光・馬目順一「龍鳳文環頭大刀試論―韓国出土例を中心として―」『百済研究』7，忠南大学校百済研究所，1976

6) 町田　章「環刀の系譜」『研究論集Ⅲ』奈良国立文化財研究所，1976

7) 金宇大「木村定三コレクションM318単龍環頭大刀の検討2―保存処理後の再調査―」『愛知県美術館研究紀要』30，木村定三コレクション編，愛知県美術館，2024

8) 崔基殷「製作技術を通してみた武寧王陵出土装飾刀の製作地検討」『百済学報』12，百済学会，2014（韓）

9) 金官加耶でも金海大成洞88号墳で鞘尾金具とみられる銀製および銅製のキャップ状装具が3点出土している。これを認めるなら，これらが朝鮮半島南部最古の装飾付大刀になる。また，阿羅伽耶や小加耶でも装飾付大刀の出土は認められるが，近年出土した咸安末伊山25号墳の大加耶系銀装素環頭大刀や，咸安道項里6号墳の百済系銀装素環頭大刀など，基本的には他地域から搬入品とみられる。

10) 筆者は初期の大加耶の龍鳳文環頭大刀は新羅の技術で百済の図像を模倣製作したものと理解している。金宇大「大加耶系龍鳳文環頭大刀の成立―東亜大学校石堂博物館所蔵龍鳳文環頭大刀を起点に―」『柳本照男さん古稀記念論集―忘年之交の考古学―』同論集刊行会，2020

11) 大加耶の龍鳳文環頭大刀の文様を検討した李漢祥も，その龍文の系譜を百済に追えることを指摘

している。李漢祥「大加耶龍文の系譜と展開」『韓国学論叢』57，国民大学校韓国学研究所，2022（韓）

12) 金跳咏（小谷地肇・鈴木　勉・金宇大訳）「大加耶龍鳳文環頭大刀の外環製作方法と復元実験」『文化財と技術』5，工芸文化研究所，2013

13) 洪承佑「昌寧校洞11号墳出土銘文大刀の再検討」『韓国古代史研究』101，韓国古代史学会，2021（韓）。金跳咏「日本東京国立博物館所蔵‘有銘環頭大刀’の製作地と意義」『湖西考古学』54，湖西考古学会，2023（韓）

14) 金跳咏「銘文刀剣からみた古代韓日関係」『東西人文』19，慶北大学校人文学術院，2022（韓）

15) 金洛中「加耶系環頭大刀と百済」『百済文化』50，公州大学校百済文化研究所，2014（韓）

16) 同資料が新羅系大刀の特徴とされる「母子大刀」の形態をとることから，李建龍は汎地域的に母子大刀を集成，検討しその性格を論じている。李建龍「三国時代母子刀の性格と羅州地域の母子刀」『湖南考古学報』63，湖南考古学会，2019（韓）

17) これらの大刀の製作地については，先述の百済製説のほか，栄山江流域の勢力が在地で製作したとみる見解もある（禹炳喆『新羅・加耶武器研究』慶北大学校大学院博士学位論文，2019（韓）など）。一方で，筆者同様，大加耶からの移入品と捉える説もあり（金跳咏「三国時代龍鳳文環頭大刀の系譜と技術伝播」『中央考古研究』14，中央文化財研究院，2014（韓）など），その系譜的評価はまだ定まっていない。

18) なお，羅州文化財研究所では，上述の丁村古墳や松堤里古墳の出土資料を対象に，復元品の製作を含む極めて詳細な調査・研究を実施，その成果を順次刊行している。羅州文化財研究所『羅州丁村古墳出土母子刀の製作技術復元』2020（韓）。国立羅州文化財研究所『羅州松堤里古墳群1号墳装飾小刀製作技術復元』2023（韓）

19) 前掲註12に同じ

20) 大谷晃二「金鈴塚古墳出土大刀の研究(1)単竜環頭大刀」『金鈴塚古墳研究』3，木更津市郷土資料館金のすず，2015。金宇大「旋回式単龍環頭大刀の新例とその評価」『文化財と技術』9，工芸文化研究所，2019（韓）

21) 金宇大「単龍・単鳳環頭大刀生産の拡大と外来技術工人」『古代武器研究』18，古代武器研究会，2023。ただし，大谷晃二は，列島出土の単龍・単鳳環頭大刀がいずれも舶載品であった可能性に論及している。大谷晃二「谷津原1号墳の単竜環頭大刀―拵え直しの環頭大刀と模倣単竜・単鳳環頭大刀について―」『富士市内遺跡発掘調査報告書―令和2年度―』富士市教育委員会，2022

22) 金宇大「日本列島出土三累環頭大刀の系統とその性格」『考古学雑誌』104―1，日本考古学会，2021

甲冑

橋本達也　HASHIMOTO Tatsuya
鹿児島大学教授

日韓の古墳・三国時代の甲冑研究史を概観した上で，東アジア世界の甲冑副葬の検討から，古墳・三国時代の甲冑と戦争・軍事研究の今後を展望する

1　古墳時代甲冑研究における日韓交渉研究の歩み

　日本列島の古墳時代甲冑と共通する甲冑が韓国における発掘調査で出土すること，また古墳時代甲冑は頻繁に三国時代甲冑の技術的影響を受けていたことはよく知られているところである（図1）。その研究史は長く，さまざまな論者が多岐にわたる議論を展開してきた。本稿では，まずその歩みの枠組みを簡単に振り返ることからはじめたい。

　考古学における古代の甲冑研究は，日本列島の古墳出土資料を中心としてはじまった。日本の古墳から鉄製甲冑の出土することは近世後半段階には認識されるようになり，1934（昭和9）年

の末永雅雄『日本上代の甲冑』[1]において，総覧的研究へと結実することはよく知られている。また，早くもこの段階で札甲（「挂甲」[2]）や眉庇付冑は新羅との関係を有するもので，札甲は東アジアの広域に展開する形式であること，蓮山洞古墳群出土とされる眉庇付冑（図1-1）と三角板鋲留板甲（図1-2）は日本列島からもたらされた可能性があることなど，後の研究で取り上げられる日韓の甲冑の関係性についても論じられていた。

　その後，1970年代までに古墳時代甲冑の型式学的研究は大幅に進展するとともに，1975年の穴沢咊光・馬目順一によって，朝鮮半島三国時代の甲冑が本格的に取り上げられるようになる[3]。換言すれば，この時期以前は，朝鮮半島出土資

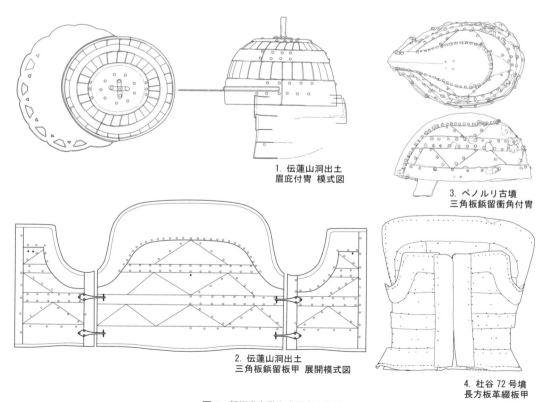

1. 伝蓮山洞出土
眉庇付冑　模式図

3. ペノルリ古墳
三角板鋲留衝角付冑

2. 伝蓮山洞出土
三角板鋲留板甲　展開模式図

4. 杜谷72号墳
長方板革綴板甲

図1　朝鮮半島帯金式甲冑の諸例

料の蓄積，研究がないなかで古墳時代甲冑について間接的に朝鮮半島製や渡来人・渡来系工人の影響を論じていた段階となる。そのため研究者によって解釈にも振れ幅があった[4]。

　1980年代になると，福泉洞10号墳，池山洞32号墳などを代表とする加耶地域の甲冑が発掘調査を経て知られるようになり，実物資料による議論が活性化する。そのなかで　申敬澈らを代表として甲冑製作地論が提起される[5]。すなわち，日本列島の古墳時代甲冑を含めて日韓の甲冑は朝鮮半島製であるとする論である。さらに90年代になると宋桂鉉によって三国時代の甲冑研究が進められ，直接的な議論が一層進むこととなった[6]。そこで宋は，帯金式の板甲製作地は加耶西部と論じた。

　一方，80年代以降，古墳時代甲冑研究では，型式学的な変遷が列島内で追えることを中心として，帯金式甲冑は日本列島製であり，それらには朝鮮半島に運ばれたものがあるとの見解が示され[7]，以後，帯金式甲冑を主として研究する研究者は，それを日本列島製とする理解に立って議論を進める立場が主となる。

　さらに1997年以降，申敬澈は帯金式甲冑の日本列島製の存在を認め，また新たな研究段階に入る[8]。それはすぐに韓国の研究者にも受け入れられたわけではなく，また現在でも否定的な見解はあるが，三国時代甲冑研究の立場からも帯金式甲冑が日本列島製とした議論が進められるようになる。さらに当初は朝鮮半島東南部，加耶地域での発見に偏っていた段階から，2000年代以降になると資料の増加とともに，西南部をはじめ韓国国内の範囲での議論が進むようになった。2009年の福泉博物館による集成の刊行[9]，2015年の国立金海博物館での甲冑展[10]は，韓国における甲冑研究の一つの到達点を示すものとして意義深い。

　これを大枠でみると，以下のように捉えられるであろう。①日本列島で古墳時代甲冑の研究が進む一方で，朝鮮半島三国時代の比較資料がわずかしか知られない極度に非対称的な第1段階。1970年代まで。②古墳時代甲冑資料と対比される三国時代甲冑資料の発見が続き，製作地論などの議論が起こるがまだ日本列島の資料蓄積・研究の方が質量ともに優位な第2段階。1980〜1990年代。③三国時代資料の蓄積，研究の進展によって，総体的に相互の資料，研究の比較が必須となった第3段階。2000年代以降[11]。

2　甲冑製作地論のゆくえ

　問題の所在　研究史上，古墳－三国時代の交渉研究において最大の課題は帯金式甲冑の製作地論であった。なかでも課題となってきたのは製作遺跡が未解明なことである。それと鉄素材の問題である。鉄素材を朝鮮半島諸国からの供給に頼っていた古墳時代中期段階に大量の鉄板を必要とする帯金式甲冑を日本列島で製作し得たのかが，日本列島製とみることへの疑問としてあった。これらの課題に対する十分な答えはいまだ用意されていない。現状でも製作地について考古資料に基づく実証できない状況は変わらない。

　とはいえ，現状で考古学的により確度の高い資料情報に基づき解釈するならば，帯金式甲冑は日本列島内で自立的に型式変遷がスムーズに追え，型式的な偏差の少なさから一元生産とみられ，古市・百舌鳥古墳群とその周辺を中心とする分布状況から，近畿中央政権がその政権下で生産を管理し，日本列島各地の首長層に政治的に配付したものと捉えられる状況は否定できない。また舶載品流通のあり方からみても，鹿児島から福島に至る地域に550点を上回る大型鉄製品が朝鮮半島から供給され，各地の古墳へ副葬されたとみることは不可能である。すなわち，状況証拠的には日本列島製との理解が妥当である。

　「倭系甲冑」　2000年代以降，近年では韓国での出土甲冑に「倭系甲冑」との呼称が拡がっている。ただし，韓国で帯金式甲冑と呼ばれるのは板甲であり，とくに眉庇付冑，衝角付冑，打延式頸甲，帯板肩甲を含む本来の帯金式甲冑と「倭系甲冑」が必ずしも一致するものでないことには注意が必要である[12]。また，近年では帯金式甲冑以外にも，札甲のうち2列威，Ω字形腰札・草摺裾札をもつものは日本列島で製作され，朝鮮半島に運ばれたものがあると考えられるようになっている[13]。これまでを倭系甲冑として理解するかについては，いまだ十分議論がなされていない。「倭系甲冑」との把握法はわかり安い表現ではあるが対象が論者によって異なる曖昧性を含んでおり，本質的には様式・型式分類の用語で理解を進める必要があるものである。

3　東アジア社会の甲冑副葬

　甲冑副葬　日韓で，古墳・三国時代甲冑資料が

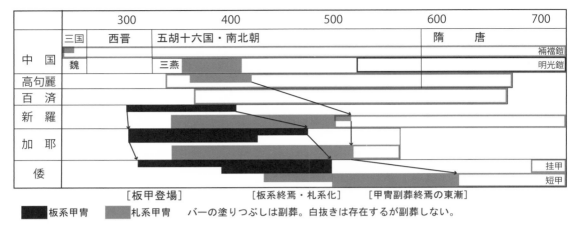

	300	400	500	600	700
中国	三国 西晋	五胡十六国・南北朝		隋 唐	裲襠鎧
	魏	三燕			明光鎧
高句麗					
百済					
新羅					
加耶					
倭			[板甲登場] [板系終焉・札系化] [甲冑副葬終焉の東漸]		挂甲 短甲

■ 板系甲冑　■ 札系甲冑　バーの塗りつぶしは副葬。白抜きは存在するが副葬しない。

図2　東アジアの甲冑副葬と形式の展開

増加するにつれて，あきらかになってきたのは地域ごとの様相の違いである。地域ごとで資料の副葬，出土傾向に大きな違いがあり，その上で形式の組合せ・盛行期に違いが浮かび上がってきた(図2)。

高句麗・百済では山城からの出土例もあるが，基本的には古墳への副葬が資料の有無，多寡を左右する。そこであらためて問われなければならないのは，甲冑副葬という行為そのもののあり方であろう。

三国時代，高句麗ではわずかに古墳への副葬例があるが，百済では甲冑を副葬しない。新羅・加耶では5世紀代までは副葬されるが，6世紀前半には終焉に向かう。倭では，5世紀代を中心に7世紀初頭まで甲冑が多量に副葬される。

同時期，中国は五胡十六国・南北朝期であるが基本的に甲冑は副葬しない。中国では戦争の活発化している時期であり，またその強い影響下にある高句麗や百済でも甲冑副葬はほとんど行われず，わずかな情報しかない。甲冑副葬は新羅・加耶といった朝鮮半島東南部と日本列島の倭に顕著な行為であり，資料は偏在するのである。

中国からみるとより周縁的で，戦争・軍事が未成熟な社会に甲冑副葬は発達しているのである。すなわち，甲冑は戦争・軍事の影響下にある特定の社会段階を表すものであっても，東アジアの広域における戦争・軍事を直接復元し得るものとみることはできない。むしろ，甲冑副葬は武装具の実戦的使用を投影するものではなく，儀礼的な取り扱いを反映する可能性が考えられる。

古墳出土甲冑は倭人の対朝鮮半島の軍事行動にかかわるものとする論説が研究史上では大きな影響力をもってきたが[14]，そもそもその副葬された甲冑をはじめとする武装具が軍事の発達した社会を映すものであるという前提から見直しが必要であろう。

板甲から札甲へ，そして副葬の終焉　副葬される甲冑の形式もあわせて確認しておこう。朝鮮半島東南部では4世紀代に板系甲冑，札系甲冑の副葬が併存し，5世紀前半に板系甲冑の副葬は終焉を迎え，6世紀前半までに甲冑副葬自体も終了する。日本列島では，4世紀代から5世紀前葉までは板系甲冑のみしかなく，5世紀前葉～5世紀末までの板系・札系甲冑併存期を経て，6世紀前葉から7世紀初頭までは札系甲冑が副葬される。

東アジア世界では総じて板系甲冑から札系甲冑へと推移し，あわせて副葬の終焉に向かう。すなわち板系甲冑・甲冑副葬はより周縁的な文化であり，より戦争が激しく，中国の影響の強い地域から先進的な札系甲冑化・非副葬化が進行した状況をみることができる。

他地域よりも盛んでかつ長く行われた日本列島・倭の板系から札系甲冑の副葬，それはかつての認識とは異なり，戦争・軍事の発達がより未成熟な周辺社会で発達したものであり，武装具としての高度な機能性の追求よりも，儀礼における見栄え重視の象徴性がより顕在化した社会で求められたものとみられよう。

4　まとめ

日韓の甲冑研究は，早くから研究蓄積のあっ

た日本の研究をベースにはじまった。その後，韓国での出土資料の増加を受けて，とくに研究の中でも生産地問題が長く課題となってきたが，倭系甲冑という概念の登場以降，今日的にはもはや生産地論に留まるのではなく，相互に共通性，非共通性のある交渉史資料としての視座から研究が進んでいる。

　甲冑は第一義的には武装具であり，戦闘・軍事にかかわるものである。しかしながら身にまとうものとして日本列島の古墳時代，とくに中期には首長層の政治的シンボルとして用いられたことは疑い得ない。

　現在でも，日本列島における甲冑を中心とする武器武具の古墳副葬が，対朝鮮半島に向けた軍事行動にかかわるものという長く培われてきた見方は影響力をもっている。しかしながら，近年の調査成果の蓄積はそれとは異なる視点を提示しつつあり，今後，資料実態にもとづいた新たな関係史が描かれる可能性が高いと筆者はみている。本稿では紙幅の都合もあり，資料に基づいた交渉史に関する検討は十分できなかった。少なくとも日本の研究上での甲冑の位置づけは，今後さらなる見直しが必要であることを指摘しておきたい。

註

1)　末永雅雄『日本上代の甲冑』岡書院，1934

2)　筆者は従来の甲冑形式「短甲」・「挂甲」は名称設定時の根拠史料の解釈に問題があり，「板甲」・「札甲」が適切であると考えて用いている（橋本達也「古墳時代の甲冑・軍事組織・戦争」『古代武器研究』17，古代武器研究会，2022）。この名称の方が朝鮮半島の甲冑の比較研究にも有用である。

3)　穴沢咊光・馬目順一「南部朝鮮出土の鉄製鋲留甲冑」『朝鮮学報』76，朝鮮学会，1975

4)　例えば，小林行雄は，はじめ古墳時代中期中葉〜後葉の眉庇付冑や横矧板鋲留板甲には，朝鮮半島で製作したもの，あるいは半島の工人の手になるものがあるとみたが（小林行雄「鉄盾考」『朝鮮学報』24，朝鮮学会，1962），一方で日本列島における甲冑の型式的統一化，すなわち帯金式甲冑の成立を朝鮮半島における「軍事行為の反映」と評価したことや，板甲の変遷に「大陸系技術の導入」と論じた（小林行雄「神功・応神紀の時代」『朝鮮学報』36，朝鮮学会，1965）ことからすれば当初，中期前葉は列島内での生産を軸に考えていたと見受けられる。その後さらに，日本列島出土品にかなりの朝鮮半島製品があると見積り，帯金式甲冑成立段階から輸入ないし工人の渡来を想定するに至っている（小林行雄「古墳時代短甲の源流」『帝塚山考古学研究所設立記念　日韓古代文化の流れ』帝塚山考古学研究所，1982）など，いまだ朝鮮半島の実資料に基づいた議論ではなかったため，解釈に振れ幅がある。それにもかかわらず，この時期の甲冑研究は古墳時代研究に広く影響を与えてきた。

5)　鄭澄元・申敬澈（定森秀夫 訳）「古代韓日甲冑断想」『古代文化』38―1，1986（原文は『尹武炳博士還暦記念論叢』同刊行委員会，1984）

6)　宋桂鉉「加耶出土の甲冑」『伽耶と古代東アジア』新人物往来社，1993

7)　藤田和尊「日韓出土の甲冑について」『末永先生米寿記念献呈論文集』末永先生米寿記念会，1985
　　福尾正彦「眉庇付冑の系譜」『東アジアの考古と歴史』下，岡崎敬先生退官記念論集，同記念事業会，1987
　　村井嵩雄「古墳時代の甲冑―その源流について―」『考古学叢考』中，斉藤忠先生頌寿記念論文刊行会，1988

8)　申敬澈「福泉洞古墳群의 甲冑와 馬具」『福泉洞古墳群의 新照明』釜山広域市立福泉博物館，1997（韓）

9)　福泉博物館『韓国의 古代甲冑』2009（韓）

10)　国立金海博物館『甲冑―戦士의 象徴―』2015（韓）

11)　なお，最近の動向については，金赫中によるまとめが複数ある。金赫中「韓国の帯金式甲冑」『考古学ジャーナル』771，ニューサイエンス社，2022。金赫中「古代韓日甲冑の理解と課題」『第14回嶺南・九州合同考古學大会　韓日의 武器・武具・馬具』九州考古学会・嶺南考古学会，2022。金赫中「韓半島出土帯金式甲冑の現況と課題」『季刊考古学』165，雄山閣，2023（以上3件いずれも諫早直人訳）

12)　金赫中「古代日韓甲冑の理解と課題」『韓日의 武器・武具・馬具』九州考古学会・嶺南考古学会，2022

13)　内山敏行「小札甲の変遷と交流―古墳時代中・後期の繊孔2列小札とΩ字型腰札―」『王権と武器と信仰』同成社，2008

14)　川西宏幸「中期畿内政権論」『考古学雑誌』69―2，日本考古学会，1983
　　田中晋作「古墳に副葬された武器の組成変化について」『日本考古学』15，日本考古学協会，2003
　　田中晋作「軍事組織」『古墳時代の考古学6人々の暮らしと社会』同成社，2013

馬具と馬

諫早直人　ISAHAYA Naoto
京都府立大学准教授

朝鮮半島を経由して日本列島に入ってきた馬文化について，馬具を中心に近年の新出資料を踏まえ，研究動向を整理する

　古墳から出土する馬具は，江上波夫が騎馬民族説の論拠として用いて以来，古墳時代併行期の日韓交流を物語る代表的な考古資料として，日韓両国の研究者により研究が進められてきた。研究の歩みを辿る紙幅はないが，釜山福泉洞古墳群の発掘を嚆矢として朝鮮半島出土馬具が急激に増加した1980年代以降の研究史が，一国で完結しないことも重要である。三国時代の馬具を研究するにあたって，まず参照されたのは古墳時代の馬具研究であり，その後，飛躍的に進展した三国時代馬具研究と右肩上がりに増加する出土資料は，古墳時代の馬具研究に大きな影響を与え続けている。

　研究が双方向性をもって展開してきた最大の理由は，鏡板轡に代表される当該期の馬具が，製作地ごとに細かな違いをもちながらも，基本的には同じ形態的特徴をもっている，ということに尽きる。その範囲は日本や韓国といった現代の国家の枠組みを超えて，東北アジアの広範な範囲に及んでいる。三国時代馬具をはじめとする大陸の最新の出土事例をおさえ，その研究成果を咀嚼することは，古墳時代馬具を研究する上で欠かせない営みとなっているといってよいだろう。

　これに加えて日本では近年，出土ウマ遺存体を手がかりとして，馬自体の生産，飼育，利用に焦点を当てた研究も急速な進展をみせている。古墳時代の日本列島に大量にもたらされた馬のほぼすべてが朝鮮半島を経由したと考えられる以上，馬具だけでなく，馬を飼い，利用する馬文化総体がこの時期に海を渡ったことは疑いの余地がなく，両地域の比較は今後の重要な研究課題である。

　以下，馬具を中心に近年の新出資料をふまえつつ，研究の現況と課題について整理を試みる。

1　初期馬具の系譜と製作地

　初期馬具とは，5世紀前半，古墳時代中期前葉〜中葉にかけて起こった馬の本格的渡来に伴って，日本列島にもたらされた馬具のことである。馬そのものがいなかった日本列島において初期馬

具は，その多くが大陸からの舶載品と予想されてきた。実際，東アジア各地において発掘調査が進むにつれ，類例が増加し，具体的な系譜や製作地を推定することが可能となりつつある[1]。

　滋賀県新開1号墳出土馬具をもとに具体的にみてみよう。新開1号墳は直径35mの円墳で，南棺外から鉄地金銅張双龍文透彫楕円形鏡板轡，鉄装鞍橋，木心鉄板張輪鐙2対，青銅製馬鐸，青銅製三環鈴，鉄製環状雲珠・辻金具，鉄製鉸具，鉄製十字形蛇行状鉄器などの騎乗用馬具が出土している[2]。踏込部にスパイクをもつ木心鉄板張輪鐙から，5世紀前葉を上限とする製作年代が想定される。

　では，これらはどこで製作されたのだろうか。金銅板に精緻な彫金と透彫を施した鏡板轡（図1-2，口絵③2）をみると，最も類似するのは中国東北部の遼寧省喇嘛洞ⅡM16号墓の鉄地金銅張双龍文透彫楕円形鏡板轡である（図1-1，口絵③1）。両例に共通する大型方形鉤金具の類例は，ほかに伝・大阪府誉田丸山古墳出土の鉄地金銅張双葉文透彫梯形鏡板を挙げうるのみで，朝鮮半島ではいまだ確認されていない。ただし新開1号墳例に採用されている方形外環の1条線引手は，中国東北部の轡には採用された形跡がなく，朝鮮半島南東部に分布が限定される。

　新開1号墳例のようなX字形銜留金具をもつ楕円形鏡板轡は，4世紀中葉の金海大成洞2号墳（青銅製）や，近年発掘された，5世紀前葉の高霊池山洞75号墳（鉄地金銅張）など朝鮮半島南東部，とりわけ加耶の王陵級古墳から出土が散見される。とりわけ新開1号墳例と時期の近い後者は，方形外環の1条線引手を採用するなど，透彫装飾や大型方形吊金具以外の属性に顕著な共通性が認められる（図1-3）[3]。

　以上から，新開1号墳例の直接的な系譜を朝鮮半島南東部，すなわち洛東江東岸地域の新羅と洛東江西岸地域の加耶にまで絞り込むことが可能である。これは鐙や鞍などの共伴馬具に関しても基本的に同じであり[4]，馬装全体の系譜として理解

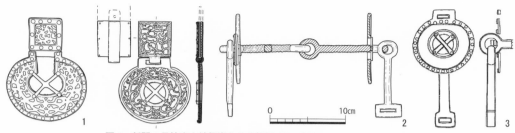

図1　新開1号墳出土鏡板轡とその類例（註1諫早2012・註6をもとに作成）
1：中国 遼寧省 北票 喇嘛洞Ⅱ M16号墓　2：日本 滋賀県 栗東 新開1号墳　3：韓国 慶尚北道 高霊 池山洞75号墳

して差し支えない。問題は新羅と加耶を峻別できるかどうかである。鉄製などの実用的な馬具で両地域を峻別することは難しいが，新開1号墳例のような金銅装の透彫馬具をみると，大加耶では王陵級古墳である池山洞75号墳においてすら副葬の形跡が認められない。盗掘の影響などを考慮する必要はあるが，金官加耶も同じである。

　となるとやはり，以前から注目されてきた新羅が最も有力な製作地候補として残ることになる[5]。それ自体は筆者も異論のないところではあるが，ここでは依然として解決されていない課題を一つだけ指摘しておきたい。それは，新羅では5世紀中葉の王陵級古墳である慶州皇南大塚南墳を遡る透彫馬具がまだ確認されていないことである。発掘調査の進展によって，皇南大塚南墳以前に遡る馬具が慶州盆地周辺でも徐々に増えつつあるが，装飾馬具は月城路カ-13号墳出土金銅製楕円形鏡板轡などごくわずかである。桃﨑祐輔は新開1号墳例が皇南大塚南墳から出土した3点の鉄地金銅張双龍文透彫楕円形鏡板轡（口絵[3]3）よりも型式学的に先行するとみて，「皇南大塚南墳の築造よりも古い時期の新羅で製作された可能性が高い」とみているが[6]，皇南大塚南墳以前の王陵級古墳が発掘されていないこともあって，新羅における透彫馬具を含む装飾馬具生産開始の実態については，よくわからないことが多く残されている。日本列島の，それも地方の一円墳の被葬者が，新羅では王陵級古墳にのみ副葬され，地方の有力首長墳に副葬されなかった，そして加耶では王陵級古墳にさえ副葬されなかった透彫馬具をいかにして入手しえたのかについても，今後に残された大きな課題である。

2　f字形鏡板轡・剣菱形杏葉の系譜と製作地

　5世紀後半，古墳時代中期後葉（TK208型式期）にf字形鏡板轡や剣菱形杏葉に代表される装飾馬具が出現する。直接的な類例が朝鮮半島南部でも出土していることから，初期資料の多くは輸入品であったとみられるが，その舶載を契機として，在来の鏡作工人の参画によって鋳銅製馬具の生産が始まり，ほどなくしてf字形鏡板轡や剣菱形杏葉自体の生産も軌道に乗った点で，日本列島における本格的な装飾馬具生産の開始はこれらの舶載を契機とする。f字形鏡板轡と剣菱形杏葉は，古墳時代に大陸からもたらされた様々なかたちの装飾馬具の中で，最初に模倣の対象となり，そして最も長くつくられ続けた装飾馬具であった。

　これらの考案地，製作地については，百済とみる立場と大加耶とみる立場が対峙している状況にあることは以前に整理したとおりである[7]。かつては百済や大加耶にセットの出土例がほとんどないことから，倭がそれぞれを個別的・選択的に入手し，一つの馬具セットとして確立したとする見解もあったが，近年，洛東江西岸地域を中心にセットの出土例の報告が相次ぐなど，資料状況は一変している[8]。もう少し資料の増加を待つ必要はあるけれども，大加耶が日本列島から出土する初期のf字形鏡板轡や剣菱形杏葉の，最も有力な製作地候補であることには相違ない。

　一方で，倭を含めた三国間におけるそれらの出現にはさほど大きな時期差が認められないこと，和歌山県大谷古墳出土の鍍金鋳銅製でパルメット文をあしらった金銅製鈴付f字形鏡板轡・剣菱形杏葉のような，より装飾性の高い資料が日本列島から出土していることをふまえると，それらの考案地についてはより広い範囲を視野に入れておく必要があることも指摘してきたところである。

　この問題に一石を投じる資料が最近，中国で出土した。陝西省西頭遺跡上廟地点39号北魏墓から出土した金銅製双龍文双葉形鏡板轡である（図2-1）[9]。東北アジアを中心に分布する鏡板轡の西限資料であり，慕容鮮卑・三燕で創出されたとみられる鏡板轡が，北魏でも用いられていたことが

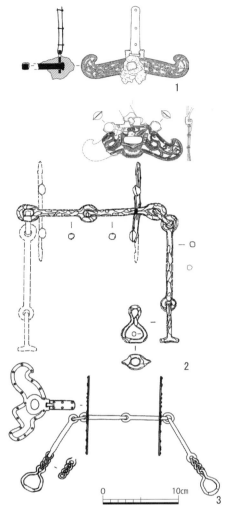

図2　江田船山古墳出土鏡板轡とその類例
1：中国 陝西省 旬邑 西頭遺跡上廟地点 39 号北魏墓
2：日本 熊本県 菊水 江田船山古墳
3：韓国 慶尚南道 陝川 玉田 M3 号墳

初めて明らかとなった。

　ここで注意したいのは，双葉形の鏡板形態や鋳造によって文様をあらわすといった製作技法が，熊本県江田船山古墳例の鏡板と酷似することである（図2-2）。もちろん江田船山古墳例は鉄地金銅張鈴付（金銅板は鋳造）で棒状鉤金具を採用するのに対し，西頭上廟 39 号北魏墓例は金銅製で帯状鉤金具を採用するなど細部に無視しがたい差異があり，共伴馬具にも関係性を見いだしがたいため，ただちに江田船山古墳例が北魏製となることはない。西頭上廟 39 号北魏墓例にみられず，江田船山古墳例にみられる諸要素（棒状鉤金具や鉄地金銅張，鍍金鍛銅製鈴，遊環を介して瓢形引手壺をもつ1条線引手を連結するといった特徴）の多くが，大加耶馬具（図

2-3）に見いだされることをふまえれば，むしろ大加耶製の可能性が高まったとみることも可能である。同じことは大谷古墳例についてもいえるだろう[10]。

　とはいえ，ほぼ同時期に製作された両者を他人の空似と片付けてしまうことは難しい。仮に単なる空似ではなかったとすれば，新羅や百済などの影響を受けて始まった大加耶の馬具生産に，5世紀後葉頃，従来とはまったく異なる地域，すなわち中原から何らかの影響が及んでいたことになる。その場合，直ちに想起されるのが史書に記された加羅王荷知による中国南斉への遣使（479 年）であり，馬具の実態の明らかでない百済を介した間接的なものであった可能性もある。いずれにせよ北魏だけでなく，同時期の南朝にも鏡板轡をはじめとする装飾馬具が存在した可能性を考慮した議論が求められる段階に入ったことは確かであろう。

3 「新羅系」馬具の系譜と製作地

　6世紀後半，古墳時代後期後半（MT85～TK43型式期）は，内山敏行が「舶載品ラッシュ」と呼ぶ，古墳時代を通じて最も濃密に朝鮮半島系副葬品が認められる時期である[11]。この時期にもたらされた装飾馬具の中には，鐘形鏡板轡・杏葉などの千賀久[12]の「非新羅系」の特徴（鏡板轡・杏葉でいえば棒状鉤金具）をもつ馬具もあるが，その多くは「新羅系」馬具の特徴（鏡板轡・杏葉でいえば帯状鉤金具）をもつことがわかっている。前者の類例は大加耶周辺に分布しており，f字形鏡板轡・剣菱形杏葉同様，大加耶との関係で理解できるのに対し，後者はやや事情が複雑である。というのもここでいう「新羅系」の特徴をもつ馬具は，新羅だけでなく高句麗からも出土しており，この時期には大加耶でも模倣されていた形跡が認められるからである[13]。大加耶で模倣された「新羅系」馬具は形態的特徴から新羅で製作された「新羅系」馬具と区別することが可能であるが，6世紀代の高句麗馬具については実態が明らかでない。とりわけ大加耶滅亡（562 年）後，新羅で馬具副葬が終焉し，実物にもとづいた議論が難しくなる6世紀後半の「新羅系」馬具については，高句麗製の可能性も視野に入れておく必要がある。

　その最たるものが，奈良県藤ノ木古墳Aセット馬具にみられるような唐草文・鳳凰文の心葉形鏡板轡・杏葉である。すべからく帯状鉤金具をもつ典型的な「新羅系」馬具であるが，これらの中で

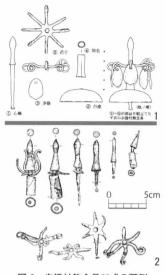

図3　歩揺付飾金具Ｖ式の類例
1：Ｖ式模式図（日本 千葉県 山武 駄ノ塚古墳）2：中国 吉林省 集安 山城子山城宮殿址

も藤ノ木古墳例のように薄肉彫り技法で立体的につくられた一群については，少なくとも6世紀前半までの新羅の金工品製作の伝統の中では理解することができない[14]。これらとしばしば共伴し，同じ馬装を構成する大久保奈々Ｖ式（図3-1）[15]の歩揺付飾金具についても，新羅ではまだ直接的な類例が出土していないが，高句麗の集安山城子山城（丸都山城）宮殿址からＶ式そのものと思しき破片（図3-2）が出土しており[16]，やはり高句麗製の可能性を指摘することができる[17]。

いずれも高句麗製や高句麗系とまで断言できる状況にはまだないが，6世紀後半の倭から出土する「新羅系」馬具には，6世紀前半で副葬を終了する新羅馬具の延長線上で説明できない要素がある。当該期の新羅系馬具の製作地については新羅や高句麗だけでなく，工人の移動を前提とした倭も視野においた議論が必要であろう。

4　おわりに

最後に日韓の馬をめぐる研究の現況と課題について簡単に触れておきたい。日本で定着しつつある出土ウマ遺存体に対する安定同位体比分析が韓国においても進めば，日本列島にもたらされた馬の故郷を明らかにできる可能性がある。また初期馬具の系譜がそれを装着した馬や，馬を伴って移住した渡来系馬飼集団の動きを何らかのかたちで反映しているならば，大阪府蔀屋北遺跡周辺で明らかとなってきた古墳時代初期牧の祖型は朝鮮半島南部に求められるが，そのような視点での研究はまだ緒についたばかりである[18]。

それぞれの地域における膨大な資料に向き合うことは研究の第一歩ではあるが，それだけではみえてこないものがある。前4千年紀のウマ家畜化に始まる長期的な視野のもとに目的意識を共有し，'隣国'ではなく'隣接地域'として，彼我の資料に向き合うことが何より肝要であろう。

註
1)　諫早直人『東北アジアにおける騎馬文化の考古学的研究』雄山閣，2012。桃﨑祐輔『古代騎馬文化受容過程の研究〔日本編〕』同成社，2023
2)　滋賀県教育委員会「新開古墳」『滋賀県史跡調査報告』12，1961
3)　大東文化財研究院『高霊 池山洞 第73〜75号墳』2012（韓）
4)　前掲註1 諫早2012に同じ。
5)　中山清隆「初期の輸入馬具の系譜」『東北アジアの考古学 天池』六興出版，1990
6)　桃﨑祐輔「「筑前國宗像郡津屋崎町發見」の双龍文透彫鏡板の検討」『福岡大学考古学論集』3，2020，p.476
7)　諫早直人「馬具の舶載と模倣」『技術と交流の考古学』同成社，2013
8)　諫早直人「倭の馬具と加耶」『馬に乗った加耶 加耶馬具特別展』国立金海博物館，2022
9)　西北大学文化遺産学院・陝西省考古研究院・旬邑県文化和旅遊局「陝西旬邑県西頭遺址上廟地点北魏墓 M 39 的発掘」『考古』2023―2，2023（中）
10)　前掲註8に同じ。
11)　内山敏行「装飾付武器・馬具の受容と展開」『馬越長火塚古墳』豊橋市教育委員会，2012
12)　千賀 久「日本出土の「新羅系」馬装具の系譜」『東アジアと日本の考古学 Ⅲ　交流と交易』同成社，2003
13)　前掲註7に同じ
14)　鈴木勉は薄肉彫り技法について，当初百済系の技術である可能性を指摘していたが（鈴木 勉「藤ノ木馬具から飛鳥へ」『金の輝き，ガラスの煌めき―藤ノ木古墳の全貌―』奈良県立橿原考古学研究所附属博物館，2007），その後，高句麗からより直接的な類例（平壌真坡里7号墳出土金銅装飾）が出土しているとしている（鈴木　勉・松林正徳「藤ノ木古墳出土金銅製龍文飾金具の製作背景」『勝部明生先生喜寿記念論文集』2011）。
15)　大久保奈々「歩揺付飾金具の系譜」『国立歴史民俗博物館研究報告』65，1996
16)　吉林省文物考古研究所・集安市博物館『丸都山城―2001〜2003年集安丸都山城調査試掘報告』文物出版社，2004（中）
17)　諫早直人「綿貫観音山古墳出土馬具の系譜と製作地」『綿貫観音山古墳のすべて』群馬県立歴史博物館，2020
18)　李炫妸（諫早直人 訳）「韓半島初期牧場に関する基礎的研究」『牧の景観考古学』六一書房，2023

支配者の象徴的器物と身体装飾

支配者の身体装飾や権威の表象に関わる資料の近年の調査・研究成果を整理し，最新の研究動向を示す

：鏡／玉類／冠と飾履／帯金具

鏡

辻田淳一郎　TSUJITA Jun'ichiro ：
九州大学教授

鏡はいつ頃，どのようなルートで朝鮮半島にもたらされたのか。基礎資料と先行研究を議論し，論点を整理する

　日本列島の古墳時代の鏡は，大きく中国鏡と倭製鏡に分かれる。朝鮮半島南部からもこれらと共通する資料が出土するが，いずれについても，いつ頃，どのようなルートで半島南部にもたらされ，副葬されたかが課題となっている。本稿では，基礎資料と先行研究の考え方について整理し，今後の課題について検討したい。

1　半島南部出土鏡の種類と変遷

　図1は，高久健二[1]が作成した半島南部の倭系遺物出土遺跡分布図に，筆者が鏡の出土資料を追記したものである[2]。古墳時代併行期の半島南部出土鏡については，2000年代以降に限っても，上野祥史[3]，下垣仁志[4]をはじめとした研究があり，表1はその成果をもとにいくつかの資料を追加したものである。図1の数字はいわゆる倭系遺物の分布を示し，アルファベットが表1の鏡に対応している。▲は前方後円墳の分布を示す。

　半島南部の出土鏡は，大きく3～5世紀前半（Ⅰ期）の中国鏡・倭製鏡と，5世紀後半～6世紀代（Ⅱ期）の中国鏡・倭製鏡に分かれる。中国鏡は，主に後漢鏡と魏晋鏡を中心とし，5世紀後半以降に同型鏡群が加わる。倭製鏡は，3～5世紀前半では前期倭製鏡，5世紀後半以降では中期以降の倭

製鏡（中・後期倭製鏡）が中心となる。

　分布については，Ⅰ期では，慶尚南道を中心に，半島東南部地域で後漢鏡・魏晋鏡と前期倭製鏡が出土する。Ⅱ期になると，全羅南道・栄山江流域周辺で中国鏡・倭製鏡が出土し，百済王都熊津（公州）の武寧王陵で同型鏡群がまとまった形で出土している。

　こうした鏡の分布は，倭系遺物の分布全般と基本的には重なっている。すなわち，Ⅰ期において洛東江下流域から慶州周辺にかけて倭系遺物が分布するのに対し，Ⅱ期になると高霊地域や栄山江流域などで倭系遺物が増加する動きとほぼ共通している[5]。

　この時期の半島南部への鏡の流入形態については，いくつかの考え方がある。東潮は，4世紀代に西晋王朝が滅亡し，それ以降5世紀代の倭の五王の遺使まで中国王朝と列島との交流が途絶するという観点から，百済などの半島地域を経由して列島に鏡が流入する経路を想定している[6]。また5世紀以降の同型鏡群について，南朝産と捉えつつ，熊本県江田船山古墳の百済系遺物の出土という観点から，南朝から百済を経由して有明海沿岸地域にもたらされた可能性についても論じている[7]。

　同型鏡群については，南朝製で倭の五王の遺使に伴い列島に舶載されたものであるという見解が小林行雄や川西宏幸によって論じられている[8]。

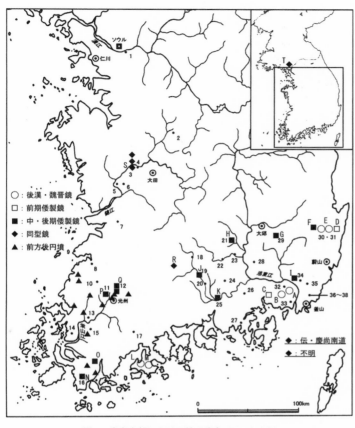

図1 半島南部における鏡の分布 （註1を改変）

上野祥史，岡村秀典，森下章司らも南朝製説を採る[9]。筆者もこの立場に立つが，その結果として，百済武寧王陵出土鏡群も含め，半島出土の同型鏡は列島から百済に贈られたものとする見解がある。森下章司は，『鏡研揚本』所収拓本の中に，武寧王陵出土方格規矩四神鏡の同型鏡が存在することを指摘し，鏡研揚本鏡が列島出土鏡であることとともに，武寧王陵鏡は列島から贈られたものと想定している[10]。川西宏幸も，武寧王陵出土鏡などは列島から贈られたものと捉えている[11]。他方で，武寧王陵鏡群のうち，浮彫式獣帯鏡Bの同型鏡が列島でも出土していることから，南朝製の同型鏡が百済を経由して列島にもたらされたとする見解が樋口隆康により示されている[12]。また，半島・百済製説[13]の可能性も従来から注目されている。福永伸哉は，百済武寧王陵鏡群のうち，当該の方格規矩四神鏡について，倭に存在していた鏡研揚本鏡を原鏡として踏み返し技法で武寧王陵鏡を製作し，本国に持ち帰った可能性を想定している[14]。福永

表1 朝鮮半島南部地域出土鏡一覧 （古墳時代併行期）

	地域	出土遺跡名	面径	舶載／倭製	鏡式・系列名	副葬年代	備考
—	慶南	伝・慶尚南道	17.5	舶載	浮彫式獣帯鏡A	不明	同型鏡
—	不明	不明・梨花女子大所蔵	14.8	舶載	画文帯同向式神獣鏡A	不明	同型鏡
A	慶南金海	大成洞23号墳	16.6	舶載	方格規矩四神鏡	4世紀後半	
	慶南金海	大成洞2号墳	破片	舶載	浮彫式獣帯鏡	4世紀末	
	慶南金海	大成洞2号墳	破片	？	細線式獣帯鏡	4世紀末	
	慶南金海	大成洞14号墳	破片	舶載	内行花文鏡	5世紀前半	
B	慶南金海	良洞里441号墳	9.3	舶載	方格T字鏡	4世紀	
C	慶南昌原	三東洞18号甕棺墓	6.1	倭製	内行花文鏡B系	4世紀	
D	慶北慶州	皇南里出土	8	倭製	捩文鏡系	不明	
E	慶北慶州	皇南大塚南墳	15.5	舶載	模倣方格規矩鏡	5世紀中葉	
	慶北慶州	皇南大塚北墳	14.7	舶載	鉄鏡	5世紀中～後葉	
F	慶北慶州	金鈴塚古墳	7	倭製	珠文鏡系	6世紀	
G	慶北慶山	伝・林堂洞古墳群	7.6	倭製	珠文鏡系	不明	
	慶南金海	林堂古墳群D-Ⅱ区117号墓	5.2	倭製	弥生小形仿製鏡	6世紀	
H	慶北高霊	池山洞45号墳第1石室	10.6	倭製	不明	6世紀前葉	
I	慶南梁山	梁山邑出土	9.4	倭製	乳脚文鏡系	不明	
J	慶南山清	山清生草9号墳	9	倭製	珠文鏡系	6世紀	
K	慶南晋州	晋州郡出土	13.8	倭製	旋回式獣像鏡系	不明	
L	全南高興	野幕古墳	6.8	倭製	素文鏡	5世紀中葉	
	全南高興	野幕古墳	約9	舶載	双頭龍文鏡	5世紀中葉	
M	全南高興	雁洞古墳	10.5	舶載	蝙蝠座内行花文鏡	5世紀後半	
N	全南海南	造山古墳	7.4	倭製	珠文鏡系	6世紀第1四半期	
O	全南海南	萬義塚1号墳	14.7	倭製	旋回式獣像鏡系	5世紀末～6世紀初頭	
P	全南光州	双岩洞古墳	7.2	倭製	珠文鏡系	5世紀第4四半期	
Q	全南潭陽	斉月里古墳	11.3	倭製	旋回式獣像鏡系	5世紀末～6世紀初頭	
	全南潭陽	斉月里古墳	9	倭製	珠文鏡系	5世紀末～6世紀初頭	
R	全北南原	斗洛里32号墳	17.8	舶載	浮彫式獣帯鏡A	5世紀末～6世紀初頭？	同型鏡
S	忠南公州	武寧王陵	23.2	舶載	浮彫式獣帯鏡B	6世紀前葉	同型鏡
	忠南公州	武寧王陵	18.1	舶載	細線式獣帯鏡D	6世紀前葉	同型鏡
	忠南公州	武寧王陵	17.8	舶載	方格規矩四神鏡A	6世紀前葉	同型鏡
T	（北朝鮮）	伝・開城	14.8	舶載	画文帯環状乳神獣鏡A	不明	同型鏡

はその後に別の見解を提示しており、これについては後述する。

上野祥史は、中国鏡と倭製鏡などでそれぞれ入手機会や経路が異なるものと捉え、中国鏡については中国から半島への直接的な入手経路、倭製鏡については列島からの流入を想定する[15]。朴天秀は、新羅皇南大塚で魏晋鏡が出土している点について、翡翠製勾玉などと同様に列島から流入した可能性を指摘している[16]。また半島南部の倭製鏡を中心として検討した下垣仁志は、面径が小型のものが多い点やいわゆる鈴鏡などの少なさなどから、列島からの流入という場合も九州地域からもたらされた可能性を指摘している[17]。

筆者自身もこうした先行研究の諸見解をもとに、上記の資料について検討を行っている。弥生時代併行期以来、半島南部地域では青銅鏡は出土するものの、鏡文化自体は客体的で在地化しないという特徴がある[18]。その点でみたときに、3・4世紀代の鏡の分布が半島東南部に集中し、倭系遺物と分布が重なっていることから、これらは列島から流入したものと考えられる。また皇南大塚出土の魏晋鏡と鉄鏡については、5世紀前半において新羅系の遺物が近畿周辺で出土することから、朴天秀が指摘するように、列島の上位層から贈与された双方向的な交渉の所産として理解できると考えている。そしてⅡ期とした5世紀後半以降、分布が半島西部へと拡大する形で展開するが、とくに倭製鏡については、列島からの流入の可能性というだけでなく、上述の上野や下垣も指摘するように、九州地域からの流入の可能性も想定される[19]。

また百済武寧王陵出土の同型鏡群について、筆者は、「癸未年」銘を有する隅田八幡神社所蔵人物画象鏡との関連から検討したことがある。すなわち、同鏡は、癸未年(503)に、即位直後の武寧王が作らせてヲホド王(即位前の継体)に対して贈ったと捉える山尾幸久の釈読[20]を支持し、また神人歌舞画象鏡と画文帯仏獣鏡などの同型鏡を原鏡として製作されたとする車崎正彦・川西宏幸説[21]などをもとに、これらの同型鏡群が倭の五王の時代以来の「宝器鏡」として王権中枢にて管理・継承されており、それらにもとづいて隅田八幡鏡が製作されたこと、またそれに対する返礼として、倭国側から武寧王側に3面の同型鏡が贈与された可能性を想定した[22]。また全羅北道南原市の斗洛里32号墳から同型鏡(浮彫式銃帯鏡A)が出土したこと、さ

らに栄山江流域周辺からは小型の倭製鏡の出土が多くみられること、本地域での前方後円墳が九州系の横穴式石室を有しており、九州との関連が強いとみられることから[23]、「近畿地域−加耶・百済地域」⇔「九州地域−栄山江流域」の両者が対立軸として競合していた可能性を考えたことがある。同型鏡は前者に属しており、近畿地域のとくに継体政権下での政治的交渉の所産と考えている。

2　半島南部への流入経路についての議論

上述のような理解についてはいくつかの異論がある。上野祥史は、上記のように、武寧王陵鏡などの半島南部の同型鏡群について中国からの直接の流入・入手の可能性を強調している。半島南部出土中国鏡について、全てを列島由来と考える必要はなく、南朝から直接百済にもたらされた可能性についても考えるべきであるという視点である[24]。

筆者は、分布についてみたときに、時期的な変遷としてⅠ期からⅡ期への変遷が東南部から西部へと分布が拡大する形であり、冒頭でも述べたように、倭系遺物の分布の時期的変遷と重なっていること、また中国鏡に限定した場合でも、百済地域が流入の窓口となってそこから分布が広がる形になっていない点に注目している。百済地域を介した流入についても可能性としては想定される一方で、流通においては列島側から半島へというベクトルの比重が大きかったのではないかと考えている。

また川西宏幸や筆者は、同型鏡群の製作が5世紀中葉前後の時期に行われた限定的なものであると想定し、その脈絡で武寧王陵出土鏡群の製作年代についても捉えている[25]。これに対し福永伸哉は、上記浮彫像付加の方格規矩四神鏡Aについて、6世紀前葉に南朝・梁で製作された鏡と捉え、浮彫式獣帯鏡Bなどについても6世紀代に百済から列島にもたらされた可能性を指摘している[26]。これは、岡村秀典が南朝鏡を大きく第一様式の宋代の同型鏡と斉・梁代に製作された第二様式に区分し、後者の中で武寧王陵方格規矩四神鏡を位置づける視点をさらに発展させたものであり[27]、福永は方格規矩四神鏡に付加された浮彫図像が盛唐期の唐鏡に近いという観点から、武寧王陵出土鏡群は梁代の512年や521年に武寧王が百済から入手し、後にそれらの同型鏡も列島にもたらされたと想定している。

筆者自身も、方格規矩四神鏡A・Bや浮彫式獣帯鏡Bなどの同型鏡が6世紀代の古墳副葬鏡と

して出土する事例が多い点については注目している[28]。ただし，これらが斉・梁代に百済にもたらされ，百済を経由して列島に流入したと考えるか，あるいは他の各種同型鏡群と同様に5世紀代に列島に流入しており，6世紀代に副葬されたのかという点について可能性を絞り込むことは現状では難しいと考えている。この点でも福永が指摘した，武寧王陵出土方格規矩四神鏡の唐鏡との関係という観点は重要であり，文様・技術双方の点からさらに検討を進める必要があるものと考える。

3 結語

本稿で検討してきた問題は，栄山江流域の前方後円墳や6世紀前後の半島南部をめぐる国際情勢とも不可分の論点である[29]。現在のところ，武寧王陵以降の百済地域で同型鏡などの出土事例は知られておらず，南朝からの百済への同型鏡流入があったとすれば，武寧王の時代などに限定された事象であるのか，といった点についても課題である。なお本稿の準備中に，全羅南道高興新虎里・東虎徳古墳とその周辺から2面の倭製鏡が出土したという報に接した。この地域は，5世紀代に野幕古墳・雁洞古墳などの銅鏡出土の「倭系古墳」が築かれており[30]，前方後円墳が築かれる栄山江流域・海南半島と蟾津江下流域との中間地点に位置する。今後の研究の進展を期待したい。

註

1) 高久健二「韓国の倭系遺物―加耶地域出土の倭系遺物を中心に―」『国立歴史民俗博物館研究報告』110，2004

2) 辻田淳一郎『同型鏡と倭の五王の時代』同成社，2018。同『鏡の古代史』角川選書，2019。以下，同型鏡の鏡種名にアルファベットを付す場合は，辻田2019文献に所収の同型鏡集成の分類による。

3) 上野祥史「韓半島南部出土鏡について」『国立歴史民俗博物館研究報告』110，2004。同「中期古墳と鏡」広瀬和雄編『季刊考古学・別冊22 中期古墳とその時代』雄山閣，2015。同「朝鮮半島南部の鏡と倭韓の交渉」『国立歴史民俗博物館研究報告』217，2019

4) 下垣仁志『古墳時代の王権構造』吉川弘文館，2011

5) 前掲註1・2に同じ

6) 東潮「四世紀の国際交流」白石太一郎編『古代史復元7 古墳時代の工芸』講談社，1990

7) 東潮「五世紀の国際交流」白石太一郎編『古代史復元7 古墳時代の工芸』講談社，1990。樋口隆康「画文帯神獣鏡と古墳文化」『史林』43―5，1960

8) 小林行雄「古墳文化の形成」『岩波講座日本歴史一』岩波書店，1962。川西宏幸『同型鏡とワカタケル』同成社，2004

9) 上野祥史「武寧王陵出土鏡と5・6世紀の鏡」『百済の国際交流』国立歴史民俗博物館，2005。岡村秀典「東アジア情勢と古墳文化」『講座 日本の考古学 古墳時代(上)』青木書店，2011。森下章司「古鏡の拓本資料」『古文化談叢』51，2004

10) 前掲註8川西2004，註9森下2004，註2辻田に同じ

11) 前掲註8川西2004に同じ

12) 樋口隆康「武寧王陵出土鏡と七子鏡」『史林』55―4，1972

13) 西川寿勝「継体天皇，四つの王宮の謎」『継体天皇 二つの陵墓，四つの王宮』新泉社，2008。佐々木健太郎「日・中・韓，鏡文化の交流」『継体天皇 二つの陵墓，四つの王宮』新泉社，2008

14) 福永伸哉「継体王権と韓半島の前方後円墳」『勝福寺古墳の研究』大阪大学文学研究科，2007

15) 前掲註3に同じ

16) 朴天秀『加耶と倭』講談社選書メチエ，2007

17) 前掲註4に同じ

18) 高倉洋彰「弁韓・辰韓の銅鏡」西谷正編『韓半島考古学論叢』すずさわ書店，2002。田尻義了『弥生時代の青銅器生産体制』九州大学出版会，2012

19) 前掲註2辻田2018に同じ

20) 山尾幸久『日本古代王権形成史論』岩波書店，1983。同『古代の日朝関係』塙書房，1989。ただし，製作地について山尾氏は百済を想定するが，筆者は列島近畿地域を想定している。

21) 車崎正彦「隅田八幡人物画像鏡の年代」『継体王朝の謎』河出書房新社，1995。前掲註8川西2004に同じ

22) 前掲註2辻田2018に同じ

23) 前掲註3に同じ。柳沢一男『筑紫君磐井と「磐井の乱」岩戸山古墳』新泉社，2014。高田貫太『海の向こうから見た倭国』講談社現代新書，2017。同『異形の古墳』角川選書，2019。山本孝文『古代韓半島と倭国』中公叢書，2018など

24) 前掲註3上野2019に同じ

25) 前掲註8川西2004，前掲註2辻田2018に同じ

26) 福永伸哉「武寧王陵出土鏡の系譜と年代」『百済研究』74，2021

27) 前掲註9岡村2011に同じ

28) 辻田淳一郎「綿貫観音山古墳出土鏡をめぐる諸問題」『綿貫観音山古墳のすべて』群馬県立歴史博物館，2020

29) 前掲註21に同じ

30) 高田貫太「5，6世紀朝鮮半島西南部における「倭系古墳」の造営背景」『国立歴史民俗博物館研究報告』211，2018

玉　類

井上主税　INOUE Chikara
関西大学教授

奈良県を中心に日本列島で出土した各種外来系玉類について，韓国の最新事例などをふまえ，その流入や系譜の研究動向を整理する

1　古墳時代外来系玉類に関する研究動向

　古墳時代の玉類は多様な素材から作り出されるが，ヒスイや碧玉，メノウ，水晶といった石のほか，ガラスや金属などがある。このうち，日韓交流をあらわす外来系玉類として，斑点文トンボ玉（トンボ玉），雁木玉，重層ガラス玉，メノウ製丸玉，金属製玉類のほか，埋木製玉類や天河石製玉類などを取り上げる。また，ここでは言及しないが，インド・パシフィックビーズも関連する資料である。

　韓国考古学では，ガラス小玉の成分分析を通じた研究が行なわれてきた[1]。また，日韓両国の研究者によってヒスイ製勾玉が注目され，成分分析だけでなく，その形状的特徴，古墳の副葬状況などから，日韓の交流関係が議論されてきた。近年では朴天秀，崔恵隣，朴喩臨の研究などが挙げられる[2]。朴の研究では，ヒスイ製勾玉が新羅の王陵ないしは王族級の墓に集中して副葬されたことが指摘された。権五栄は初期鉄器時代から三国時代のガラス玉やガラス容器に注目し，その流入ルートや歴史的背景を検討した[3]。このほか，青銅器時代から三国時代の玉類に関する特別展が，福泉博物館（『先史 古代 玉의 世界』2013 年）や羅州博物館（『金銀보다 貴한 玉』2021 年）で開催された。

　一方，日本考古学では，古墳時代の玉類を概観した研究のなかで，古墳時代中期以降に出現する外来系玉類について言及された[4]。また，碧玉製管玉やメノウ製玉類，コハク製玉類，埋木製玉類のなかには朝鮮半島からの舶載品が含まれていることが指摘された[5]。しかし，弥生時代の外来系玉類（ガラス製品）の研究に比べ，古墳時代の外来系玉類に関する研究は全体的に低調であった。そのなかで，各論として，トンボ玉や金層ガラス玉を含む装飾付ガラス玉，天河石製玉類の研究がある[6]。また，古墳時代中期以降に出現する各種外来系玉類について論じた概説書がある[7]。このほか，古墳時代の玉類をテーマに，江戸東京博物館（『玉―古代を彩る至宝―』2018 年）や島根県立古代出雲歴史博物館（『古

墳文化の珠玉』2019 年），近つ飛鳥博物館（『玉からみた古墳時代』2021 年）で展示が開催され，古墳時代中期以降の外来系玉類についても言及された。

　古墳時代の日韓交流を論じる上での玉類の研究は，ヒスイ製勾玉がやはり中心であった[8]。近年では，朝鮮半島出土のヒスイ製勾玉が糸魚川産である可能性が高まり，これをもとに三国，とくに副葬量が突出している新羅との交流関係が議論されている。その一方で，すべてのヒスイ製勾玉が日本列島から製品として流入したとするには，類例のない形状のものが含まれている点や，明らかに古墳時代以前のヒスイ製勾玉が確認できる点から，その入手方法についての検討が不可欠である。

　このほか，古墳時代中期以降の渡来人が被葬者と考えられる古墳のなかには，外来系玉類の副葬が顕著なものが含まれており，被葬者像を考える手がかりのひとつにもなりうる。そのため，玉類の系譜や組合せについての検討が必要であろう。奈良県新沢千塚 126 号墳や大阪府高井田山古墳，兵庫県宮山古墳が代表例である。

2　奈良県出土の外来系玉類

　外来系玉類の日本列島への流入について，ここでは奈良県の事例を中心に検討したい[9]。まず，外来系玉類が出土した古墳は現時点で 48 基である。外来系玉類は，金属製玉類が最も多く[10]，このほか雁木玉 2 例，斑点文トンボ玉 6 例，重層ガラス玉 4 例，天河石製玉類 2 例，金属張飾玉 1 例，メノウ製丸玉 1 例などがある。古墳の築造時期は 5 世紀から 6 世紀にかけてであるが，その大部分は 6 世紀代である。以下では各種玉類について検討する。

　金属製玉類　43 基の古墳から出土している。5 世紀の古墳は 4 基であり，残りは 6 世紀の古墳である。このうち，最も古い例が赤尾熊ヶ谷 3 号墳の銀製空玉で，5 世紀前半代に位置付けられる。この古墳からは後述するメノウ製丸玉も出土しており，古墳時代中期前半の外来系玉類を副葬した

古墳として注目される。

金属製玉類には，金製，銀製，金銅製，銅製の空玉がある。形態は通有の丸玉形のほか，勾玉形，平玉形，有段形，梔子形，棗玉形などに分類できる。銀製の空玉（空丸玉）が最も多い。4世紀末ないしは5世紀初頭の大阪府風吹山古墳から出土した銀製空玉が最も古い事例である。金製勾玉としては，和歌山県車駕之古址古墳例が著名である。刻み目を入れた金線で頭部飾ったものであり，朝鮮半島でみられるヒスイ製勾玉に被せた金帽を表現したのであろう。梔子玉は朝鮮半島では百済でのみ出土しており，武寧王陵では首飾りに用いられている（口絵④5）。日本列島では，兵庫県勝福寺古墳例が出現期の資料とみられ，銀製鍍金梔子玉と銀製梔子玉が出土している。いずれも国産品の可能性が指摘される。

金属製玉類は，古墳時代中期初頭にもたらされ，その後舶載品を模倣する，もしくは新たな形態を生み出すことで国産化がはかられた。5世紀末の大阪府峯ヶ塚古墳出土の扁平丸玉がその嚆矢であった可能性が高く，確実には6世紀に入り国産化が進められた。平玉や有段空玉は朝鮮半島では類例がなく，このことを裏付けている。

雁木玉　玉の表面に色文様を縞状に装飾した雁木玉は西アジアを起源とする。奈良県では新沢126号墳（5世紀半ば）と岡峯古墳（6世紀後半）から出土している。新沢126号墳出土の2点は，黄地に青色の縞模様がめぐるもので，日本列島出土の雁木玉のうち最古のものであろう。朝鮮半島では，皇南大塚北墳や咸平新徳古墳に類例がある（口絵④2）。新徳古墳では，黄・赤・白・緑色が縦縞となる個体も出土している。また，岐阜県船来山古墳例と福岡県こうしんのう2号墳例は黄・赤・白・緑色が斜め縞状になる丸玉である。百済の武寧王陵では同じ縞模様をもつ管玉が確認できる[11]。

斑点文トンボ玉　丸玉の表面に異なる色ガラスを円文に象嵌したもので，斑点文トンボ玉と呼ばれる。5世紀後半に出現し，6世紀の古墳を中心に副葬されている。6世紀前半の星塚2号墳，新沢204号墳，慈恩寺1号墳，市尾宮塚古墳，6世紀後半の沼山古墳，真弓鑵子塚古墳がある。

斑点文トンボ玉は，紺地に黄色玉と緑色玉を象嵌したもの（星塚2号墳・新沢204号墳・沼山古墳），紺地に緑色玉を象嵌したもの（新沢204号墳）がある。このほか，二色重ね（緑色と黄色）のもの（慈恩

寺1号墳）などがある。いずれも新羅に類例が求められる（口絵④6）。安永周平は，新羅の斑点文トンボ玉に比べ粗雑なものが多いことから，6世紀後半には国産化されたとみた[12]。たしかに沼山古墳例は新羅の例に比べると，地玉が棗玉に近く，象嵌した玉の配列や形状にも違いが認められる。

重層ガラス玉　重層ガラス玉には，ガラスとガラスの間に金箔を挟み込んで装飾した金層や銀箔を挟み込んだ銀層などがある。地中海沿岸や黒海沿岸で製作され，シルクロードを経てもたらされたとされる。朝鮮半島では原三国時代の馬韓圏，三国時代の百済・馬韓での出土が顕著である（口絵④4）。高井田山古墳は，横穴式石室の構造や副葬品に百済との関連が指摘されており，金層ガラス玉が出土している。奈良県内では，金層ガラス玉が新沢126号墳（5世紀半ば），星塚2号墳（6世紀前半），鴨山古墳（6世紀前半）で出土している。

メノウ製丸玉　メノウ製丸玉（赤メノウ玉）は，鮮やかな橙色や朱色を呈するものが多い。片側の孔の周辺が大きく窪んでおり，孔は径が小さく直線的である。玉の表面は光沢を帯びるが，凹凸を残したままである[13]。南インドや東南アジアに起源が求められる。朝鮮半島では原三国時代の馬韓圏での出土が顕著であり，装身具として赤褐色不透明のインド・パシフィックビーズと組合う場合が多い（口絵④3）。また，三国時代の百済や加耶でも確認できる。

5世紀前半の赤尾熊ヶ谷3号墳でメノウ製丸玉8点，扁平切子玉1点が出土した。丸玉は鮮やかな橙色を呈する。形状の個体差が大きく，片側の孔周辺が大きく窪むものもある。メノウ製丸玉は，日本列島では6世紀後半以降，北部九州を中心に出土量が増加している。

天河石製玉類　ヒスイとして認識されることも多く，奈良県でその存在をはじめて確認した。澤ノ坊2号墳例（4世紀代）とホリノヲ2号墳例（6世紀前半）が該当する。天河石は，鮮やかな青緑色を基調とする。朝鮮半島青銅器時代の玉類に使用された石材であり，勾玉や丸玉，小玉がある。日本列島では弥生時代前期の北部九州を中心にみられる[14]。その後，長い伝世期間をおいて，古墳時代に副葬（もしくは再利用）されたと推測される。同じ副葬パターンを加耶の陝川玉田M6号墳と，新羅の金冠塚でも確認した。そのため，天河石製玉類が伝世された場所が朝鮮半島なのか，日本列島

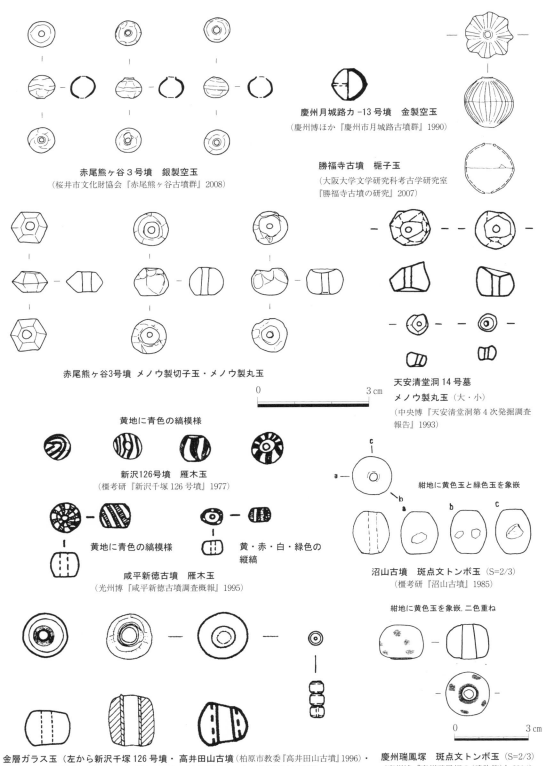

慶州月城路カ-13号墳　金製空玉
（慶州博ほか『慶州市月城路古墳群』1990）

赤尾熊ヶ谷3号墳　銀製空玉
（桜井市文化財協会『赤尾熊ヶ谷古墳群』2008）

勝福寺古墳　梔子玉
（大阪大学文学研究科考古学研究室
『勝福寺古墳の研究』2007）

赤尾熊ヶ谷3号墳　メノウ製切子玉・メノウ製丸玉

0　　　　　　　3cm

天安清堂洞14号墓
メノウ製丸玉（大・小）
（中央博『天安清堂洞第4次発掘調査
報告』1993）

黄地に青色の縞模様

新沢126号墳　雁木玉
（橿考研『新沢千塚126号墳』1977）

紺地に黄色玉と緑色玉を象嵌

黄地に青色の縞模様

黄・赤・白・緑色の
縦縞

咸平新徳古墳　雁木玉
（光州博『咸平新徳古墳調査概報』1995）

沼山古墳　斑点文トンボ玉（S=2/3）
（橿考研『沼山古墳』1985）

紺地に黄色玉を象嵌, 二色重ね

金層ガラス玉（左から新沢千塚126号墳・高井田山古墳（柏原市教委『高井田山古墳』1996）・
慶州金冠塚（慶州博『慶州金冠塚（遺物篇）』2016）・清堂洞14号墓）

0　　　　　　　3cm

慶州瑞鳳塚　斑点文トンボ玉（S=2/3）
（慶州博『慶州瑞鳳塚Ⅰ（遺物篇）』2014）

図1　各種外来系玉類とその類例

なのか検討する必要がある。

埋木製玉類　古墳時代後期を中心に，棗玉と平玉がみられ，大部分は前者である。百済の武寧王陵で棗玉と平玉が出土しており，平玉は側面に金板を巻いたものである。福岡県 狐 塚古墳で類例が確認できる。産地については日韓両国の可能性もあり，議論の余地がある[15]。

3　古墳時代外来系玉類に関する研究の展望

　古墳時代の日韓交流を視野に入れた玉類の研究であるが，韓国考古学において，三国時代玉類の研究は，青銅器時代の玉類や三国時代の着装型装身具の研究に比べると注目されることは少なかった。そのなかで，ガラス小玉の成分分析を通じた研究やヒスイ製勾玉に関する研究が先行し，2010年代に入ってようやく関連研究が始まったところである。そのため，まずは各種玉類に関する基礎的な研究，さらに三国および加耶諸国における玉類の諸様相，玉類を通じた交流関係についての研究が今後の課題となろう。

　なお，日本列島出土のガラス玉に関しては，そのほとんどが海外で製造されたことから外来系玉類と捉えられる。ガラス玉は成分分析研究のほか，考古学的研究が行なわれており，シルクロードを通じた交流が議論されている。ただし，ガラス素材の生産とガラス製品の生産は別であり，素材は西方（西アジアや地中海沿岸など）に求められる可能性が高いが，製造地についての情報は少ないようである。そのため，古墳時代にガラス玉が日本列島にどのように流入したのか，交流の具体相の解明には，ガラス玉の多くが中国（楽浪郡も含む）ないしは朝鮮半島を経由してもたらされたと推測されることから，これらの地域の様相を把握することが先決と考える。

　外来系玉類の研究展望として，上述したように玉類そのものの基礎的な研究はもちろんであるが，これまで蓄積されてきた日韓交流に関する研究成果との整合性をどのように図るのかが課題である。玉類が単独で流通するケースもあったとはいえ，装身具などの他の遺物とともに渡来した例も多いと考える。また弥生時代の事例ではあるが，朝鮮半島から稲作文化の伝来とともに玉類が渡来した事例や，弥生時代中期後半以降，楽浪郡を通じた交渉のなかで中国系玉類が流入した事例が想定される。古墳時代であれば，中期の渡来系文化の伝来とともに，倭の五王と南朝との通交を通じた文物交流の結果として玉類が流入した可能性もある。このように，外来系玉類には，多様な交流関係が反映されている可能性が高く，日韓交流を考えるうえでも，重要な研究テーマとなりうる。

註

1)　李仁淑や金奎虎による研究が代表である。李仁淑「韓国古代 瑠璃의 分析的研究（Ⅰ）」『古文化』34，1989（韓）。金奎虎『韓国에서 出土된 古代瑠璃의 考古化学的 研究』中央大学校大学院 博士学位論文，2001（韓）

2)　朴天秀「古代韓半島における硬玉製勾玉の移入とその歴史的背景」『玉から古代日韓交流を探る』古代歴史文化協議会，2016。崔恵隣「嶺南地域出土 三国時代 翡翠曲玉 研究」『嶺南考古学』81，2018（韓）。林喩臨「新羅 古墳 出土 硬玉製 曲玉 研究」『韓国考古学報』113，2019（韓）

3)　権五栄「古代 韓半島에 들어온 瑠璃의 考古，歴史学的 背景」『韓国上古史学報』85，2014（韓）

4)　伊藤雅文「玉類」『古墳時代の研究8』雄山閣，1991

5)　大賀克彦「玉類」『古墳時代の考古学4』同成社，2013

6)　安永周平「装飾付ガラス玉研究序論」『奈良県立橿原考古学研究所論集』15，2008。谷一尚「金層ガラス珠の技法と伝播」『民族藝術』4，1988。吉田東明・比佐陽一郎「福岡県の天河石製玉類」『九州歴史資料館研究論集』46，2021 など

7)　古代歴史文化協議会『玉―古代を彩る至宝―』ハーベスト出版，2018

8)　門田誠一「韓国古代における翡翠製勾玉の消長」『東洋の至宝・翡翠展』2004。中村大介・薬科哲男「朝鮮半島における玉類の理化学的分析と流通」『日本考古学協会第75回総会発表要旨』2009。高橋浩二『韓半島出土翡翠勾玉集成―釜山・金海編―』（科学研究費研究成果報告書），2012

9)　拙稿「大和地域における朝鮮半島三国時代玉類を副葬した古墳の諸様相」『和の考古学』2019。拙稿「近畿地方における古墳時代中期前半の渡来系玉類の様相」『柳本照男さん古稀記念論集』2020

10)　のちに国内生産されたと考えられる個体も含む。

11)　前掲註7に同じ

12)　前掲註6安永2008に同じ

13)　前掲註7に同じ

14)　福岡県内の天河石製玉類が集成され，自然科学分析も実施された。確実な古墳出土例は6基あり，後期から終末期の群集墳である。前掲註6吉田・比佐2021に同じ

15)　吉田東明「富久遺跡の埋木製玉類」『令和3年度苅田町文化財事業年報　まちの歴史8』2023

冠と飾履
咸平禮德里新德1号墳出土例の検討を中心に

土屋隆史　TSUCHIYA Takafumi
宮内庁書陵部

近年に報告書が刊行された新德1号墳出土広帯二山式冠と飾履，半筒形金具を検討する。このような検討から，朝鮮半島と日本列島の関係性が明らかになりつつある

近年，朝鮮半島南部の古墳から金工品の出土が相次いでいる。冠と飾履も例外ではなく，百済，新羅，阿羅伽耶，栄山江流域で新出事例が確認されている。本稿では，栄山江流域で出土し，近年に報告書が刊行された咸平禮德里新德1号墳例に注目し，日本列島出土品と比較しながら，その位置づけについて検討する。

1 新德1号墳出土の広帯二山式冠

新德1号墳は1991～2000年にかけて発掘調査が実施された前方後円形古墳（前方後円墳）で，墳丘長約50mである[1]。葺石がみられ，埋葬施設である九州系横穴式石室からは，装身具（冠，飾履など），武器武具（大刀，半球形勾革飾金具，捩り環，三角穂式鉄鉾，胡籙金具など），農工具，馬具（鑣轡，壺鐙など），土器，木棺附属品（木棺（コウヤマキ），環座金具，銀装飾釘方頭釘など）が出土した。倭系の属性，百済系の属性，在来系の属性などが確認されており，複雑性を有する古墳と評価されている[2]。また出土馬具は，諫早直人編年百済Ⅴ段階（6世紀初～6世紀前葉）に位置づけられている[3]。

新德1号墳出土冠は，日本列島に多く分布する「広帯二山式冠」と同一であるとされてきたが[4]，未報告であったため研究資料としては扱いにくいものであった。その後筆者は，資料調査と掲載が許可されたため，調査写真を用いてその特徴と位置づけについて論じた[5]。新德1号墳例は，筆者の分類でいう広帯二山式冠の線彫A類に含まれるものであり，同じ文様系列の類例としては，熊本県江田船山古墳例（図4-1）などが挙げられる。一方，日本列島の事例にない特徴もみられる。例えば，新德1号墳例の亀甲繋文の彫金（中心1列は裏面からの点打ち，外側2列は表面からの点打ち）

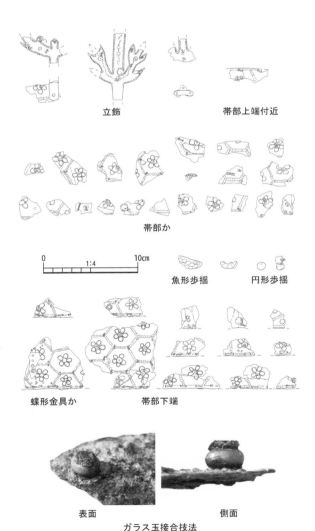

立飾　帯部上端付近

帯部か

魚形歩揺　円形歩揺

蝶形金具か　帯部下端

表面　側面
ガラス玉接合技法
（國立光州博物館所蔵・著者撮影）

図1　咸平新德1号墳出土　広帯二山式冠（s=1/4）

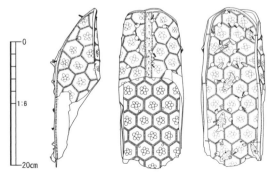

図2　羅州伏岩里3号墳96年石室4号甕棺飾履（s=1/6）

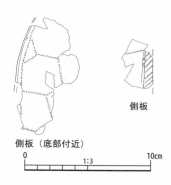

図3 咸平新徳1号墳出土飾履（s=1/3）

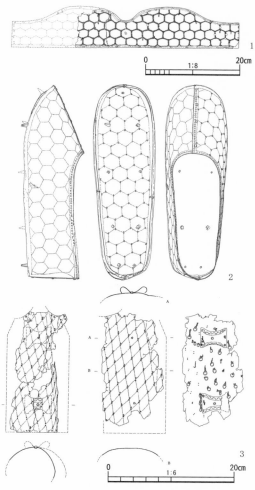

1. 広帯二山式冠（s=1/8） 2. 飾履（s=1/6）
3. 半筒形金具（s=1/6）

図4 熊本県江田船山古墳出土品

と花文の特徴は，羅州伏岩里3号墳96年石室4号甕棺出土の百済系飾履（図2）と共通している。また，中央に孔が空いたガラス玉を帯部の穿孔にあわせるように配置し，紐状のものをガラス玉と帯部の孔に通して留めるというガラス玉接合技法（図1写真）は，現状では類例がみられない。このことから，新徳1号墳例は日本列島で製作された可能性と，百済あるいは朝鮮半島南西部地域で模倣製作された可能性の両方が考えられる。

そして2021年に発掘調査報告書が刊行された。筆者が資料調査をした時よりも破片資料の接合が進められており，出土状況と詳細な実測図（図1）が公表された。まず出土状況についてであるが，冠の破片の多くは玄室内の棺台周辺から出土しており，棺台に置かれた装飾木棺に納められた被葬者に着装された状態であった可能性が高いとされた[6]。日本列島の広帯二山式冠は頭部に着装された状態で出土することが多く[7]，出土状況に共通性がみられる点が指摘できる。

また，広帯二山式冠の製作地について高田貫太は，「百済圏の飾履製作と共通する技術伝統を有する工人（工房）によって製作された」ものであるが，「製作地については，判断を留保しておきたい」とする[8]。この点については，60〜61頁で改めて検討する。

2 新徳1号墳出土の飾履

新徳1号墳からは，飾履の側板破片も出土している（図3）。文様は広帯二山式冠とは異なり，裏面からの点打ち1列による亀甲繋文であり，亀甲繋文の彫金構成は，隣の亀甲繋文と単位を共有する「一体型」である[9]。底板と側板の接合技法は確認できないが，側板の折り返しがみられ，かつ側板上縁か合わせ目（甲側あるいはかかと側）の破片もみられることから，馬目分類Ⅱ群A型に相当するものである[10]。類例としては，彫金の特徴は異なるが熊本県江田船山古墳出土飾履（図4-2）などが挙げられる。Ⅱ群A型は百済地域に集中して分布し，亀甲繋文も裏面からの点打ち1列による一体型であることから，新徳1号墳の飾履は百済で製作された可能性が高いものである。

3 新徳1号墳出土の半筒形金具

報告文[11]や，高田の考察で指摘されているとおり[12]，金銅製品の中には半筒形金具と考えられる

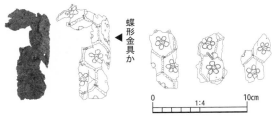

図5　咸平新徳1号墳出土　半筒形金具か（s=1/4）

1．群馬県綿貫観音山古墳
2．群馬県八幡原出土品
3．福島県原山1号墳（福島県立博物館所蔵）

図6　人物埴輪にみられる美豆良表現（s=1/30）

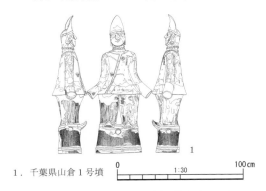

1．千葉県山倉1号墳

図7　人物埴輪にみられる異国の装束（s=1/30）

破片がみられる（図5）。これらは断面の傾斜が強いこと，また破片の中央付近に蝶形金具と考えられる別造りの金具が鋲留されていることなどから，半筒形金具である可能性が高い。高田も指摘するように，この半筒形金具と広帯二山式冠は文様やガラス玉接合技法が同一であるため，セットで製作されたものであろう。

　半筒形金具は日本列島で8例（熊本江田船山，佐賀関行丸，宮崎西都原4号地下式横穴，鳥取長者ヶ平，奈良藤ノ木，奈良巨勢山ミノヤマ支群2号東棺，滋賀鴨稲荷山，群馬不二山）が確認されている（図4-3など）。これらは二本一組で用いられること，蝶形金具の設置方向からみて縦向きに用いられたと考えられること，人体の両肩部から縦向きで出土する事例（巨勢山古墳群ミノヤマ支群2号墳東棺例など）があることから，頭から両肩に垂らした束髪，とくに下げ美豆良の下半付近を装飾する金具であるとされる[13]。また，美豆良が日本独特の髪形であるなら，こうした形態の金具を生み出したのも日本であったと指摘されている[14]。

　ここで，「美豆良」という髪形の特徴について検討する。この髪形は文献資料でも言及される。『古事記』神代における天照大神の男装記事（アマテラスが男の装いになり，スサノヲに対峙する場面〔「…即ち御髪を解きて，御美豆羅に纏きて…」〕）や，『日本書紀』神功摂政前紀仲哀九年四月条における神宮皇后の新羅征討伝承〔「皇后，便ち髪を結分げたまひて，髻にしたまふ。」〕にあるように，美豆良は日本列島の男性の髪形として記される[15]。

　また，美豆良を束ね，細帯で縛った表現は人物埴輪に数多くみられる[16]。美豆良，とくに下げ美豆良[17]は，古墳の被葬者に相当する高い身分の男子の坐像，近侍や護衛にあたる舎人に相当する男子全身・半身立像[18]に表現されることが多い（図6）。このことから，日本列島における男性エリート層

の髪形は下げ美豆良であった可能性が高い。

　朝鮮半島南西部の栄山江流域におけるエリート層がどのような髪形であったのかは確認できていないが，渡来人あるいは異国の装束を着た首長の像とされる千葉県山倉1号墳出土の人物埴輪[19]（図7）には下げ美豆良が確認できない。

　このような検討をふまえると，半筒形金具は日本列島における男性エリート層の髪形にあわせて製作された装飾品であるといえる。つまり新徳1号墳出土半筒形金具は日本列島で製作されたか，日本列島の半筒形金具を模倣して製作されたものである可能性が高い。また，亀甲繋文の特徴やガラス玉接合技法が共通する新徳1号墳出土広帯二山式冠もまた同様であるといえる。

4　おわりに

本稿では，近年報告された新例として，新徳1号墳出土冠，飾履，半筒形金具の位置づけを中心に検討した。結論としては，広帯二山式冠と半筒形金具は日本列島で製作されたか，日本列島のものを模倣して製作されたものであり，飾履は百済で製作されたものであることを述べた。

今回とくに注目した半筒形金具からは，新徳1号墳装飾木棺の被葬者が下げ美豆良の髪形であり，日本列島の文化的影響を大きく受けた男性であったということを指摘できると考える[20]。これは被葬者を考える上で有益な情報になり得る。

本例は，栄山江流域における金工品の様相を考えるうえで，極めて重要な事例である。

本稿の内容には，JSPS科研費（23H04987），公益財団法人高梨学術奨励基金による成果を含んでいます。

註
1)　國立光州博物館『咸平 禮德里 新德古墳』2021（韓）
2)　高田貫太「咸平新徳1号墳出土冠、飾履について」『咸平 禮德里 新德古墳』國立光州博物館，2021，pp.34-42：p.42
3)　諫早直人「咸平新徳1号墳出土馬具の系譜と製作地」『咸平 禮德里 新德古墳』國立光州博物館，2021，pp.112-121
4)　咸舜燮「小倉 collection 金製帯冠의 製作技法과 系統」『古代研究』5，古代研究会，1997（韓）
5)　土屋隆史『古墳時代の日朝交流と金工品』雄山閣，2018，pp.201-228
6)　前掲註2文献：p.39
7)　前掲註5文献：pp.225-227
8)　前掲註2文献：p.42
9)　前掲註5文献：p.196
10)　馬目順一「金銅製飾履」『古墳時代の研究』8 古墳Ⅱ副葬品，雄山閣，1991，pp.124-131
11)　國立光州博物館「装身具類」『咸平 禮德里 新德古墳』2021：p.175（韓）
12)　前掲註2文献：p.38
13)　森下章司・吉井秀夫「6世紀の冠と沓」『琵琶湖周辺の6世紀を探る』（平成6年度科学研究費補助金一般研究B 調査研究成果報告書），京都大学文学部考古学研究室，1995，pp.81-97：p.94。なお，古事記と日本書紀では「美豆羅」，「鬘」の字もみられるが，ここでは古事記初出表記の「美豆良」を用いる。
14)　森下章司「広帯二山式冠・半筒形金具の原型」『大手前大学史学研究所紀要』8，大手前大学史学研究所，2010，pp.1-10：p.3・8。ただし，聖徳太子像や敦煌壁画にも同じ髪形がみられることから，外来形式の可能性も排除できないとの指摘もある（小林行雄「美豆良」『図解考古学辞典』東京創元社，1959）。
15)　坂本太郎ほか校注『日本書紀 上』岩波書店，1967。倉野憲司ほか校注『古事記 祝詞』岩波書店，1955。吉村武彦「男と女，人の一生」『古代人の一生―老若男女の暮らしと生業―』岩波書店，2023，pp.23-85
16)　前掲註14文献：p.7
17)　埴輪にみる男性の髪形は「上げ美豆良」が下位，「下げ美豆良」が上位であるとされる（若狭徹「埴輪からみた古墳時代の男と女」『古代人の一生―老若男女の暮らしと生業―』岩波書店，2023，pp.137-208：p.177）。
18)　塚田良道『人物埴輪の文化史的研究』雄山閣，2007：p.55・158・222など
19)　天冠をかぶり，掌が隠れる太い筒袖の衣装をまとい，倭人とは逆の右衽に衣装を整え，太い袴を着用し，先端が尖った靴を履く男子全身立像である（前掲註17文献：p.203）。
20)　高田は，新徳1号墳の被葬者として，「基本的には百済や倭と緊密な関係を有しながら古幕院川上流域を生業の基盤とした地域集団の首長層」であり，かつ「百済あるいは倭に出自を有する人々が含まれていた可能性もまた，考慮しておく必要」があると指摘する（前掲註2文献：p.42。）。また，新徳1号墳出土冠を検討した이진우（イ・ジヌ）は，同時期と推定される咸平金山里方台形古墳出土の埴輪型土器製品もふまえ，被葬者を土着勢力ではなく，倭人とみるのが妥当と指摘する（이진우「咸平 禮德里 新德古墳 出土 金銅冠 檢討」『2020年 馬韓研究院国際学術会議 長鼓墳의 被葬者와 築造背景』2020，pp.194-202（韓））。

挿図・写真出典
図1・3・5：國立光州博物館2021。図1の写真は筆者撮影（國立光州博物館所蔵）。図2：金洛中ほか 編『羅州伏岩里3号墳』國立文化財研究所，2001（韓）。図4：工藤敬一ほか 編『菊水町史 江田船山古墳編』和水町，2007。図6-1：徳江秀夫 編『綿貫観音山古墳1』財団法人群馬県埋蔵文化財調査事業団，1998。2：右島和夫「天理参考館所蔵の胡座の男子埴輪」『高崎市史資料編1 原始古代Ⅰ』高崎市史編さん委員会，1999。3：福島県立博物館『Go! Go! 5世紀―東北地方中・南部の古墳文化―』2023。図7：車崎正彦ほか編『市原市山倉古墳群』市原市文化財センター，2004。

帯金具

山本孝文 YAMAMOTO Takafumi
日本大学教授

装飾系帯金具と非装飾系帯金具の地域差・年代差を論じ，三国時代と古墳時代社会の特質と地域間関係を探る

馬具などと同様に，帯金具も国や地域を横断する資料で，中国を含め東アジア全体を見据えた検討が求められる。舶載と模倣製作の峻別をふまえ，文様構成や製作技法などの検討を通じた研究が進んでいる。

古墳時代中期以降の遺跡から出土する帯金具は，鈴が付属することがある幅広の金銅製大帯などを除くと大部分が韓半島に直接の系譜を持つものであり，多様な類型の大部分は列島内における創出ではなく，韓半島の資料が断片的にもたらされた結果である。

当然帯金具も冠から飾履まで装身具の全身セットの中の一要素であるが，東アジア全体で見ると他の金属製装身具に先立って出現し，他のものがなくなった後まで長期間にわたって製作・使用が続くという特殊な装身具であるため，帯金具個別の変遷の検討も意義ある作業である。以下，改めて韓半島と日本の資料の比較を通じ，帯金具による地域間関係の一例を示したい。

1 研究の流れ

韓半島と日本列島の帯金具の研究は，全体を俯瞰して型式分類を行い年代を特定するもの，個別型式について検討しその系譜を論じたもの，諸型式の階層性を検討したもの，これらの研究に製作技術の研究を加味したもの，製作技術の分析に特化したものなど多様である。

日韓における研究史や関連文献は別稿[1]でまとめているが，日本の古墳から出土する帯金具と大陸の資料との関係は 1920 年代から言及されている。1960 年代にかけてユーラシアないし東アジアの中に日本の帯金具を位置付ける作業や基礎的な分類が行われ，町田章[2]による体系的成果として結実した。ここまでの研究で，セット関係(鉸具・銙・帯先金具・鉈尾)への視点とそれをふまえた分類，韓半島資料の検討，服飾制と身分秩序との関係といった現在につながる研究の観点が提示されている。その後も帯金具全般を対象とした分類や系譜関係の確認，使用者の社会的性格の把握が進み[3]，その後の帯金具，とくに銙板の種類ごとの製作技法や，文様意匠の詳細な観察とその系譜や地域間交流を探る個別研究の土台となっている。

日本ではとくに龍文透彫帯金具に関して詳細な研究の蓄積があり，文様の特徴と変遷からの分類・編年や系譜の検証，時代背景の考察，製作技術面からの製作地の考察，同時期の他の龍文透彫製品との関係性の検討，様式の設定と系譜の確認がなされている[4]。

韓国では尹善姫が三国時代の帯金具を総体的に扱い[5]，韓半島資料の起源の検討や系統を意識した分類を行った。李漢祥も製作技術の面からの考察に加え，各種型式設定や装身具と政治的状況との関連について多くの成果をあげている[6]。

今後の検討課題としては，馬具の帯金具や胡籙金具など，人の腰帯ではないものに共通したモチーフの金具が使用されているものがあるため，横断的視点とその実践的研究が必要である。

2 装飾系帯金具の系統

日韓の帯金具は，その性格から装飾性を重視したものと機能性・象徴性が求められたものに大別できる。三国時代には，三燕の帯金具やいわゆる晋式帯金具の影響で，心葉形などの垂下飾を持つ龍文や草葉文などの透彫およびその変形と思われる浮彫帯金具が出現する。これら装飾性の高い金属製透彫帯金具は 5 世紀から 6 世紀前半代に流行し，大型墳丘を持つ古墳から出土するが，韓半島全体で古墳や装身具が質・量ともに簡素なものへと変質する 6 世紀半ば頃を境に円環以外に垂下飾がない機能的なものへと変わっていく。

以下では透彫と鋳造・打ち出しという異なる技術で製作された帯金具の代表的な例について，事例の提示と若干の考察を行う。なお，龍文透彫帯金具に関しては前述のように多くの研究の蓄積があるため，そちらに譲りたい。

①透彫系帯金具(図1) 新羅の古墳から多く出土する草葉文の透彫帯金具は装飾性を第一義とした

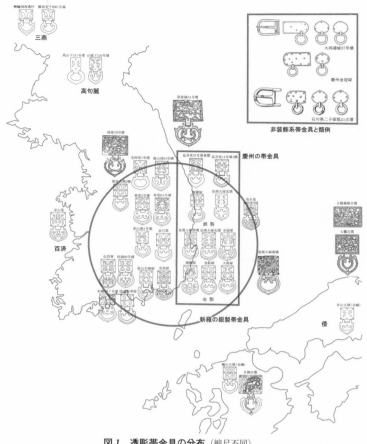

図1 透彫帯金具の分布（縮尺不同）

兵庫県宮山古墳や福岡県櫨山古墳出土品など数少ない日本の類例がどこからもたらされたかは諸説あるが，これらが三燕－高句麗－新羅系統の帯金具の一端に連なるものであることは疑いない。ただし日本で出土する同類の帯金具は，文様に関しては韓半島に類例があるが，素材は金銅製で新羅の類品とは区別される。帯金具の日本での役割が本来の韓半島の装身具システム（装身具を利用した集団間ないし中央と地方の階層・政治関係）とは切り離されたもので，この時期の渡来系文化・文物の接収状況の一面を示す物証といえる。

②鋳造・打ち出し系帯金具（図2・3）
日韓の遺跡から出土する獅嚙文帯金具は文様的・技術的特徴から稠密な獣毛表現など写実性を帯びている鋳造品（A類），形骸化が進み抽象的な表現となった打ち出し製作のもの（B類）があり，文様上の特徴からB類はA類から派生したもの，すなわち顔面各部位の輪郭内への集約化と様式化を経たものであることを説いた[7]。

製作技法の面から日韓の獅嚙文帯金具を見ると，A類である公州水村里1号墓と長野県八丁鎧塚2号墳の資料では鋳造の際に文様部分のみの別型を作り，周縁部に嵌め込む「埋け込み」という特殊な技法が共通して採用されていることが指摘されている[8]。さらに，打ち出しという技法の採用によって顔面の構成要素を残しつつ表現の様式化が進んだB類には典型といえる一群があり（水村里4号墳，玉田M1号墳，伝居昌出土品，高山古墳，牛文茶臼山古墳），これらはそれぞれ周縁部の形状と文様，垂下物には差があるが，形状の類似性がきわめて高く，各部位の比率も同一であるため，同じ型を使用して打ち出している可能性がある。内面に型ずれしていることがわかるもの（打ち直ししているもの）があることや（牛文茶臼山），細部文様を出しきっていないものがあることから（玉田M3号），比較的平たい雌型に銅板を当てて全体形状や太線部位を打ち込み，取り出してひっくり返して細線の文様をおそらくフリーハンドで打ち込んでいたことが想定される。顔面全体の盛

ものであり，有力な古墳から出土する本数や鋲の数量からも所有者が常時着用していたとは考えられないものがある。鋲や垂下節の透彫の文様はパルメット文の中の環状唐草をモチーフにしたものでいくつかのパターンがあるが，年代に差がある皇南大塚と天馬塚から同じものが出ていることからも文様差には年代的な先後関係や階層性は読み取れない。

高句麗でも集安山城下330号墳出土品など形骸化したものが出土しているため，新羅以外の地域でデザインの変遷を経たものが随時ないし一括で新羅の地にもたらされた可能性もある。慶州の有力古墳出土品では文様の多様性があり，材質として金製・銀製が出土するが，地方の古墳ではおおむね銀製に限られ，冠と同様に素材に階層差が反映されていたことがうかがえる。現時点では最も多くの型式が新羅で出土しており，中央－地方間の有機的関係が読み取れるため，同種の帯金具は現時点では新羅において最も体系化された使用法がなされたといえる。

図2　獅嚙文帯金具の分布（縮尺不同）

型①　牛文茶臼山資料

型②　高山資料，伝居昌資料

・型①と②は獣毛の本数，鼻と眉間の比率，微状突起の角度などから別型と判断
・型②は獣毛の数，各部位の比率とサイズ，やや下がる左目等から同型と判断
・伝居昌資料は金膜被覆のため文様がやや鈍化

型のずれが見られる内面（牛文茶臼山）

・何度か打ち直ししている痕跡が見られることから型の使用および型の脱着が容易だったことがうかがえる
・左目の瞳および右頬の輪郭が途中で消えている点から型はおおよそのパーツを裏から打ち出すためのもの
・細線（獣毛・瞳・鼻孔）はフリーハンドで表面から打ち込みか
⇒ 比較的扁平なの雌型に打ち出し後，反対側から細部を仕上げ

仕上げにむらがある資料（玉田M3号）

図3　打ち出し製作の特徴と復元

り上がりは，最後の仕上げ段階で再加熱して行った可能性を指摘しておきたい。

　A類とB類の関係は，水村里古墳群や玉田古墳群で両者が年代的な先後関係をもって出土していることから，変遷過程が地域にかかわらず同じだったことがわかり，さらに同じ技法と型の使用を想定するならば，両類とも百済で製作され，加耶や倭にもたらされたと考えることができる。

　A類とB類の中間型式と考えられる意匠の鋳造品が佐賀県牟田辺9号墳と岡山県牛文茶臼山古墳から出土しており，後者ではB類の典型とセットになっている。これらは韓国にはない鈴付の銙板であるが，A類からB類への変化が百済地域で起こり，中間型式が過渡期のものと考えると，鈴は日本での再加工時の取り付けであろう。

　獅嚙文帯金具の分布は百済と加耶の地域にまたがっており，新羅の草葉文透彫帯金具のような中心と周辺の関係はみとめられない。日本における

分布も全国に散在しており，特定の傾向が見られないことから，王権間の関係による移入の状況は見出し難い。ここでは，上記の透彫系の帯金具とは別に百済－加耶系統の帯金具があり，それが日本にも入っていたことだけ指摘しておきたい。

これら金属製帯金具の系譜を中国の江南に求める説も提示されている[9]。日本において高句麗－新羅系の帯金具を入手した集団と，百済－加耶系の帯金具を入手した集団の差に特別な政治的関係などの紐帯があったかどうか，東アジア全体の視点から突き詰めて考える必要がある。

3　装飾系から非装飾系へ

韓半島三国時代の帯金具は，金・銀・金銅製の透彫鋳板に垂下飾を下げた装飾系から，小型で画一化された機能的な非装飾系へという変化の流れがある。

6世紀中頃からは韓半島各国で共通するモチーフの逆心葉形帯金具（楼岩里式帯金具）を使用したが，これはこの時期に新たに出現した官人層が着用したものである。日本で唯一確認されている石川県二子塚狐山古墳出土の帯金具はその初期の資料で，新羅からの搬入品であろう（図1右上）。

この時期に至っても韓半島と日本の帯金具が同化しなかった理由は，日本で異なる性格を持つ別のタイプの帯（鈴などが付く大帯）が普及・定着したことと，逆心葉形帯金具以降の帯金具がやはり韓半島社会の中だけで身分階層の表象という機能的意味を持つものだったことが挙げられる。

韓半島における装飾系から非装飾系への帯金具の大きな変化の流れからみると，その背景には，装身具に視覚的効果を求めた社会から，画一化したユニフォームが機能した社会への変化が起こっていたことが想像されるが，それは6世紀半ばの様々な考古資料の変化および文献の内容に見られる各種社会変革と連動している。

日本では古墳時代を通じて装飾性の高い帯金具はじめ装身具が求められたが，それは古墳築造の伝統的意義とその視覚的効果が残り，馬具や装飾大刀など独自の装飾系器物が製作・使用され続ける状況と同じ脈絡で理解できる。

註

1)　山本孝文「韓半島における帯金具の変遷と日本列島」『日韓交渉の考古学―古墳時代』同研究会，2018
2)　町田　章「古代帯金具考」『考古学雑誌』56―1，日本考古学会，1970
3)　早乙女雅博「政治的な装身具」『古代史復元7 古墳時代の工芸』講談社，1990。坂　靖「帯」『古墳時代の研究』8　古墳Ⅱ副葬品，雄山閣，1991。小浜　成「日本出土帯金具の変遷と製作」『古墳時代における朝鮮系文物の伝播』第34回埋蔵文化財研究集会，埋蔵文化財研究会，1993。小浜　成「帯金具―その文様と技術からみた東アジアの中の日本―」『黄泉のアクセサリー』大阪府立近つ飛鳥博物館，2003。宇野愼敏「日本出土装身具から見た日韓交流」『4・5世紀の日韓考古学』九州考古学会・嶺南考古学会，1996。田中史子「古墳出土の帯金具」『考古学研究』45―2，考古学研究会，1998
4)　中村潤子「古墳時代の龍文透彫金工細工品」『考古学と古代史』同志社大学考古学シリーズⅠ，1980。千賀　久「日本出土帯金具の系譜」『橿原考古学研究所論集』6，1984。宇野愼敏「龍文鋳帯金具とその意義」『紀伊考古学研究』3，紀伊考古学研究会，2000。宇野愼敏「龍文鋳帯金具再考」『島根考古学会誌』20・21，2004。高田貫太「古墳出土龍文透彫製品の分類と編年」『国立歴史民俗博物館研究報告』178，2013。高田貫太『古墳時代の日朝関係―新羅・百済・大加耶と倭の交渉史―』吉川弘文館，2014。鈴木一有「七観古墳出土遺物からみた鋲留技法導入期の実相」『七観古墳の研究』七観古墳研究会，2014。上野祥史「龍文透彫帯金具の受容と創出―新羅と倭の相互交渉―」『七観古墳の研究』七観古墳研究会，2014。岩本　崇「製作技術からみた龍文透彫帯金具の成立」『五條猫塚古墳の研究』奈良国立博物館，2015　など
5)　尹善姫『三国時代　鋳帯의 起源과 変遷에 関한 研究』서울大学校大学院碩士学位論文，1987（韓）
6)　李漢祥「6世紀代 新羅의 帯金具―'楼岩里型'帯金具의 設定―」『韓国考古学報』35，韓国考古学会，1996（韓）。李漢祥「5～7世紀 百済의 帯金具」『古代研究』5，古代研究会，1997（韓）　など
7)　山本孝文「初源期獅噛文帯金具にみる製作技術と文様の系統」『日本考古学』38，日本考古学協会，2014
8)　鈴木　勉・金跳咏「東アジア金銅製獅噛文帯金具の「埋け込み法」―公州水村里遺跡，長野県八丁鎧塚2号墳出土品について」『文化財と技術』8，工芸文化研究所，2017
9)　藤井康隆『中国江南六朝の考古学研究』六一書房，2014

引用・参考文献
土屋隆史「獅噛文帯金具の文様系列と製作技術」『先史・古代の日韓交流の様相』第50回山陰考古学研究集会事務局，2023

古墳と葬送祭祀

古墳やそれに伴う葬送儀礼についても調査が
進み，三国時代と古墳時代の各地域の特性
や多様な系譜関係が明らかになりつつある

：古墳の墳丘形状と構築技術／
横穴式石室の導入／葬送儀礼

古墳の墳丘形状と構築技術

青木　敬　AOKI Takashi
：
國學院大学教授

著しく進展している韓国の墳丘形状や構築技術
の研究成果をもとに，日韓の様相を総括する

1　墳形と墳丘の意味合い

墳形にみられる特徴　倭の古墳は，前方後円墳
を頂点として前方後方墳，円墳，方墳など墳形が
多彩な点が特徴である。

これに対し朝鮮半島では，高句麗や漢城期百済
に方墳，熊津期以降の百済や新羅，加耶諸地域で
円墳が基調となり，そこから派生した双円墳や連
接墳，栄山江流域（馬韓）であれば方台形墳など，
原則として一地域の墳形が単一となる。無論，栄
山江流域では5世紀後半から6世紀前半に前方後
円墳を築くなどこの限りでない地域もあるが，倭
のごとく各種の墳形が展開することはない。

墳丘と埋葬施設構築の前後関係　また朝鮮半島の
墳墓では，墳丘構築と埋葬施設との前後関係を重
視する。すなわち埋葬施設を地下ないしは地上に
設置してから墳丘を構築するもの，百済や新羅，
加耶の墳墓の多くがこれに該当する。いっぽうで，
墳丘を構築してから埋葬施設を設けるもの，高句
麗や漢城百済期の積石塚や栄山江流域の甕棺墓，
固城地域の高塚などが当てはまる。

長さ重視か高さ重視か　日本列島と朝鮮半島と
では，墳丘規模も異なる。前者は墳丘長を重視し，
長大さを特徴とする。ところが後者は，高さを強
調する傾向が強い。ただし，5世紀代に墳丘規模
が最大化することは双方で共通する。

巨大前方後円墳は，巨大な墳丘に加えて埴輪や
葺石，周濠や内外堤，陪冢といった構成要素が複
合し，1基でも十分に権力の所在を誇示できる。
他方，朝鮮半島の墳墓は，日本列島よりも平面規
模で小さく，かつ外表施設が充実していないが，
高い墳丘が群集することを特徴とする。慶州の新
羅王墓群（口絵6 1）や加耶の王墓群である高霊池
山洞古墳群や昌寧校洞古墳群などを代表例にあげ
ておく。つまり，その壮大な墳墓群としての景観
が王権の系譜と所在とを顕示したのだろう。

2　墳丘の長さと高さ

高大化する墳丘　古墳の墳丘は，高さが重要か
つ上下が強調されたモニュメントである[1]。5世
紀末以降，本州や四国・九州で腰高かつ高い墳丘
が増加する。代表例として長崎県双六古墳や奈
良県与楽鑵子塚古墳（口絵6 2）などをあげておく。
宇垣匡雅はこれを高墳丘化[2]，筆者は墳丘の高大
化と呼ぶ[3]。その背景には朝鮮半島，特に高句麗・
新羅・加耶にみられる高く急傾斜を呈する墳丘の
存在があったとみられる[4]。また高大化した墳丘
は葺石をもたず，墳裾に護石をめぐらせるだけの

新羅や加耶の例と外表も類似する。

日本列島で高大化した墳丘が増加する頃と時期を同じくして、北魏でも宣武帝景陵（500-515 在位）など高い墳丘を有する皇帝陵が出現し、東アジア規模で墳丘の高大化がトレンドとなる。換言すると、高さにより比重をおく墳丘が指向されたのであろう。日本列島で高大化した墳丘が出現するのは、土嚢・土塊積み工法の採用が背景にあると同時に、土塊として切り出すための土掘り具、具体的にいうと鉄製のU字形刃先を装着した鍬の出現が背景にあったようだ[5]。

無墳丘から有墳丘へ　金官加耶では、もともと金海大成洞古墳群や東莱福泉洞古墳群などの王墓でも、地表にわずかな高まりを設ける程度で、基本的に無墳丘だった。ところが5世紀後半、墳丘を有する蓮山洞古墳群が突如として出現する[6]。北魏でも同様である。前述したとおり、北東アジア各地で墳丘の高さをとりわけ重視した時期と重複することから、こうした文脈から無墳丘地域でも王墓に墳丘を導入した可能性がある[7]。

3　墳丘構築技術の諸相

盛土の技術と方向　日韓ともに、断面の盛土の単位および盛土層の傾斜状態の着目した分類がおこなわれている。筆者が指摘する西日本的工法と東日本的工法[8]におおむね合致する。

他方、韓国では上斜向式・水平式・下斜向式などと分類する。水平式で盛土した場合、墳丘は高大化せずに比較的低平な場合が多い。後述する区画築造を用いる例は、構造上その多くが水平式となる。また丘陵上や山稜に築造される墳丘のうち、高大化を指向するものの多くは、上斜向式をとる例[9]、または墳丘中心付近を上斜向式で1層を厚く積み、墳丘外表付近は水平式で細かく積む例が多い。後者の例として梁山北亭里古墳群7号墳[10]をあげておく。また後者は、中国北周田弘墓などといった中国北朝の墳墓とも相通じる。

加えて、倭における後者の例は、島根県今市大念寺古墳など、後述する土塊積みと水平積みによる墳丘に認められ、後期古墳では朝鮮半島や中国北朝などの墳墓の影響も加味する必要がある。

ところで、平面から墳丘構築を追う例は、大阪府弁天山C1号墳における先駆的な復元検討を端緒とし、福岡県三国の鼻1号墳や長野県森将軍塚古墳など、日本でも実践例がある。ただし、韓国の調査例は近年急増しており、三次元的な墳丘構築過程の復元例も枚挙に暇がない（図1）。

韓国でも高興柯也里東村古墳[11]や梁山北亭里古墳群7号墳[12]のごとく、克明に立体的な墳丘の構築順序を復元した例が近年増加してきた。一例として咸安末伊山古墳群13号墳[13]は、垂直方向に3段階に分けて積み上げる（図2中）。2段階までは土手状盛土をめぐらし、それより上を水平に盛土する。これは阿羅加耶の墳丘の特徴といえるが、これもまた一般的な墳丘を高大化させるための墳丘構築技術であった可能性が指摘できる。

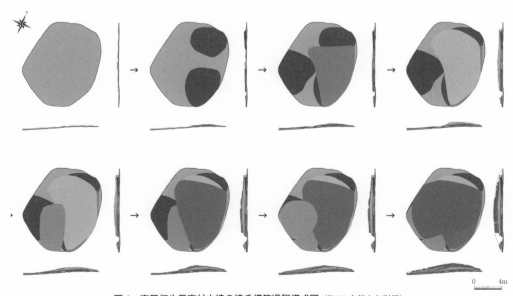

0　　4m

図1　高興柯也里東村古墳の墳丘構築過程模式図（註11 文献より引用）

対して，残存高約 3.1m と墳丘が比較的低い慶山林堂 1 号墳は[14]，石混じりの土を土手状にめぐらせ，斜め方向（下斜行式）に流し込む盛土だけで墳丘を構築する（図 2 下）。高大化した墳丘には，それを達成するための技術が，他方低い墳丘では土手状盛土の内側に土砂を流し込む，あるいは小丘を覆う構築技術が基本と整理できる。

墳丘における柔構造と剛構造　先述した西日本的工法は，下斜向式ないしは水平式，東日本的工法は上斜向式となる場合が多い。つまり，墳丘の高大化を指向する場合，半島の例にならえば東日本的工法が好適にみえるが，前期古墳の墳丘盛土に礫を混ぜ込む，あるいは粘土塊を列状に積み重ねる例はほとんどない。

むしろ古墳には葺石の例が多く，こうした古墳の墳丘は，比較的軟質な墳丘盛土に石で外表を覆うことで墳丘を保護する，いうなれば柔構造の墳丘といえる。朝鮮半島では，高句麗や漢城百済期の積石塚のごとく，墳丘を積石で覆う墳墓が存在する。他方，新羅や加耶などの墳墓は，墳丘自体に礫を含ませることで，いわば剛構造の墳丘を指向して墳丘を礫で覆わず，好対照をなす。

前者の場合，当然のこと墳丘が高大化しやすいが，日本列島でも高大化を指向する 5 世紀後半以降の古墳は，葺石をもたず墳丘が硬質化する[15]。つまり，日本列島でも高大化を指向する古墳では，その達成のため剛構造の墳丘へ転換したようだ。今後は，各地で墳丘硬質化を遂げた理由と技術的な系統の解明が課題となる。

区画築造とその材質　日本では，樋口吉文が大阪府堺市百舌鳥大塚山古墳における土塊の把握[16]にはじまり，蔵塚古墳（口絵⑥4）での土嚢列の区画による墳丘構築の認定および加耶古墳との比較[17]を経て，墳丘構築に土嚢や土塊を使うことがあきらかになった。堺市グワショウ坊古墳での調査成果から，土塊は泥池状の場所から泥をブロック状に切り出し，天地逆にして墳丘に置くことが推定される[18]。平野部に適応した墳丘構築技術といえる。

他方，韓国でいち早くその特質を論じたのが星州星山洞古墳群第 38・58 号墳ほか[19]の調査員であった曺永鉉で，その成果は日本語でも紹介されている[20]。

朝鮮半島では，石積みと土嚢・土塊いずれの例も存在する。前者は星州星山洞古墳群第 22・58 号墳や高霊池山洞 75 号墳など，加耶の墳墓に類例が多い。チョクセム 44 号墳（5 世紀後半）のごとく新羅における積石木槨墓でも，石による区画築造の実態と，木材をくみ上げた枠を設置したのちに木槨を構築し，さらに石を充填し積石部を構築する[21]。なお，近年発掘調査が実施された瑞鳳塚を含め，慶州の積石木槨墓などでは，墳丘の周囲に大型壺を設置するが，これらが区画石列の延長線上付近に認められることを指摘しておく。

他方，土塊（粘土ブロック）の例は霊岩葛谷里古墳や，霊岩沃野里方台形古墳，前方後円墳であるチャラボン古墳など栄山江流域に多い[22]。霊岩葛谷里古墳では粘土ブロックを列状に積み重ね，墳丘中心から放射状に区画する。沃野里方台形古墳は，蜘蛛の巣状の土塊列を検出した（口絵⑥3）。

最後に，墳丘構築に際し吸湿を意識して盛土する例を紹介する。金海元支里 M2 号墳[23]では，炭築法と呼ぶ盛土間に炭層を挿入して吸湿を企図したようだ。日本では，高松塚古墳の墳丘版築層の層理面に凝灰岩の粉末が散布されているが，これも吸湿を目的とした可能性が高い[24]。無論，焼土層や炭層が墳丘構築上の工夫かあるいは祭儀に帰するか，検討を要するのはいうまでもない。

4　他の構造物との関連性

版築の援用　奈良県牽牛子塚古墳，キトラ古墳や高松塚古墳をはじめ飛鳥の終末期古墳には，墳

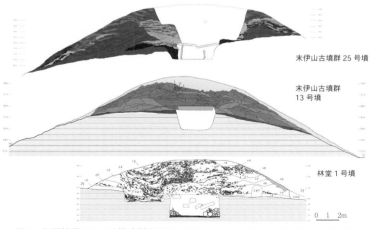

図2　加耶墳墓における墳丘断面の例（註 27・13・14 文献より引用，筆者一部改変）

図3　高松塚古墳墳丘層理面の突棒痕跡（註24文献より転載）

丘構築に版築を採用する例が多い（図3）。百済寺院の基壇構築技術が基盤にあると考えられる[25]。突棒による突き固めで意図的に凹凸をつけて層理面の接地面積を大きくすることにより，いっそう堅固な墳丘とする工夫が認められる[26]。

斜面地における安定化　咸安末伊山25・26号墳の墳丘盛土（図2上，口絵⑥5）は，墓坑掘削土を利用した西面の補強，粘土ブロックを最小単位にする盛土材の使用，斜面下側を安定的に補強するためのC字型土堤の設置，埋葬主体部を中心に放射状連続性土壌などの特徴があきらかになった[27]。

また版築を採用しない古墳，とくに斜面地に立地する古墳では，ランダムに木柱を立て，墳丘を安定させる技術が散見される。金海元支里M2号墳[28]のほか，固城や咸安など加耶地域の墳丘に類例がある（口絵⑥6）。丘陵地や山間部の道路敷設に用いた技術との関連性も考慮せねばならない。

その他　咸平金山里方台形古墳[29]は，水平に整地したのちに盛土する一例である。整地土や墳丘盛土をどこから採土したかは，古墳や墳墓の築造を地域の開発との関連を示唆する視点となろう。

註
1）　松木武彦「日本列島の王と墓―モニュメントの比較形態学より―」『世界の眼でみる古墳文化』国立歴史民俗博物館，2018
2）　宇垣匡雅「古墳の墳丘高―吉備南部における変遷から―」『考古学研究』57―2，2010
3）　青木　敬「日韓王陵級古墳における墳丘の特質と評価」『日韓文化財論集Ⅲ』奈良文化財研究所学報95，2016
4）　洪潽植・沈炫曘「各種古墳別封墳形態の築造方法」『韓国考古学の起源論と系統論』第40回韓国考古学全国大会，2016（韓国語）
5）　青木　敬「古墳の墳丘構築と土掘り具」『古墳と国家形成期の諸問題』山川出版社，2019
6）　釜山博物館・釜山広域市蓮堤区『蓮山洞古墳群―高塚古墳基礎調査―』2012，など（韓国語）
7）　青木　敬『土木技術の古代史』吉川弘文館，2017
8）　青木　敬『古墳築造の研究―墳丘からみた古墳の地域性―』六一書房，2003
9）　梁山市・우리（ウリ）文化財研究院『梁山中部洞古墳群（19号墳）』2021（韓国語）
10）　梁山市・우리（ウリ）文化財研究院『史跡第93号 梁山北亭里古墳群7号墳』2023（韓国語）
11）　高興郡『高興柯也里東村古墳』馬韓文化研究院叢書65，2016（韓国語）
12）　前掲註10に同じ
13）　咸安郡・東アジア文化研究院『咸安末伊山古墳群13号墳と周辺古墳』2021（韓国語）
14）　한빛（ハンビッ）文化財研究院『慶山林堂1号墳』学術調査報告79，2020（韓国語）
15）　前掲註2に同じ
16）　樋口吉文「古墳築造考」『堅田直先生古希記念論文集』真陽社，1997
17）　大阪府文化財調査研究センター 編『蔵塚古墳―南阪奈道路建設に伴う後期前方後円墳の発掘調査―』1998
18）　堺市教育委員会『百舌鳥古墳群の調査2』2009
19）　啓明大学校行素博物館『星州星山洞古墳群』啓明大学校行素博物館遺跡調査報告13，2006（韓国語）
20）　曺永鉉（吉井秀夫 訳）「古墳封土の区画築造に関する研究」『古墳構築の復元的研究』雄山閣，2003
21）　韓国文化財庁HP（2023年8月31日発表資料）による。
22）　国立羅州文化財研究所『霊岩葛谷里古墳Ⅰ』2014。国立羅州文化財研究所『霊岩沃野里方台形古墳 第1号墳発掘調査報告書』2012（韓国語）。林智娜「栄山江流域における前方後円墳の築造技術」『国立歴史民俗博物館研究報告』217，2019
23）　三江文化財研究院『金海元支里古墳群―M2号墳発掘調査報告書―』2022（韓国語）
24）　文化庁ほか『特別史跡高松塚古墳発掘調査報告―高松塚古墳石室解体事業にともなう発掘調査―』2017
25）　青木　敬「掘込地業と版築からみた古代土木技術の展開」『文化財論叢Ⅳ』奈良文化財研究所学報92，2012
26）　前掲註23に同じ
27）　咸安郡・우리（ウリ）文化財研究院『咸安末伊山古墳群第25・26号墳』学術調査報告96，2018（韓国語）
28）　三江文化財研究院『金海元支里古墳群―M2号墳発掘調査報告書―』2022（韓国語）
29）　全南文化財研究所・全羅南道『咸平金山里方台形古墳―発掘調査中間報告書（2018・2019）―』2021（韓国語）

横穴式石室の導入

山本孝文 YAMAMOTO Takafumi
日本大学教授

韓国内での調査研究の増加により，横穴式石室が各地に導入された多様な実態が明らかになりつつある。近年の百済の調査成果を紹介し，日本への石室伝播の可能性を再論する

1　日韓の古墳の埋葬施設と横穴式石室

　漢代の中国で墓制が横穴系のものへと変化して以来，横穴系埋葬施設は東アジア各地で取り入れられ，その流れは韓半島と日本列島にも到達し，6世紀代までに広く普及する。結果として主要な古墳の埋葬施設がほぼ横穴式石室をはじめとする横穴系のものになるという点において，その影響力の大きさには目を見張るものがあるが，韓半島でも日本列島でも横穴式石室の導入状況は一様でない。

　韓半島の三国時代では国や地域ごとに古墳の構造や特徴に差があり，横穴式石室導入以前には高句麗では積石塚に内蔵された竪穴式石槨，百済では土壙木棺墓を発展させた木槨墓や墳丘墓，新羅では積石木槨墳，加耶では殉葬を伴う長大な竪穴式石槨墳，栄山江流域（馬韓）では甕棺古墳が首長墓として造られた。これらすべての地域でその後横穴式石室が定着するが，前段階の墓葬制の多様性を反映して地域ごと時期ごとにその導入契機や歴史的背景，採用後の展開に違いがあり，当然石室の構造や葬法にも差があった[1]。日本の横穴式石室も同様で，初期の竪穴系横口式の一群や北部九州型，肥後型とされる石室の出現，畿内型石室の成立とその後の波及などは，それぞれ異なる脈絡でなされた。

　このようにきわめて多様な状況が想定される日韓の横穴式石室を系統立てて明確な線で結ぶのは困難な作業であり，研究は進んでいない。むしろ各地でそれを導入した事情・背景をまず比較するべきという重要な指摘がある[2]。以下，この指摘を念頭におき，これまで日韓の横穴式石室の関連性について触れた論考を振り返るとともに，現状の資料でどこまでのことがいえるか見ていきたい。なお，韓半島南部の海岸・内陸地域ではいわゆる倭系とされる石室がしばしば確認され，これらも日韓の関係を物語る物証であるが，本稿では初現期のものに限定する。

2　横穴式石室伝播の研究略史

　日本列島に出現した横穴式石室は，三国時代の韓半島，とくに百済地域の墓制の影響を受けて九州地方に導入されたと考えられる傾向がある。地理的に日本に近い新羅，加耶，栄山江流域では九州の初期石室より年代的に古いものが見つかっておらず，百済ではその可能性がある調査例が徐々に増えているため，この認識は間違いとはいえない。既知の資料数が少ない高句麗や楽浪地域からの影響も念頭におきつつ，引き続き検討する必要がある。

　横穴式石室の系譜に関する言及には，100年以上の歴史がある。喜田貞吉は中国の春秋戦国時代の墓制が高句麗・新羅・百済に及んで日本に伝わったとし，その系譜論は梅原末治や後藤守一，小林行雄らに引き継がれ，日本の初期石室の年代をもとに漢代や楽浪の塼室墓もふまえた議論がなされた[3]。

　樋口隆康は横穴式石室の形態の相違に着目し，九州に存在する横穴式石室を北部九州型と中部九州型（肥後型）に分け，前者の系譜を韓半島の高句麗ないし百済に，後者の系譜を楽浪・帯方の塼室墓ないし木槨墓に求めた[4]。白石太一郎は樋口の分類をもとにそれを発展させ，横穴式石室への過渡期的ないし折衷様式的な形態があることを示し，畿内型の横穴式石室を設定した[5]。

　その後，小田富士雄，永島暉臣慎，柳沢一男，土生田純之らが日本の横穴式石室の源流として同様に百済地域や楽浪の横穴式石室の類例に触れている[6]。韓半島の類例の情報が少なく，年代が正確に検討されていなかった1980年代頃までは，既知の資料の形態的類似性を根拠に日本の横穴式石室の起源を百済の古墳に求めるのが一般的な観点であった。しかし年代観の明確化により，彼我の資料の直接の比較が難しいことが指摘されて現在に至っている[7]。

　以下，日本における最初期の横穴系埋葬施設と，

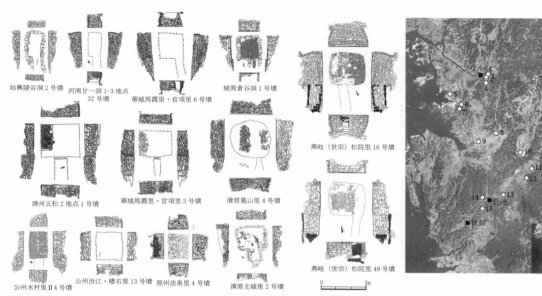

図1 百済の初期横穴式石室に見られる多様性

1：河南広岩洞古墳群　2：河南甘一洞古墳群（城南倉谷洞古墳群）　3：ソウル牛眠洞古墳群　4：城南板橋洞古墳
5：始興陵谷洞古墳群　6 華城旺林里古墳群　7：華城馬霞里・官項里古墳群　8：安城長院里古墳群　9：天安龍院里古墳群
10：清原主城里古墳群　11：清州新鳳洞古墳群　12：清原芙江里古墳群　13：燕岐（世宗）松院里古墳群　14：公州水村里古墳群
15：公州汾江・楮石里古墳群　16：原州法泉里古墳群

その後に定着したいわゆる畿内型石室に関連して，韓半島内の状況を整理することで今後の系譜論のための一情報を提供し，議論の再起点としたい。

3　百済の導入期石室と日本の初期石室

　日本における横穴系埋葬施設の出現時期は，韓半島諸地域に比べてもかなり早い。九州での初現が4世紀代まで遡るとすると，韓半島南部地域でそれより古いと確実にいえる事例は報告されていない。年代情報が不確定的だった頃の資料をもとにした百済起源論から一度離れる必要があるのはもちろんであるが，比較の対象は依然限られており，起源論には早急な結論が出せない状況である。

　一方で1990年代以降の韓国内の調査資料の増加により，詳細な年代に関しては議論があるものの，各地の導入期石室の実態が明らかになってきており，再検討の土台が出来上がりつつある。

　古式の横穴式石室が発見される可能性が残る百済の例を見ると，従来は熊津期の宋山里型石室，泗沘期の陵山里型石室という括りがあり，宋山里型石室の原型になるものが漢城期のソウル地域にあると考えられてきた。後述のように，その認識は新出資料からみても基本的には継承されていいと思われるが，地方の首長層の古墳が多く調査されることで百済地域への横穴式石室の導入がきわ

めて複雑な様相を呈することがわかってきた。

　百済の横穴式石室墳は，木棺墓・木槨墓・竪穴式石槨墓など前代の墓制と同じ墓域に，それらのあとをうけて地域集団の有力者の墓として造られる場合もあれば，階層的に従来の墓制の上位墓制として同墓域内に出現する場合，横穴式石室墳の築造から群形成が始まる場合など多様な在り方が見られ，それぞれの地域で採用された横穴系埋葬施設の形態・構造も，あたかもすべて源流地を異にするかのように地域集団ごときわめてバラエティに富んでいる（図1）。

　次項でも触れる河南甘一洞古墳群，城南板橋洞古墳群など都城（漢城）に近い地域に造営された古墳の横穴式石室は，ほぼ固定した型式として構築されているが，例えば公州水村里古墳群では木槨墓からの連続的変化によって竪穴系横口式の石室が造られ，壁面は石材が雑然と積まれている。燕岐（世宗）松院里遺跡の石室では，中国の墓制のように隅丸方形の大型玄室に長いスロープ状の羨道と墓道が付く。清原葛山里遺跡の石室は井戸のような円形の玄室に通過が難しいほどの狭小な羨道が敷設される。清州新鳳洞古墳群などでは正方形の玄室，原州法泉里古墳群では長方形の玄室を持つ石室や羨道を持たない石室を造るなど，プランや構造，墓室への進入の方式に地域ごと際立った

横穴式石室墳の築造から

71

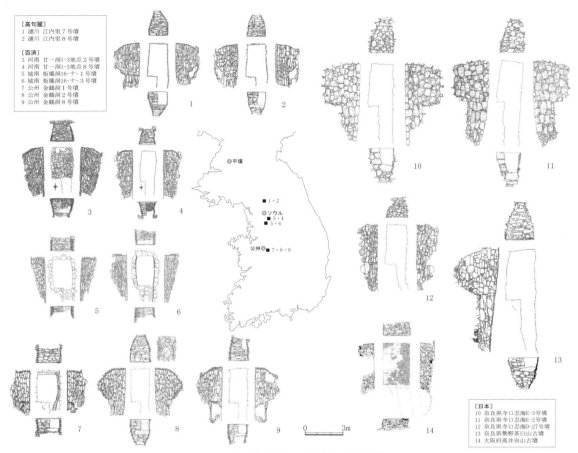

図2　初期の畿内型石室と韓半島の関連資料

違いがある。

　このような状況は，百済の各地域集団が，王権による墓制の均一化を経る前にそれぞれの伝統的墓制から横穴系埋葬施設へと個別に移行させていったことを反映しており，その結果として，意図的か否かは不明であるが互いに異なる構造・技術系譜を持つ石室が採用されるに至っている。これらの地域集団は領域内で一定の距離をおいて点在しており，王権の介在を大きく受けない半独立的集団の存在も想定される。各地で個別に横穴系埋葬施設を採用するに至った背景が検討されるべきであり，その事情は日本における同様の変化を考える際にも重要な参考になる。

4　成立期の畿内型石室に連なる資料群（図2）

　一方で，畿内型石室の成立に関しては百済からの直接の影響があったであろうことが指摘されている。畿内型石室の祖型に関わると考えられる百済の石室とはどのようなタイプのものか見ていきたい。玄室のプランが異なるものは系統的にも遠いと考えられる傾向があり，それはプランが異なると使用石材やその架構，天井形態まで差が生じると想定されるためであるが，百済には平面形は異なるが石材の加工や積み方，天井の架構法が共通する一群の石室があり，同一工人集団が異なるレベル（階層）の造墓を担当していたことをうかがわせる。その集団が築造した一類型が，日本の畿内型石室につながる可能性を指摘しておきたい。

　筆者が王畿系集団と仮に名付けた造墓集団の特徴的な石室構築法は，比較的薄い石材を多用し，壁面構築後に石材を削ることで面を平滑に整えている。これは漆喰を塗るための作業でもあり，実際に表面が漆喰で仕上げられている石室が多い。また，玄室中段までは四壁をそれぞれ独立させて構築し天井部付近では隅をなくして円形に積み，ドーム状にして天井には大型の石材1〜2枚を載せるいわゆる 穹 窿 状天井である。プランは奥壁に向かって右側に羨道が付く片袖式で，玄室が若

干胴張り気味になるものもある[8]。このような石室は，公州宋山里古墳群で玄室平面が方形かつ面積が最大のものが見られ，その周囲の有力古墳群では平面は長方形になる。

この特徴を持つ石室は百済の熊津期（475〜538年）に王権周辺で一般化するが，その源流になる可能性がある石室が漢城期（〜475年）の中心であった現在のソウル近郊，城南板橋洞古墳群や河南甘一洞古墳群などで確認されている。さらにこの構築法で築造されたと考えられる古墳は高句麗の古墳群とされる漣川の江内里古墳群でも確認されており，技術系譜が高句麗の横穴式石室につながる可能性がある。これらの石室を造っていた技術系統（工人集団か）が百済の王権の墓造りに採用され，階層に応じて重層化する。そしてその技術で造られた石室の一類型が加耶や日本に伝わり，日本ではのちの畿内型石室につながると考えられる。

大阪府高井田山古墳は百済古墳との比較の上で重要な壁面から天井にかけての構造が残念ながら不明であるが，全体の形態・構造や玄室の長軸に沿って二人を並置する合葬法，火熨斗など副葬品の一部において百済との関係がうかがえ，石材の加工や用石法にも共通点があることが指摘できる。プランニングや石材架構の方式が共通するものに，奈良県寺口忍海古墳群の石室などがある。これらは使用石材が大型化しており百済の資料に直接つながるものではないが，百済ないし高句麗の石室造りの断片的な情報が残ったものである可能性がある。

5　横穴式石室導入の諸相

日本に導入された横穴式石室は単一の系統にまとめられるものではなく，形態・構造的にも技術的にも多様であった。それは現状で起源地の違いや導入時期の違いなどとして単純化できるものではない。一言でいえば導入背景，導入状況の差とするしかない。

これは韓半島諸国における横穴式石室の受容とも共通する現象で，さらに細かく見ると百済の各地の墓制の多様性に見られるように在地の伝統的墓制に横穴式埋葬施設が取り入れられる際の試行錯誤が様々な形で現出したものといえる。

一方で，終末期古墳の時代になると横穴式石室ないし横口式石槨は高句麗や百済で規格性が高まり，墓制の築造規制法とともに日本に伝わるため，明確な相関関係が見られる[9]。

初期横穴式石室に関しては，韓半島の資料が揃ってくるにつれ，日本への「最初の一滴」を確定して系譜を議論するのがますます難しくなっているが，韓半島からの影響を念頭におきつつ，導入と普及の状況を実際の資料に即して復元していく作業が今後求められる。

註
1)　山本孝文「韓国における横穴式石室研究の論点と構造・技術系統論」『横穴式石室の研究』同成社，2020
2)　吉井秀夫「百済墓制研究の新潮流」『季刊考古学』113，雄山閣，2010
3)　喜田貞吉『古墳墓年代の研究』喜田貞吉著作集2，平凡社，1914。梅原末治「上代墳墓の営造に関する一考察」『日本考古学論攷』弘文堂書房，1940。後藤守一「後期古墳文化」『古代文化』12―2，1941。小林行雄「古墳時代における文化の伝播」『史林』33―3・4，1950
4)　樋口隆康「九州古墳墓の性格」『史林』38―3，1955
5)　白石太一郎「日本における横穴式石室の系譜」『先史学研究』5，1965
6)　永島暉臣慎「横穴式石室の源流を探る」『日本と朝鮮の古代史』三省堂，1979。小田富士雄「横穴式石室の導入とその源流」『東アジアにおける日本古代史講座』4，学生社，1980。柳沢一男「古墳の変質」『古代を考える 古墳』吉川弘文館，1989。土生田純之『日本横穴式石室の系譜』学生社，1991
7)　吉井秀夫「墓制からみた百済と倭―横穴式石室を中心に―」『百済と倭国』高志書院，2008
8)　山本孝文「横穴式石室の築造技法からみた百済と湖南地方」『国立歴史民俗博物館研究報告』217，2019
9)　山本孝文「韓半島における古墳の終焉と日本の終末期古墳」『日韓交渉の考古学―古墳時代―』日韓交渉の考古学研究会，2018

引用・参考文献
東 潮「朝鮮三国時代における横穴式石室墳の出現と展開」『国立歴史民俗博物館研究報告』47，1993
金武重「百済漢城期横穴式石室의 構造와 調査方法」『東아시아의 古墳文化』中央文化財研究院，2011（韓）
金武重「中部地方横穴式石室墓の構造と埋葬方法」『韓日の古墳』日韓交渉の考古学研究会，2016
金武重「百済漢城期諸墓制의 木棺에 関한 試論」『河南甘一洞遺蹟Ⅰ』高麗文化財研究院，2022（韓）
吉井秀夫『古代朝鮮墳墓にみる国家形成』京都大学学術出版会，2010

葬送儀礼
飲食物供献儀礼を中心に

松永悦枝 MATSUNAGA Yoshie
文化庁

古墳時代の日韓交渉において，古墳における葬送儀礼の影響関係は，死生観や精神文化の伝播や受容を考えるうえで早くから注目されてきた。とくに日本列島においては，古墳時代後期に盛行する横穴式石室というあらたな墓制の導入において埋葬施設内の土器副葬が本格化することで，外来のあらたな死生観の理解・受容がなされたという理解が一般的である。朝鮮半島においては，3世紀後半における木槨墓の登場に，埋葬儀礼の概念の大きな転換を読み取る傾向にある。具体的には，墳墓出土土器にあらわれる飲食物供献儀礼である。日本古墳時代・朝鮮三国時代は，墳墓の築造に多くの時間と労力を割き，さらには埋葬へいたるまでに執り行われた葬送儀礼が古墳の築造過程と不可分に結びつき，その痕跡が残る時期であるということは，先行研究によりあきらかにされてきたとおりである。とくに，飲食物供献儀礼は黄泉戸喫としてイメージされる日本古墳時代後期の葬送儀礼を象徴する行為といえ，朝鮮半島より伝来したあらたな死生観とも直結する。

そこで小稿では，古墳葬送儀礼のなかでも飲食物供献儀礼を中心に，日韓葬送儀礼研究を概観しながら，その相違点や今後の展望について述べることとする。

1 葬送儀礼研究の動向

古墳築造過程と儀礼 被葬者の死から古墳築造，そして埋葬完了後にいたる様々な段階で葬送儀礼がおこなわれたという理解は，日韓共通であることは前述したとおりである。墳丘先行型，墳丘後行型の墳丘および埋葬施設構築の類型化に代表されるように，各段階における諸儀礼が想定されている[1]。

儀礼という，いわばソフト面の行為の復元に際して，韓国考古学では近世の儒教的喪葬礼を援用し検討が進められてきた。儒教的死生観をどこまで遡らせることが可能かについては，議論の余地があろうかと思われるが，古墳埋葬完了までの各段階での葬送儀礼の整理が進められ，そのモデルが示された点（図1）[2]に，一定の到達点をみることができる。また，埋葬施設外から出土する遺物とそれに伴う遺構の分析からは，新羅は石材を用いた構造物を構築し，そのなかに土器類とともに馬具，武器や工具などの多様な器物を配する非破砕型，加耶は構造物をもたず，有刺利器や筒形器台や大甕を用い，器台類や甕を意図的に破砕する破砕型に大別し，地域や政体による相違についても指摘されている[3]。なお，近年では，日本植民地時代に調査された王陵級古墳の再発掘や史跡公園整備事業などに伴う古墳あるいは古墳群の全面調査がつづいている。とくに新羅古墳では，新資料の増加にくわえ過去調査の再発掘による知見から既存資料を再検討するなど，注目される成果や論考が蓄積されており，墳丘全体を含めた新羅王陵の様相があきらかとなるとともに，周辺に位置する古墳群との関係など，新羅中央における古墳群の動向に関する研究の進展が期待される。

古墳出土土器の性格—飲食器・貯蔵具・調理具—

古墳出土土器の性格については，日韓ともに葬送儀礼に用いられたものだと認識される。韓国においては，祭儀用土器，帰路祈願土器，永世祈願土器，墓祀破壊土器に分類し，単なる日常容器ではなく，葬送儀礼品あるいは葬儀容器として製作・副葬されたという指摘が嚆矢である[4]。日本においては，飲食器（坏類・埦・甌），貯蔵具（壺・甕），調理具（土師器甕，竈，甑）の用途別に分類し，葬送儀礼に伴う饗宴時に残された土器群と，死後の生活のために置かれた土器群の二相がある点が近年指摘されている[5]。同様に，韓国においてもこの饗宴という観点で墳墓出土土器を貯蔵祭祀と盛饌祭祀に大別し，中国漢の木槨墓における二種の祭祀が朝鮮半島へ伝播・受容し，発展・定着する過程が示されている[6]。日常的な食事とは異なる方式でおこなわれる共同の飲食消費イベントであり，儀礼化した要素を内包する饗宴という視点で，

墓地の選定−副葬品の準備−（后土祭（土地神への祭祀））−墓地の整地−穿壙（墓壙の掘削）−（方相氏）−

木槨（石槨）の設置−（霊枢任置）−下棺−（幣帛（礼物として絹織物を奉献））−遺物副葬−被覆−（成墳祭

（題主奠））−墳丘の造成−（平土祭）

図1　三国古墳における葬送過程の復元（註2 金龍星 2009 より転載）

表1　日韓古墳にあらわれる葬送儀礼の比較

| | 朝鮮半島南部 | | | 日本列島 |
	百済	新羅	加耶	
土器組成	壺類主体	坏類＋壺類	坏類＋壺類	坏類＋壺類
	栄山江流域：坏類主体	器台	器台	器台
副葬量	少量（中国陶磁器含む）	多量	多量	
副葬品配置	片側主体（被葬者頭側）	両端（被葬者頭・足元/副槨）		玄門部周辺主体→奥壁・玄門付近
	（栄山江流域：玄門部，墳丘）	主槨：坏類，副槨：壺類		
器の打ち欠き	○	○	○	○
		鉄釜の蓋として組み合わせる場合もある		
調理具副葬	○	○	×	○
	ミニチュア	実用サイズ（甑、竈）	白川里1号墳：墳丘祭祀で甑・炭	ミニチュア＋実用サイズ（甑）
食物形土製品	×	×	×	○
動・植物遺存体（供犠は除外）	△	○	○	○
	新徳1号墳，長鼓峰古墳			

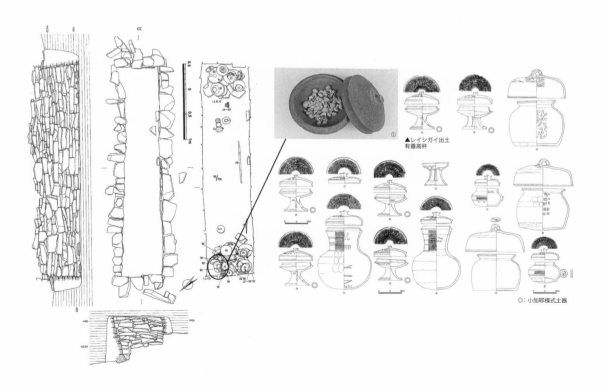

図2　高霊池山洞（慶）2号石槨墓における飲食物供献儀礼（註9 松永 2023 を改変）

3世紀後半以降，とくに慶州を中心とする新羅圏域で顕在化する土器副葬を理解した。

2　日韓古墳における葬送儀礼の比較

ここで，日韓古墳における葬送儀礼の諸要素を整理したものが表1である。飲食物供献儀礼を中心にした比較であるため，それが表出する時期，朝鮮半島（以下，半島）南部の百済・新羅・加耶では4・5世紀を，日本列島（以下，列島）では5・6世紀代を中心に整理をおこなった。

新羅・加耶古墳においては，土器の機能分類をもとに，被葬者頭部は盛饌祭祀，足元や副槨・副葬品空間は貯蔵祭祀を示す土器組成をとる一方で，百済古墳では貯蔵祭祀の土器組成が主体となるうえ，新羅・加耶古墳のように多量・多形態の土器を副葬することは稀である。器種組成や副葬位置の比較はかねてより指摘のあるように[7]，朝鮮半島南部の百済・新羅・加耶と列島においては，新羅・加耶・列島での共通項が多くみられる。また，飲食器・貯蔵具に，高坏形器台のような器台類が組成にくわわる点も，百済とは異なる。

そういったなかで着目したいのが，食物形土製品である。列島では，土製模造品自体は縄文時代より出土するが，食物をかたどったものは，古墳時代以降，墳丘祭祀とくに造出祭祀において5世紀代に盛行し，土器副葬が顕在化する6世紀になると姿を消すという動向をみせる。土器だけではなく，土製模造品により食物供献を可視化する，という点は半島にはなく，列島独自の儀礼と位置づけることができよう[8]。

また，近年整理が進んでいるのが，古墳から出土する動物遺存体である[9]。動物考古学による種の同定が進んだことで，高霊池山洞（慶）2号石槨墓のように，内陸の古墳に海水産の貝が高坏に入れて副葬されていることがあきらかとなり，その高坏が小加耶様式であることから，あたかも葬送に参加するため，地元で採れたレイシガイを供え物とし，それを地元の葬送土器（高坏）に入れて洛東江を船で上ってきた固城・小加耶からの弔問の様子を想起させる（図2）[10]。また，新羅積石木槨墓における被葬者頭側の多量の副葬容器類のまとまりは，儀礼行為の単位，あるいは儀礼の性格にもとづく食物儀礼を示すという指摘もあり[11]，今後は動物遺存体や容器の地域性検討も加味することで，葬送に参加した人々

の具体像や葬送時の動きを復元する一証左となりうると考える。

3　日韓ふたつの炊飯具副葬

さて，近年注目を集めているのが，河南甘一洞遺跡出土のミニチュア炊飯具形土器である。遺跡は漢城百済期の横穴式石室を含む複合遺跡であり，このうちの5号・15号石室より，ミニチュア炊飯具形土器が出土した。とくに15号石室のものは，竈，甑，鍋からなり，炊飯具としての一具を備えている。これまでは，群山余方里82号墳例が半島資料として広く知られていたが，余方里例が竈・釜であり，手づくね成形であるのに対し，甘一洞例は成形も丁寧で，炊飯具の一具としても，中国南朝にみられる明器に近似する。ミニチュア炊飯具副葬は，列島では6世紀初頭に大阪府南部から奈良盆地東南部，滋賀県南部に集中し，埋葬施設形態や共伴遺物の検討を通じて，百済を経由した中国南朝系の習俗として認識されてきた。なによりも，考古学から"黄泉戸喫"という葬送儀礼を復元する一つの指標として，かねてより注目されてきた[12]。新来の墓制である横穴式石室と軌を一にする土器であるが，一定の集中域をみせる列島に比して，伝来元と目される半島事例は，甘一洞例がくわわったとしても現時点で2遺跡3事例と，その量の多寡や副葬習俗の表象化をどうとらえるのかについては，課題が残ると考える[13]。

さて，ここでもう一つ着目したいのが，実用サイズの炊飯具副葬である。筆者もかつて指摘したように[14]，新羅圏域では5世紀中葉を前後する段階より甑が副葬品組成に組み込まれ一般化し，皇南大塚南墳などの王陵のみならず周辺地域の中・小規模墳で副葬が継続する。その副葬はおおよそ6世紀中頃までつづくようである。列島においてはTK209型式～TK217型式と時期は限定されるが，岡山県畑ノ平古墳群をはじめとする美作地域や福岡県柿原古墳群で副葬されている。美作地域の場合，鉄鐸副葬の集中域としても注目されるが，鉄鐸も新羅圏域の6世紀代に局所的にみられる副葬品であり，甑副葬と同じ脈絡でとらえることもできよう。

このような，半島の特定範囲，特定時期の副葬習俗の伝播も，単に渡来系氏族の墳墓という解釈で妥当なのか，半島内での検討が進み，百済・新羅・加耶という政体内外での地域性や変遷といっ

た動向を示す資料が増加した現在，こういった局所的類似性の検討をおこなうことで，葬送儀礼というソフト面での日韓比較や葬送儀礼の具体がより鮮明となると考える。

＊

　以上，雑駁ではあるが，近年の葬送儀礼研究を概観しながら，飲食物供献儀礼を中心に，日韓古墳における葬送儀礼の相違について整理をおこなった。日本古墳時代研究では，かねてより漢城期の百済横穴式石室との関係性の有無に注意が払われてきた。ただ，その要素を一つずつ紐解いていけば，とくに葬送儀礼の点においては，共通点よりも相違点のほうが目立つのが実情である。百済は，飲食物供献儀礼の様子を古墳において可視化せずに，威信財などの身分表象に重きを置く傾向にある一方で，新羅・加耶は身分表象とともに，一定量・一定の組み合わせの土器を副葬，あるいは墳丘に供献することで，古墳で執り行った飲食物供献儀礼を可視化する。列島においても新羅・加耶と同様とみることができる。相違点を整理し，列島と朝鮮三国古墳の特質をあきらかにすることで，死生観という面での日韓交渉の実態について，検討を進めてゆきたい。

　註　発掘調査報告書類は割愛した。

1）　和田晴吾「葬制の変遷」『古代史復元』第6巻，講談社，1989。吉井秀夫「②朝鮮半島諸国と古墳文化」『古墳時代の考古学7　内外の交流と時代の潮流』同成社，2012　など

2）　金龍星『新羅王都의 高塚과 ユ 周辺』学研文化社，2009（韓）。金龍星『新羅 古墳考古学의 探索』진인진，2015（韓）。姜玧錫「伽耶古墳の祭祀儀式」『第3回七隈史学会大会』2001（韓）（『痕跡』2006所収）

3）　金東淑「新羅・加耶墳墓의 祭儀遺構와 遺物에 관한 研究」慶北大学校大学院碩士学位論文，2000（韓）。姜玧錫「新羅・伽耶古墳의 祭祀儀式에 関한 研究—5〜6世紀代　築造過程에 나타난 様相을 中心으로—」漢陽大学校大学院碩士学位論文，1999（韓）

4）　尹世英「古墳에 副葬된 土器의 一考察」『三佛金元龍教授停年退任記念論叢—考古学篇—』三佛金元龍教授停年退任記念論叢慣行委員会，1987（韓）

5）　寺前直人「ヨモツヘグイ再考—古墳における飲食と調理の表象としての土器—」『待兼山論叢』40，大阪大学文学会，2006。寺前直人「土器祭祀—横穴式石室にみられる二相の土器使用儀礼—」『季刊考古学』160，雄山閣，2022

6）　李盛周「貯蔵祭祀와 盛饌祭祀：木槨墓의 土器副葬을 통해 본 飲食物 奉献과 ユ 意味」『嶺南考古学』70，2014（韓）

7）　森本徹「横穴式石室と葬送儀礼」『近畿の横穴式石室』横穴式石室研究会，2007。太田宏明「日韓の横穴式石室にみられる2つの埋葬習俗」『第15回古代武器研究会発表資料集』古代武器研究会，2018

8）　近年の調査成果により，実際の食物をうつわに入れた状態で墳丘護石周辺に配していたことが判明した新羅の墳丘祭祀と，列島における埴輪と食物形土製品の墳丘祭祀を，同じ5世紀代における飲食供献儀礼という共通した概念で理解するものもあるが（金恩鏡「新羅 積石木槨墓 墓祀의 性格과 意味」『韓国上古史学報』112，2021（韓）），食物を可視化したものを葬送儀礼で用いるという行為は，列島でのみみられる点を強調したい。

9）　金建洙『맛있는 考古学』ZININZIN，2003（韓）。松永悦枝「新羅・加耶古墳の動・植物遺存体と食物儀礼」『文化財論叢V』奈良文化財研究所，2023

10）　前掲9松永2023に同じ

11）　金恩鏡「積石木槨墓 頭上部 副葬群 副葬容器와 ユ 意味」『韓国考古学報』116，2020（韓）

12）　水野正好「滋賀群所在의 漢人系帰化氏族とその墓制」『滋賀県文化財調査報告書』4，1969。小林行雄「黄泉戸喫」『考古学集刊』2，東京考古学会，1949　など

13）　さらには，中国−百済−列島資料の時期的乖離についても課題が残されている。また，百済と列島資料の形態差についても同様である。この点について，寺前直人は，時期については今後の課題としつつ，意図的に中国的墓制を実践しつつ，大陸とは異なる死生観を有していたため，このような相違が生じた可能性を論じる。また，百済と列島資料の形態差については，坂靖が渡来人の列島内での創出をその要因として挙げている。前掲註5寺前2022に同じ。坂靖「ヨモツヘグイと渡来人」『橿原考古学研究所論集』17，八木書房，2018

14）　松永悦枝「古墳出土 炊事用 土器로 본 古代 韓日 葬送儀礼의 比較」（『嶺南考古学』50，2009（韓））にくわえ，亀田修一「吉備の渡来人と鉄生産」（『ヤマト王権と渡来人』2005）や寺井誠「「新羅型甑」の出現・分布と甑副葬習俗」（『渡来文化の故地についての基礎的研究』科学研究費補助金基盤研究(C)研究成果報告書，2009）で言及されてきた。

韓半島の中の倭系文物

盛んな発掘調査により情報の蓄積が著しい韓国内で発見される倭系古墳と倭系文物を，最新の知見をふまえて検討する

⫶ 倭系古墳／円筒埴輪と形象埴輪／韓半島南部の土師器系土器

倭系古墳

高田貫太　TAKATA Kanta

国立歴史民俗博物館教授

倭系古墳については被葬者論のみならず，地域集団による倭系墓制の受容，倭系集団と地域集団の交流などを議論する基礎資料がそろいつつある

　朝鮮半島西南部や中西部では，栄山江流域の前方後円墳をはじめとして，「倭系古墳」[1]の確認が相次いでいる。これらの墳墓資料は，5，6世紀の日朝交渉の実態は無論のこと，当時の百済や栄山江流域に居を構えた社会（栄山江流域社会）の内実を理解するうえでもきわめて重要であり，日韓の学界において，被葬者や造営集団の姿，在地の墓制との比較，墳墓造営を取り巻く国際環境などに関する議論が盛んである。本稿では，墳墓を構成する諸要素の基礎的な整理を行う[2]。1節で西・南海岸に主に点在する5世紀前半頃の倭系古墳，2節で5世紀後葉～6世紀前半に築造された栄山江流域の前方後円墳と倭系の円墳を取りあげる。最後に，その歴史的意義を追究するうえで留意すべき点をまとめる。

1　西・南海岸に主に分布する倭系古墳（5世紀前半）

　現在まで発掘調査が行われた典型的な倭系古墳としては，全羅南道高興郡野幕古墳，同吉頭里雁洞古墳，海南郡外島1・2号墳[3]，新安郡ベノルリ（배널리）3号墳，そして近年発見された忠清南道天安市求道里墳丘墓[4]を挙げることができる（表1）。

　立　地　高興野幕古墳は高興湾を眺望できる丘陵の頂部に位置する。丘陵の高さは海抜35m程で，高興湾とその周辺の景観を一望できる。他の墳墓もそれぞれ海に面した低丘陵（雁洞）や小島（外島・ベノルリ3号）に築かれている（口絵⑦1）。いずれも臨海性が高い。一方で，求道里墳丘墓は，内陸の谷間盆地を見下ろす小丘陵上に位置する。ただ，天安－鎮川という内陸交通路の要衝に位置し，それを西に進むと無理なく牙山湾に出ることは可

表1　5世紀前半代の典型的な倭系古墳

古墳名	墳丘			埋葬施設の型式と規模（内法 m）					倭系の副葬品	
	墳形	墳丘規模	葺石	埋葬施設の型式	長	幅	高さ	朱塗	甲冑	その他
1　高興野幕古墳	円	22	○	竪穴式石室	3.3	0.8	0.4		三角板革綴短甲 三角板革綴衝角付冑	櫛，鏡，鉄鏃など
2　高興吉頭里雁洞古墳	円	36	○	竪穴式石室	3.2	1.3～1.5	1.6	○	長方板革綴短甲 小札鋲留眉庇付冑2	鉄鏃など
3　海南外島1号墳	円	22.6	○	箱式石棺	2.1	0.66	0.62	○	三角板革綴短甲	
4　海南外島2号墳	円	9.2		箱式石棺	1.92	0.5	0.42		盗掘のため詳細不明	
5　新安ベノルリ3号墳	円	6.8 × 5.3		竪穴式石室	2.14	0.56	0.7		三角板革綴短甲 三角板鋲留衝角付冑	鉄鏃など
6　天安求道里	円	21.9		竪穴式石室	2.3	0.58	0.7		三角板革綴短甲（土坑埋納）	

能である。いずれも独立的に立地し，その築造を契機として周囲に古墳群が形成されることはない。

墳丘と葺石　墳丘については，直径20〜30mほどの円墳（野幕・雁洞・外島1号・求道里），直径10m未満の円墳（ベノルリ3号）に大別できる。また，野幕古墳と雁洞古墳，外島1号墳では葺石の存在が明らかとなっている。

埋葬施設　いずれの埋葬施設も，北部九州地域に分布する竪穴式石室や箱式石棺との関連を指摘できそうである。例えば，ベノルリ3号墳や求道里墳丘墓の竪穴式石室は，両短壁に板石を立てている点，平面形が細長方形で直葬の可能性が高い点など，北部九州地域を中心に盛行した石棺系竪穴式石室の範疇に属するものと判断できる（口絵7-2）。

また野幕古墳の埋葬施設も，平面細長方形で控え積みの幅が幅広い点など，北部九州地域の竪穴式石室と類似する。内部には木製構造物の存在が指摘されているが，例えば福岡県七夕池古墳のように，石室内部に木棺が存在したと推定できる事例がある。墳丘盛土の途中に埋葬施設構築用の作業面を設けた後に，埋葬施設の構築と墳丘の盛土を並行して行うという造営過程においても，両者は共通的である。

一方で雁洞古墳の埋葬施設について，管見では酷似する事例を確認できない。ただし，平面形がいわゆる「羽子板」形を呈する点，壁面に赤色顔料を塗布する点などに倭系の要素が認められる。筆者は竪穴系横口式石室を意識した埋葬施設である可能性を提示したことがある[5]。

副葬品　いずれの墳墓にも倭系の帯金式甲冑が副葬されている。求道里では，墓壙の西南縁に掘られた土坑に三角板革綴短甲が納められていた。いわゆる「鋲留技法導入期」に該当する[6]。また，野幕古墳やベノルリ3号墳では，鳥舌鏃や短頸片刃鏃など，倭系の鉄鏃も副葬されていた。さらに，竪櫛や勾玉などの装身具（野幕），甲冑と鏡の共伴（野幕，雁洞，ベノルリ3号），埋葬施設内部に土器を副葬しない点なども倭の副葬品構成との共通性が高い。

一方で，雁洞古墳からは百済王権膝下の工房で製作された可能性が高い金銅製冠帽や飾履が出土している。また多様な玉類や，儀仗の性格が強い鉄柄のサルポ（살포）なども百済王権との関係をうかがわせる。求道里墳丘墓でも，百済中央の土器と評価される黒色磨研土器（台付直口壺）が出土した。

以上のように，いずれの墳墓も，外表施設，埋葬施設，副葬品など倭系の要素が色濃く認められ，総体的に倭の墓制を取り入れたものと判断できる。その築造時期はおおむね5世紀前半頃と評価できる。とくに古墳の全体的な様相が明らかな野幕古墳とベノルリ3号墳は，北部九州地域における同時期の中小古墳の様相と酷似する。一方で雁洞古墳から出土した装身具や儀仗の鋌などは，被葬者や造営集団と百済王権との政治的関係を如実に示す。

2　栄山江流域の前方後円墳と倭系円墳
（5世紀後葉〜6世紀前半）

分布範囲と造営時期　現在までに，朝鮮半島の前方後円墳は15基ほど確認されている。ただし，未調査のもの，調査後でも前方後円墳か否か議論がつづくものも含まれる。また，倭の墓制の影響が色濃い円墳（倭系円墳）が4基存在する。墳形は異なるが，その他の属性（葺石，埋葬施設，副葬品など）は前方後円墳と類似する。両者は栄山江流域の各地に分布し，北限が高敞，南限は海南半島，東限は潭陽の地となる（図1）。各地に単独で立地する場合が多いが，光州月桂洞や高敞七岩里のように2，3基がまとまる事例もある。

墳丘と周溝　墳丘長は30〜70m台が中心である。海南長鼓峰古墳が最大で76m，次いで咸平長鼓山古墳が68mである。明瞭な段築を有さず，いわゆる「土まんじゅう」のように盛土するもの，墳丘斜面の中途に傾斜変換点が確認できるものに大別できる。後者の場合，傾斜の変換点には葺石が確認されたり，埴輪が樹立した状態で確認されることがある。

周溝は，大きく2種類ある。ひとつは，盾形周溝で，墳丘をほぼ全周する。もうひとつは，墳丘裾に沿って溝がめぐり，一定の間隔に区切って溝が掘られるものである（蚕形周溝，口絵7-3）。後者は在地の高塚古墳でも確認できる。

葺石と埴輪　葺石と埴輪については，両者を備えるもの，どちらか一方が確認されたもの，そして両者とも確認できないものがある。栄山江流域の前方後円墳や倭系円墳では，必須の外表施設ではない。

埴輪には，まず上半部を成形し，二度倒立させて完成させる「倒立技法」による一群と，正立で成形し「突帯割付技法」が確認できる一群が確認されている。とくに前者については，羅州新村里9号（在地の高塚古墳）−月桂洞2号−月桂洞1号，そして新村里9号−チャラボン−明花洞という2

つの型式系列が設定されている[7]。外面調整はタタキ技法が一般的だが，七岩里1号墳ではハケ目調整を施した破片も出土した。また，チャラボンや月桂洞1号では木製樹物（もくせいたてもの）も周溝から出土している。

埋葬施設　九州系横穴式石室の範疇で把握できるものが多数を占める。玄門の立柱石，壁面最下段の腰石が特徴的で，板石閉塞，壁面の赤色顔料による彩色などが認められる事例も数多い。ただし，中・北部九州地域に比して，長大な羨道を備えるものが大半である。また，全体形や細部要素は多様であり，その系統関係について数多くの議論がある。筆者は，壁面における腰石の占める割合の増加，「持ち送り」が緩慢になる傾向，全体的な小型化という変化から，羅州伏岩里丁村（ボグァムニジョンチョン）古墳1号石室（在地の高塚古墳）－伏岩里3号墳1996年調査石室（在地の高塚古墳）－咸平新徳1号墳という型式系列は設定可能と考えている。チャラボン古墳では竪穴系横口式石室を採用している。

棺　釘や鎹を用いた組合式木棺が大半を占める。新徳1号墳のように，銀装釘や環座金具を備えた百済系の装飾木棺の事例もある。ただし，その樹種は日本列島に主に自生するコウヤマキである。中・北部九州の横穴式石室では，釘や鎹はあまり確認されていない。木棺以外には，月桂洞1号墳で板石を組合わせた石棺が確認されている。密閉された棺ではなく，一方の長辺が開口していた可能性もある。

副葬品　豊富な副葬品を有する事例が多く，倭や百済に系譜を求め得る武器，馬具，装身具，中国陶磁器（百済から移入）などが特徴的である。一方で，副葬土器は在地製作品が大半で，倭の須恵器や，百済や大加耶系土器の出土例は少ない。筆者は新徳1号墳の副葬品を系譜関係によって以下のように大別したことがある[8]。

・倭系：捩じり環頭大刀など
・百済系：装飾馬具・金銀箔ガラス連珠玉・飾履
・倭や百済の要素が混在：広帯二山式冠，銀製装飾付三角穂式鉄鉾
・在地系の属性：墓道副葬土器群

以上のように，栄山江流域の前方後円墳や倭系円墳は，倭の墓制の影響が色濃く認められる反面，装飾木棺や副葬品（とくに装身具や馬具）に百済との政治的関係を看取することができる。さらに，蚕形周溝や在地製作の副葬土器，埴輪などから，その築造における栄山江流域社会の主体的な関与

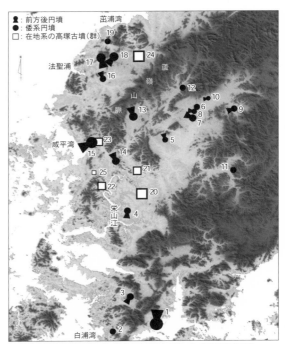

1：海南方山里長鼓峰古墳　2：海南月松里造山古墳　3：海南龍頭里古墳　4：霊岩泰澗里チャラボン古墳　5：光州明花洞古墳　6：光州双岩里古墳　7・8：光州月桂洞1・2号墳　9：潭陽声月里田田古墳　10：潭陽古城里月城山1号墳　11：和順千徳里懐徳3号墳　12：長城鈴泉里古墳　13：咸平礼徳里新徳1号墳　14：咸平杓山1号墳　15：咸平長年里長鼓山古墳　16：霊光月山里月桂1号墳　17・18：高敞七岩里1・2号墳　19：羅州潘南古墳群　20：羅州伏岩里墳群・丁村古墳　21：務安社倉里一帯の古墳群　22：咸平金山里方台形古墳　23：高敞鳳徳里古墳群　24：務安高節里古墳

図1　栄山江流域の前方後円墳と倭系円墳，主な在地系の高塚古墳

を想定することも可能である。墳墓を構成する諸属性の複雑性が，栄山江流域の前方後円墳や倭系円墳のきわだつ特徴である。

3　倭人と地域集団の交流の手がかり
―海南半島を事例として―

これまで倭系古墳に関する議論は，筆者自身も含めて出身地に基づいた被葬者論が主流であった。それは重要な成果ではあるけれども，今後は，地域集団による倭系墓制の受容，墳墓築造の場で生じ得る倭系集団と地域集団の交流[9]についても考慮する必要がある。この点について海南半島を事例として予察し，論を閉じる。

まず，海南半島において，箱式石棺がある程度在地の埋葬施設として受容された可能性である。1節で述べたように，5世紀前半の倭系古墳のひとつ，海南外島1・2号墳では北部九州系の箱式石棺を埋葬施設としている。近年，海南半島の白浦湾沿岸の中心域に5世紀中葉以降に営まれた掛湖里（ポリ）古墳群において，板石と木板を併用した「類似箱式石棺」を主たる埋葬施設として採用してい

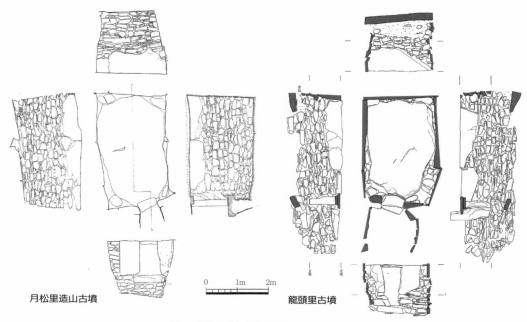

月松里造山古墳　　　　　　　　　　　　　　龍頭里古墳

0　　　1m　　　2m

図2　月松里造山古墳と龍頭里古墳の横穴式石室

る状況が明らかとなった[10]（口絵[7]5）。あるいは，倭系の集団と在地の地域集団が交流を重ねる中で，倭系の墓制（箱式石棺）が在地の墓制と相まって受容されたのかもしれない。

　次に，倭系古墳の築造に関与した倭系集団と地域集団の交流の可能性である。海南半島に5世紀末〜6世紀前葉に築かれた龍頭里古墳（前方後円墳）と月松里造山古墳（倭系円墳）では，両者の横穴式石室の平面形や細部構造が酷似している[11]（図2）。同一の倭系集団（と地域集団の協業）によって構築された可能性がきわめて高い。倭系集団は，少なくとも2基の石室を構築する期間，長期的に滞在していたと考えられる。もしかすると，その中には地域集団との「雑居」を通して在地に定着した倭人も存在したのかもしれない。

　さらに，近年では臨海性の高い集落の発掘調査，研究も充実している。その様相や住居址などで確認される倭系資料（土器や埴輪，口絵[7]6）にも着目しつつ，倭系古墳の歴史的意義を地域史的な視座で追究していくことが必要である。

　註　発掘調査報告書は2020年以降のものに限る。

1）「倭系古墳」とは韓国考古学の用語である。本稿では「朝鮮半島において倭の墓制をある程度総体的に取り入れて造営された墳墓」として定義しておく。後述する栄山江流域の前方後円墳や倭系円墳も「倭系古墳」に含まれる。また朝鮮半島東

南部にも，倭の墓制の影響が色濃い墳墓が少なからず存在するが，今回は検討対象とはしない。

2）整理の詳細，とくに墳墓の築造時期，埋葬施設や副葬品などの系譜については，後掲註5・11高田文献を参照していただきたい。

3）海南郡・馬韓文化財研究院『海南内東里外島古墳群文化財発掘調査略報告書』2023（韓）

4）孫豪晟・沈相六『天安求道里百済墳墓』百済古都文化財団・天安市，2020（韓）

5）高田貫太「5世紀の朝鮮半島西南部における竪穴式石室・竪穴系横口式石室の構造」『国立歴史民俗博物館研究報告』217，2019

6）鈴木一有「高興野幕古墳出土衝角付冑の編年的位置づけと武装具の評価」『高興野幕古墳出土冑の製作技術復元』国立羅州文化財研究所，2018

7）廣瀬　覚「栄山江流域における円筒埴輪の展開過程」『国立歴史民俗博物館研究報告』217，2019

8）高田貫太「咸平新徳1号墳の学術的意義についての覚書」土生田純之先生退職記念事業会編『人・墓・社会―日本考古学から東アジア考古学へ―』雄山閣，2022

9）ここでの「交流」とは友好的な関係に限らず，葛藤や対立，蔑視や不信なども含みこんだ人びとのつながりを示すものとして用いる。

10）海南郡・大韓文化財研究院『海南揖湖里古墳群―山66墓―』2021（韓）

11）高田貫太『「異形」の古墳　朝鮮半島の前方後円墳』角川選書，2019

円筒埴輪と形象埴輪

廣瀬　覚　HIROSE Satoru
奈良文化財研究所

朝鮮半島における埴輪は，形態や製作技術において多様性・独自性をもって展開をとげるが，仮器による囲繞配列という倭と共通した葬送観念の受容にその本質が見出される

1　研究の現状と課題

　朝鮮半島における埴輪の発見と研究の深化は，前方後円墳のそれと軌を一にする。とりわけ1990年代の月桂洞古墳群や明花洞古墳の発掘調査は，前方後円墳における円筒埴輪の囲繞配列を明らかにし，センセーショナルなニュースとして我が国にも伝えられた。しかし，当初は，関連資料が出揃っていない状況のなかで，個別事例的な検討に終始せざるを得ず，半島の埴輪の展開を系統立てて説明する機運が醸成されるまでには至らなかった。その名称も「墳周土器」や「円筒形土器」が使用され，「前方後円形古墳」の呼称と同様，日本の埴輪や前方後円墳との関係については慎重な姿勢がとられてきた。これにたいして，近年の整備活用等にともなう発掘調査の進展は目覚ましく，韓国人研究者による埴輪の個別論文は枚挙に暇がない状況となっている。朝鮮半島の埴輪に対する研究も新たな局面を迎えつつあり，倭の埴輪との関係についても踏み込んだ評価が可能となりつつある。

　朝鮮半島出土の埴輪をめぐっては，かつては林永珍や坂靖に代表されるように，器種的脈絡を重視した分類が主流であった[1]。近年，朴亨烈や金秀賓は形態論に加えて，製作技術を踏まえたより系統的な分類を試み[2]，併行する系統差とされた林分類の円筒形A・B類を同一系統上における器形の変化と捉える。

　後述のように筆者も同様の観点から，林分類の円筒形A・B類を時期差として把握するが，韓国人研究者がしばしば主張する分割技法の使用については，懐疑的である。上・下半部をそれぞれ個別に製作したうえで接合部の径を一致させて一体化させる工程が技術的には極めて難しく，倒立技法よりも接合時の不連続性が痕跡として明瞭に残るはずであるにもかかわらず，そうした状況が一切確認できないことがその理由である[3]。

　一方，倒立技法にかんしては，当初，日本列島の須恵器系埴輪で用いられる倒立技法との関連が注目された[4]。しかし栄山江流域の倒立技法は，上半部を先に製作して反転し，その上に粘土紐を巻き上げて下半部となる部分を成形する。最後に全体を反転させて完成させるため，反転作業が二度繰り返される。下半部のみを一度だけ反転させる日本列島の倒立技法とは技術的な懸隔があり，直接的な関係は見出しがたい状況となっている。

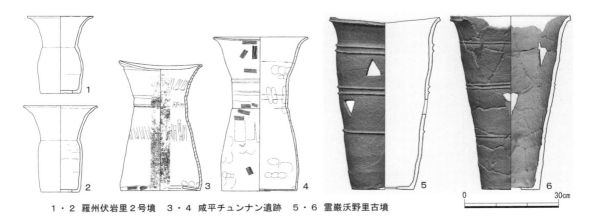

1・2　羅州伏岩里2号墳　　3・4　咸平チュンナン遺跡　　5・6　霊巌沃野里古墳

図1　栄山江流域の壺形埴輪と有底穿孔タイプの円筒埴輪

さらには倒立技法ではなく，正立技法によって製作される埴輪が一定量存在することや形象埴輪を配列する事例も明らかとなってきた。流域内における集団関係や列島との交渉チャンネルの多様性を反映して，決して一元的でない埴輪の展開過程が認識されつつある。

2　栄山江流域の埴輪の展開過程

(1) 壺形埴輪の展開

円筒埴輪に先駆けて展開する壺形埴輪については，現状，形態的なまとまりを欠き，底部に焼成前穿孔を加えるという特徴以外に共通性を見出しがたい（図1-1〜4）。集落出土土器との併行関係も不明瞭で年代的な位置づけもままならない。その点は日本列島の壺形埴輪とも共通するが，日本列島の場合，底部の焼成前穿孔は古墳出現期の3世紀中頃には出現しており，底部開放成形を含む広義の壺形埴輪はおおむね5世紀前葉まで存続する。

栄山江流域の壺形埴輪については，こうした日本列島の主として西日本地域の影響を受けて出現・展開した蓋然性が高いが[5]，日本列島の後期古墳に類似した形態のものが「逆輸入」される[6]状況から，栄山江流域では5世紀中葉以降も製作・配列が続いたものとみられる。

(2) 円筒埴輪の展開

導入期の孤立事例　沃野里方台形古墳の円筒埴輪は，平底の底部を有し，その中央に焼成前穿孔を施す。先行して展開していた壺形埴輪の底部そのものであり，壺形埴輪との折衷型式として評価できる（図1-5・6）。突帯も極めて扁平で上下の稜を摘まみ出す独時な形状を呈する。また底面を中心に黒斑が付着する。1号石室からは三角板革綴短甲が出土しており，5世紀前半の所産と考えられる。

高敞鳳徳里1号墳は，5世紀第Ⅱ四半期に築造を開始するとされる。埴輪は出土状況から，最初の5号石室構築時に配列されたとみられる。全形は不明ながら，上部に球形の壺を載せた形状を表現する。後述の羅州新村里9号墳や高敞旺村里2号墳例のような胴部中央の屈曲部はなく，正立成形で全体を製作する。黒斑の付着が確認できる。

突帯割付系列の展開　日本列島と同様，正立成形で製作されるもののうち，突帯割付技法を採用

する一群である。咸平金山里方台形古墳とその関連遺跡である老迪遺跡出土埴輪が該当し，隣接する咸平長鼓山古墳からも類似したタタキ調整の破片が出土している。二重凹線による突帯割付やタタキ板による突帯の押圧成形は，倭の5世紀代のⅣ群系技術として評価できる。金山里方台形古墳は，栄山江流域では珍しい二重口縁形態の朝顔形埴輪や後述のように形象埴輪がともなう点でも倭との親近性が高い。一方で，円筒埴輪にみる強く外反する口縁部形態や三角・長方形の透孔は列島では4世紀代に盛行した特徴であり，現状では系譜的な位置づけを得ることは困難である。築造年代は，出土土器から6世紀第Ⅰ四半期まで下るとする見方が強まっている。

倒立成形系列の展開　栄山江流域で主流となる系列で，前述のように反転作業を二度繰り返す特徴的な倒立技法を継続的に使用する（図2，口絵8-1）。そのなかで，上半部に壺・鉢形態を表現し，下半部との間に明確な屈曲部を有するもの（林分類の円筒形A類）から，単調な円筒埴輪の器形（林分類の円筒形B類）へと順次，形態変化が生じていく[7]。上半部の器形が土器により忠実な羅州徳山里9号墳が最も古く，羅州新村里9号墳や高敞旺村里2号墳がこれに続く。

霊岩チャラボン古墳以降，単調な円筒埴輪の器形が受容されていくが，光州月桂洞2号墳やチャラボン古墳の一部には，上半部と下半部の境界に痕跡器官として屈曲が残る。このルジメントの存在によって，林分類の円筒形A・B類が同一系列上の形態変化の所産であることが裏付けられる。続く月桂洞1号墳例では，上・下半部境界の屈曲が完全に失われることに加えて，この系列においてそれまで一貫して強く折り曲げられてきた口縁端部が省略され，単純な直立口縁となる。

この系列を採用する古墳の墳丘は，当初は円・方墳であるが，後半段階はいずれも前方後円墳である。上半部に土器形状を表現する独特のフォルムから単純な円筒埴輪へと変化を遂げる過程が前方後円墳の受容と完全に対応していることになる。チャラボン古墳では笠形，月桂洞1号墳では石見型の木製樹物（もくせいたてもの）が出土している点も倭の墓制の導入を裏付ける。

ハケメ調整埴輪の流入　ソウル風納土城慶堂地区や高敞七岩里1号墳からは，ハケメ調整で色調も日本のものに酷似する埴輪片が出土している。

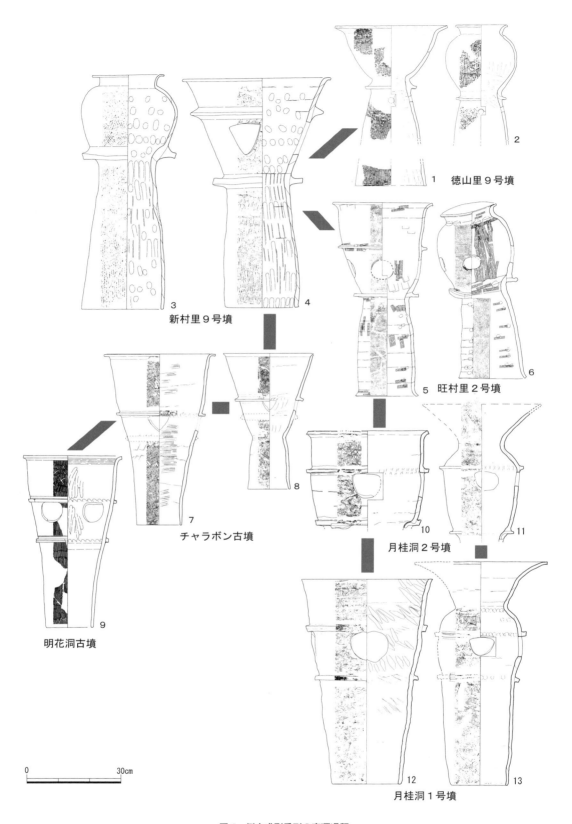

1　徳山里9号墳
2
3　新村里9号墳
4
5　旺村里2号墳
6
7　チャラボン古墳
8
9　明花洞古墳
10　月桂洞2号墳
11
12　月桂洞1号墳
13

0　　　　　　30cm

図2　倒立成形系列の変遷過程

前述の金山里方台形古墳や老迪遺跡でもハケメ調整が散見されるが，風納土城や七岩里1号墳のものは針葉樹の年輪に起因した典型的なハケメである。突帯の形状から列島のⅣ群系に属すとみられるが，小片であり詳細な系譜関係までは明らかにし難い。七岩里1号墳例については，別に倒立成形＋タタキ調整で胎土も異なる埴輪が併存することから，列島からの搬入品の可能性も考慮される。

（3）形象埴輪の受容

前述の金山里方台形古墳に加えて，近年，霊岩内洞里雙墓からも形象埴輪の出土をみた。金山里方台形古墳では，馬・鶏に加えて，盾持らしき顔，人物の腕，女子風の衣裾の破片が確認できる。内洞里雙墓からは四脚の動物数体と，右手を挙げ乳房表現のある人物が出土している（口絵⑧2・3）。動物はいずれも立髪や馬装表現がなく，一体は耳や鼻から猪と判明する。残り二体は形状が互いに類似し，かつ大小の関係にある。頭頂部に剥離痕があり，大型のものは「見返り」風に顔を横方向に向ける。大小で鹿ないしは犬の親子を表現した可能性があろう。

金山里方台形古墳では一部にハケメ調整がみられるが，内洞里雙墓ではタタキ調整が駆使されており，全体的な作りの稚拙さからも在地製作者の手によるものとみて間違いないが，細部表現からは列島の形象埴輪にたいする一定の知識の存在がうかがわれる。

3　朝鮮半島における埴輪の導入とその背景

近年，新羅の積石木槨墳では，墳周部での土器配列の検出が相次いでいる。土器は実用品で，しばしば内容物が遺存することからも，疑似的ではなく古墳被葬者への実際の飲食物供献行為として配列されたものと理解できる。これにたいして，栄山江流域では当初の壺形埴輪の段階から底部穿孔により仮器化した状態で囲繞配列がなされており，飲食物供献を疑似的に表現する倭と同一の葬送観念の受容が背景にあったとみて間違いない。

また日本列島では，須恵器系埴輪を除くと，埴輪は窖窯焼成導入後も還元焔ではなく酸化焔によって赤・黄褐色に焼成される。栄山江流域でも倒立成形系列の初源に位置する徳山里9号墳例こそ完全な還元焔焼成であるものの，その他の大部

分は赤・黄褐色であり，埴輪の色調に関する思想的価値観も列島と同一の方向性が志向されていたことがうかがえる。

一方，形象埴輪は，これまでのところ，方台形古墳に出土が集中している。その組成も特定の動物と人物のみの選択的受容で，倭の配列において中核をなす家は配列された形跡がない。全面的な調査がなされたにもかかわらず，金山里，内洞里両古墳とも円筒埴輪の使用が限定的である点も異質である。倭では，円筒埴輪のみで形象埴輪を欠くことはあっても，その逆は皆無である。形象埴輪の導入背景については，別途，詳しい検討を要するが，以上を踏まえると，方台形古墳における形象埴輪中心の配列よりも，むしろ前方後円墳における円筒埴輪中心の囲繞配列の方が，倭の埴輪配列の本質に沿ったものといえよう。

註

1)　林永珍「韓国の墳周土器」『東アジアと日本の考古学Ⅱ』墓制②，同成社，2002，pp.3-25。坂靖「韓国の前方後円墳と埴輪」『古代学研究』170，2005，pp.1-20

2)　朴亨烈「湖南地域 墳周土器의 製作方法変化로 본 編年과 系統性」『嶺南考古学』69，2014，pp.118-155（韓）。金秀賓『栄山江流域 円筒形土器 製作技法과 展開의 意味』嶺南大学校大学院文化人類学科考古学専攻碩士学位論文，2018（韓）。同「栄山江流域 円筒形土器의 製作集団 検討」『韓国考古学報』114，2020，pp.97-124（韓）

3)　廣瀬 覚「栄山江流域における円筒埴輪の展開過程」『国立歴史民俗博物館研究報告』217，2019，pp.213-237

4)　小栗明彦「光州月桂洞1号墳出土埴輪の評価」『古代学研究』137，1997，pp.31-42。同「全南地方 出土 埴輪의 意義」『百済研究』32，2000，pp.111-147（韓）（のち『埴輪論叢』3，2002，pp.1-33において日本語訳の上，再掲）

5)　鐘方正樹「円筒埴輪の地域性と工人の動向」『埴輪』第52回埋蔵文化財研究集会，2003，pp.175-195

6)　坂 靖「埴輪からみた日韓交渉」『日韓交渉の考古学―古墳時代―』2018，pp.423-428。

7)　前掲註3に同じ

挿図出典

図1-1～4：国立羅州文化財研究所『韓国의 円筒形土器(墳周土器)Ⅰ』2015（韓）　4・5：国立羅州文化財研究所『霊岩 沃野里方台里方台形古墳』2012（韓）

図2：前掲註3

韓半島南部の土師器系土器

趙 晟 元　CHO Seong won
韓国 国立慶州文化財研究所

訳者：山本孝文

土師器系土器は，威信財などと併せて三国時代・古墳時代の韓半島南部と倭との交流およびその変遷を立体的かつ具体的に復元することができる重要な資料の一つとして注目されている

韓半島南部では倭との交流を示す様々な物質文化が確認されているが，なかでも土師器系土器[1]は当時の人々の移動をより鮮明に復元できる資料と考えられる。そのため，三国時代韓半島南部の土師器系土器が日韓の学界に認知されはじめた1990年から現在に至るまで研究が続いている。資料に対する解釈は研究者ごとに差があるが，土師器系土器か否かの判別基準を提示し，その時期や源流，ひいては出土状況をもとにしてそれらから日韓交流の実像を解明しようとしている点においては共通している[2]。

1 軟質土器と土師器系土器

三国時代の韓半島南部では，新たに出現した還元焔焼成の陶質土器とともに，従来より使用されていた酸化焔焼成の軟質土器が土器文化の中心を担っていた。軟質土器は日常生活用の土器で，酸化焔焼成であるという点で日本の古墳時代の土器に似る。そのため，両者が共伴出土した場合，色調や質感などでは区別するのが容易でない。さらにハケメやミガキ，ケズリなどの土師器の主な調整技法が軟質土器にもみられるため，判別は器種（型式）や製作技法などから総合的に判断する必要がある。

軟質土器と土師器で最も大きな違いがあるのは脚付きの器種で，軟質土器は脚を身の外側に付けるのに対し，土師器は脚を身の底部に挿入する方式が多い。また壺や甕では，軟質土器は内面を回転ナデまたはハケメで調整するのに対し，土師器は基本的にヘラケズリを施す。そのため同一の大きさであれば土師器の方が軽く器壁が薄い。高坏では脚柱部内面のヘラケズリ，暗文風のミガキ，面取りなどの技法は軟質土器ではほとんど確認できない。これらの違いを基準に軟質土器と土師器を一次的に選別することができる。

ただし，なかには土師器と類似するが，胎土や細部の製作技術において差があるもの，軟質土器の特徴が混在するものなども韓半島南部で出土している。最も代表的な例が内湾口縁甕で，外形は土師器甕に似るが，タタキ目があったり把手が付くなどの違いがある。また広口小壺（小型丸底坏）のように，流入とほぼ同時に在地化するものもある。

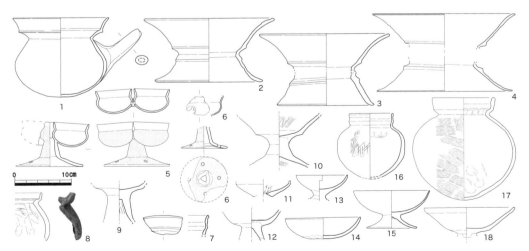

図1 近年報告された土師器系土器 （1/8. 一部弥生系土器を含む）

1〜3：金海良洞里453号墳　4：同419号墳　5〜6：釜山老浦洞三韓時代3号木槨墓　7：東莱貝塚1トレンチ収拾　8〜9：釜山楽民洞150-3番地12号住居　10〜12：同13号住居址　13〜15：同16号住居址　16：金海農所里1号住居址　17：昌原（鎮海）石洞251号木槨墓　18：居昌松亭里A地区三国時代407号竪穴

このように土師器の要素と軟質土器の要素が混ざったり軟質土器化したものを「土師器系」と呼び，これを韓半島南部に定着した倭人第2世代が製作したものとみる研究[3]もある。

2 新資料からみた土師器系土器の出現時期 (図1)

現在までに韓半島南部で最も古い土師器系土器として知られていたのは，釜山東莱貝塚Fピットの8層と9層の出土品であった〔釜山広域市立博物館福泉分館1997〕。しかし近年，金海良洞里古墳群〔東義大学校博物館2021〕でそれより早い時期の資料が出土し，注目されている。代表的なものとして453号墳の鼓形器台2点と注口土器1点，419号墳の鼓形器台1点が挙げられる。453号墳出土品は山陰系で，草田6期にあたるとされ[4]，共伴した瓦質土器から東莱貝塚出土品より1～2段階古いことは明らかである。また固城東外洞貝塚〔東亜大学校博物館1984〕でも鼓形器台の破片2点が出土しており[5]，古墳時代初期の土師器系土器の出土事例が増える可能性が高い。

これら以外にも，近年報告された老圃洞遺跡3号木槨墓〔韓国文物研究院2023〕からも脚に小型壺3つを付けた台付壺が2点出土しているが，これに似たものが那珂遺跡64次調査のSE060，80次調査のSO008で出土している。この土器は出土数が少ないため断定はできないが，内外面のハケメや細部形態などに鑑みると土師器(系)とみても問題なさそうである。さらに，数次にわたる東莱貝塚一帯の発掘調査でも，比較的早い時期の土師器系土器と推定される土器が立て続けに出土している〔時空文化財研究院2021a・b〕。

このように，従来のものよりも古い資料が増えている状況において注目されるのは，山陰地方と密接に関連する土師器系土器が多く含まれている点である。かつて東莱貝塚出土品についても山陰または北陸地方との関係が議論されていたが[6]，上記の資料を通じて三国時代初期の山陰地域と韓半島との関係が明確になってきている。ただし同時期の九州地方でも，九州で製作された山陰地方関連の土師器が出土しているため[7]，韓半島への流入ルートに関しては今後詳細な検討を要する。

3 土師器系土器の推移 (図2・3)

既存の研究では韓半島南部で出土する土師器系土器が搬入品であるのか模倣品であるのかを区別

し，年代や出土比率から韓半島南部，とくに金官加耶と倭の交流が断続的だったことが説かれていた[8]。一方，2010年以降に土師器系土器の出土事例が増加することで，遺跡の性格によって出土様相が異なるとする観点も提示されている[9]。すなわち4世紀初頭以降において，墳墓遺跡では主に土師器の模倣品ないしそれが在地化したものが出土するのに対し，生活遺跡では模倣品だけでなく搬入品ないし再現品が継続的に出土するのである。

要するに韓半島南部と倭の交流は4世紀の間は持続的になされ，土師器系土器を使用していた倭人たちは韓半島南部に定着したのではなく，大部分が所定の目的を果たした後には帰っていったものとみられる。長期にわたって定着した倭人もいたと思われるが，そういった人々は韓半島南部の社会に取り込まれたため，墳墓には模倣品が多く埋納されたのではないかと考える。ただし，事例が増えているにもかかわらず，4世紀代の土師器系土器の大部分は金海と釜山，つまり金官加耶の地域でのみ出土していることから，倭の主要な交流対象が金官加耶に限られていたことはより明確になったといえる[10]。

検討すべきなのは，韓半島南部で出土する土師器系土器の源流である。先に触れたように出現初期の土師器系土器は山陰系を中心に北陸系・九州系・近畿系などとされるものがすべて確認されている。しかし4世紀前半以降は九州系と近畿系，または韓半島南部と近畿を結ぶルート上にある地域の系統の土師器系土器が多くなる。このような変化は，近畿の集団が対韓半島南部交易を統制しつつ既存の多元的交流[3]を解体させ，近畿および伝統的に韓半島南部と関係が深かった九州を中心とする一元的交流へと再編する過程でおこった現象であろう。近畿地方に由来する倭系威信財が，この頃に金海大成洞古墳群を中心とする金官加耶に現れることも，土師器系土器の変化と軌を一にする物証である。

その反面，4世紀後半～5世紀初頭頃になると，再び墳墓に搬入品ないし再現品と考えられる土師器系土器が副葬され，とくに高坏が急増する傾向がみられる。これは福岡を中心とする九州での状況と密接に関連するとみられる[11・12]。また，金官加耶に集中していた分布が，昌原縣洞遺跡，巨済鵝洲洞遺跡，蔚山北洞遺跡など南海岸沿いに拡散し，ひいては光陽龍江里石亭遺跡のような全羅道地域までその範囲が拡大する。このような変化の背景には，新羅の成長と勢力拡張，高句麗軍の南下に

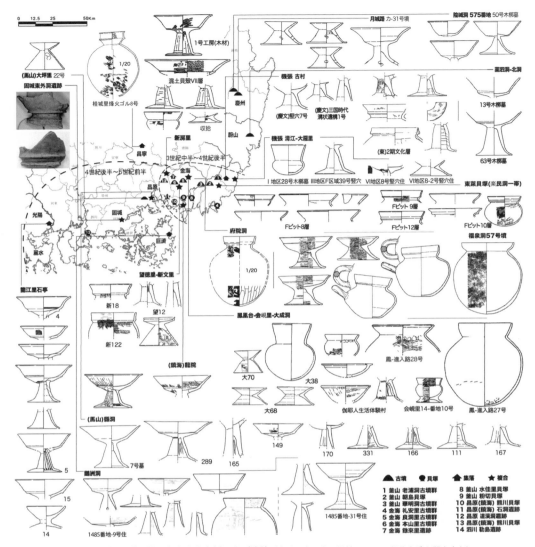

図2　土師器系土器の主な出土事例および遺跡（表示があるもの以外1/10，一部弥生系土器を含む）

伴う金官加耶の衰退などの韓半島南部の情勢変化があったと考えられる。倭が新しい交渉の相手を求め，鉄や先進文物の輸入経路を探す過程で，墳墓遺跡から土師器系土器の搬入品や再現品が再び出土しそれが拡散する状況になったのであろう[13]。

　5世紀代になると土師器系土器はほとんど姿を消し，帯金式甲冑や須恵器系土器などの新たな倭系遺物が韓半島に流入しはじめる。とくに須恵器系土器は各種遺跡から出土しており，土師器系土器の代替品になっていたとみられる。ただし，釜山分節貝塚8ピットと33ピット（慶南文化財研究院）や，近年調査された高興新虎里東虎徳古墳（ナラ文化研究所報道資料）などでは，土師器系土器が出土している。頻度は少なくなるが，5世紀以降

にも引き続き土師器系土器が断続的に運び込まれていた可能性がある。

　これまで三国・古墳時代の日韓交流を検討する際には，主に威信財に注目してきた。一方で土師器系土器は，日本列島で出土する韓式土器とは逆に，海を渡った倭人が韓半島南部の社会でどのような役割を担ったのか，その一部がどのように同化していったのかなどをうかがう重要な糸口になるといえる。現在までの三国・古墳時代の日韓交流研究が政治史的視点からなされていたのに対し，土師器系土器の検討からは祭祀儀礼の側面はもちろん，日常生活に至るまではるかに詳細かつ立体感ある日韓交流の場面を復元し得ると考えられる。

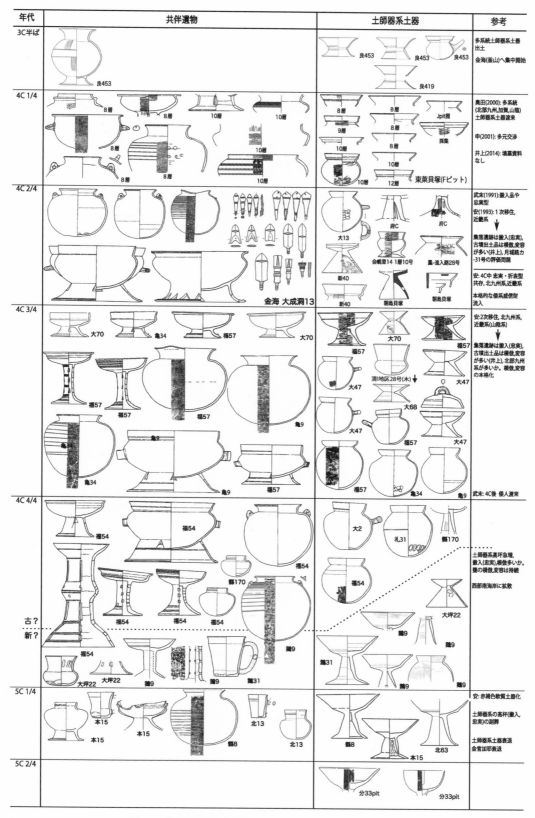

図3　土師器系土器と共伴遺物（縮尺不同，註2 趙晟元 2023b を転載）

註

1) 本稿では，完成品として日本列島からもたらされた「土師器」と，韓半島南部で土師器を再現，または模倣して作った「土師器系」をすべて含む意味で「土師器系土器」と記述する。したがって本稿における「土師器系土器」は，とくに説明がない場合すべて韓半島で出土したものを意味する。

2) 武末純一『土器からみた日韓交渉』学生社，1991。安在晧「土師器系軟質土器考」『伽耶と東アジア』新人物往来社，1993。安在晧「韓半島에서 出土된 倭関連文物―3〜6世紀를 中心으로―」『倭五王問題와 韓日関係』景仁文化社，2005（韓）。米田敏行「近畿の布留系甕と九州の布留系甕について―釜山での資料検討結果より―」『庄内式土器研究』XⅧ，庄内式土器研究会，1998。申敬澈「金官加耶土器의 編年―洛東江下流域 前期陶質土器編年」『加耶考古学論叢』3，駕洛国史蹟開発研究院，2000（韓）。井上主税「嶺南地域 出土 土師器系土器의 再検討」『韓国上古史学報』48，韓国上古史学会，2005（韓）。井上主税「倭系遺物からみた金官加耶勢力の動向」『九州考古学』82，九州考古学会，2007。井上主税『朝鮮半島の倭系遺物からみた日朝関係』学生社，2014。安在晧・李陽洙「慶州 月城路 가-31号墳의 再検討」『考古学誌』17，国立中央博物館，2011（韓）。久住猛雄「「博多湾貿易」の成立と解体・再論〜土器からみた倭と韓半島の交易網の変遷〜」『金官加耶の国際交流』第20回加耶史国際学術会議 周留城，2014（韓）。久住猛雄「博多湾岸地域における山陰系土器の動向（予察）―弥生時代後期から古墳時代初頭（布留0式併行期）にかけて―」『古墳出現期土器研究』8，古墳出現期土器研究会，2021。寺井 誠「馬韓と倭をつなぐ―巨済市鵜洲洞遺跡の検討を基に―」『東アジア古文化論攷』中国書店，2014。趙晟元「嶺南地域出土4〜5世紀代 土師器系土器의 再検討」『韓国考古学報』99，2016（韓）。趙晟元「韓半島南部地域出土土師器（系）土器からみた日韓交渉」第50回山陰考古学研究集会，2023a。趙晟元「韓半島南部地域出土土師器系土器からみた日韓交流」令和5年度九州考古学会，2023b。

3) 申敬澈「嶺南出土의 土師器系土器」『3・4世紀 韓日土器の諸問題』釜山考古学研究会，2001（韓）

4) 松山智弘氏教示，松山智弘「山陰」『前期古墳編年を再考する〜地域の画期と社会変動〜』第

19回中国四国前方後円墳研究会，2016

5) 良洞里出土品に比べ器壁が厚いため古式の可能性があるとする久住猛雄の教示があった。

6) 前掲註1 米田1998に同じ

7) 前掲註2 久住2021に同じ

8) 前掲註2 武末1991，安在晧1993・2005，米田1998，申敬澈2000，久住2014 など

9) 前掲註2 井上2014，趙晟元2016に同じ

10) 慶州地域でも，月城路カ-29号墳出土の石釧，同カ-31号墳および舍羅里19号墳出土の土師器系土器などの倭系遺物がある。近隣地域である蔚山北洞13号墳でも土師器系土器が確認されている。まだ数は少なく後続する出土がないため，今後の資料の追加によって再検討が必要であると考える。

11) 九州，とくに博多一帯でも多様な系統の土師器が搬入・再現されている。そのため土師器系土器は博多で製作ないし博多を経由して韓半島に入ったとする研究もある（洪潽植「韓半島の倭系遺物とその背景―紀元後4〜6世紀前半代を中心に―」『古文化談叢』63，九州古文化研究会，2010。井上主税「朝鮮半島南部の土師器系土器について」『韓式系土器研究』X，2008。前掲註2 久住2014）。高坏が急増する現像が共通してみられるのもそのためである可能性が高い。ただし，筆者の見識では日本の中で再現・変容した土師器を区別するのは不可能なため，本稿では地域系統的側面のみを強調しておきたい。

12) 重藤輝行「古墳時代中期〜後期の筑前・筑後地域の土師器」『地域の考古学』佐田茂先生退任記念論文集，2009

13) この時期ないしやや遅れる時期に新安ペノルリ3号墳，高興野幕古墳，金海栗下B-1号墳などに代表される倭系石槨墓と倭系遺物が南海岸一帯で出現する（趙晟元「5世紀代における朝鮮半島南部地域と倭の交渉」『古代武器研究』15，古代武器研究会，2019）。これも土師器系土器の拡散と同様に新たな交易ルート確保に関連する現象と考えられる。このような動きが以後の百済や倭の五王の対中国交流の基盤になったのではないか。

引用・参考文献

井上主税『嶺南地方出土 倭系文物로 본 韓日交渉』慶北大学校大学院 博士学位論文，2006（韓）

松山智弘「最後の四隅突出型墳丘墓」『古代文化研究』18，島根県古代文化センター，2010

＊報告書等は割愛し，本文に〔 〕に著者・刊行年などを示した。

縄文時代後期の四角く並べられた焼人骨

新潟県阿賀野市土橋遺跡
<small>どばし</small>

古澤妥史・村上章久・奈良貴史

阿賀野市生涯学習課・株式会社帆苅組・新潟医療福祉大学

1 土橋遺跡の概要

土橋遺跡は，新潟県北東部の阿賀野市に所在する縄文時代後期初頭〜前葉を主体とする集落遺跡である（図1）。2019〜20年度，県道交差点改良工事に伴い阿賀野市教育委員会が発掘調査を実施した。

遺跡は阿賀野川旧河道右岸に近接し，東から西にゆるやかに傾斜する微高地上に立地する。集落は，直径100mほどの二重構造の環状集落になると予想される（図2）。二重構造の外円東側は廃棄場，西側は墓域，内円東側は居住域，西側は祭祀場になる。居住域と祭祀場の境界付近に，棟通りの柱穴をもつ梁間1間・桁行5間以上の大型掘立柱建物が配置され，隣接する祭祀場には，継続的に造作された大型配石や総重量188kgの礫からなる大型礫群が配置される。

出土品は，県内最大の大きさを誇るハート形土偶をはじめ多種多様である。総重量8.1tも出土した土器は，在地の三十稲場式・南三十稲場式を主体とし，東北・関東・中部高地系土器も出土する。5,000点以上出土する石器は，磨石・敲石類などの礫石器・板状石器が半数を占め，剝片石器は少量に止まる。このほかに土器片円板，土偶・動物形土製品・キノコ形土製品・土製腕輪，石棒，アスファルト関連遺物などが出土している。

2 出土焼人骨について

(1) 出土地点と出土状況

焼人骨は，墓域から離れた大型掘立柱建物（C341）と大型配石（D193）がある祭祀場付近の土坑（C316）から出土した。検出層はⅣ層（後期初頭：三十稲場式段階）だが，上位のⅢb②層（後期前葉：南三十稲場式段階）から掘り込まれたものと考える。骨全体がやや束に傾斜するのは，地震による噴砂噴出後の引き込みが発生したためである。

焼人骨は，土坑底面付近に北西-南東27cm，北東-南西31cm，厚さ15cmの範囲にまとまって出土した。解剖学的位置を保たず，覆土に焼土・炭化物が含まれないことから，遺体を他所で焼成した後，ほぼすべての骨を移動して土坑に収めたものと考えられる。土坑の東側には，上面が平坦な流紋岩製の大型角柱が設置されている。あたかも目印のように設置されており，仮に関連するものならば，土坑深度は40cm程度であったと推測される（図3）。

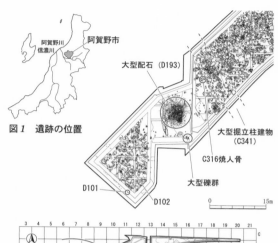

図1 遺跡の位置

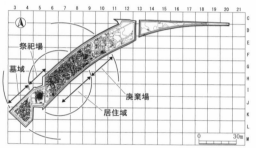

図2 主要遺構と推定される集落構造

(2) 人類学的特徴

焼人骨は周辺土壌ごと取り上げ，新潟医療福祉大学自然人類学研究所において骨の取り上げと記録作成を実施した。以下に概要を報告する。

a 配置と重量 焼人骨は規則的に並べられていた。はじめに，①脚の骨（大腿骨・脛骨など）を並べる。つぎに，②頭骨片を敷きつめる。敷きつめた頭骨片の上面に，③上肢骨（上腕骨・尺骨など）を置き，中央に肩甲骨を配置する。そして最後に，④肋骨・椎骨・鎖骨などで覆う。①と③に見られる大腿骨・脛骨と上腕骨の配置は，四肢長骨を四角く並べることを強く意識したものであると言えよう（口絵）。

焼人骨は1個体で，ほぼ全身骨が残る。取り上げが完了した骨（2023年8月現在）の重量は約1kgであり，取り上げ未了の下肢骨を含めると成人男性の火葬骨重量（約2kg）に達するものと考えられる。

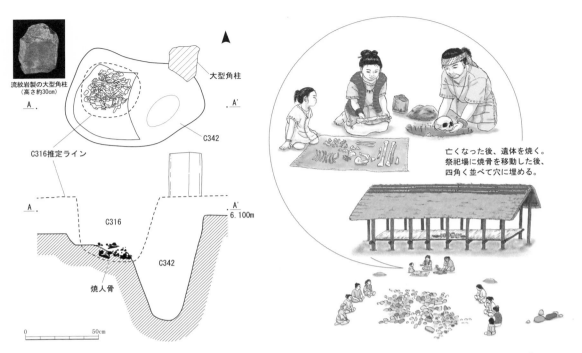

流紋岩製の大型角柱
（高さ約30cm）

大型角柱

C342

C316推定ライン

A

A'
6.100m

C316

C342

焼人骨

0   50cm

図3　C316焼人骨の出土状況

亡くなった後、遺体を焼く。
祭祀場に焼骨を移動した後、
四角く並べて穴に埋める。

図4　焼骨を埋める儀式の想像図（高橋明公子さん画）

　b　燃焼による色調の変化，収縮・変形，亀裂　骨は650〜1,000℃の燃焼で色調が白色を帯び，800℃前後で収縮・変形が起こり，軟部が付着した状態で燃焼すると骨表面に細かな亀裂が生じるとされる。C316焼人骨は，ほぼすべてが白色である。上顎骨歯槽幅・下顎枝幅の収縮率を考慮した推定値からは10%程度かそれ以上の収縮率が想定される。上腕骨・頭骨では捩れや歪み，尺骨・腓骨では弓形状の湾曲など顕著な変形が認められる。Symesら，Tutorらが報告した様々な亀裂パターンが見られる[1]。これらの特徴から，死後，軟部組織がまだ骨を覆っている状態で，650℃以上のかなりの高温で焼かれたものと推定される。

　c　推定される年齢・性別，その他の特徴　下顎左右第3大臼歯の萌芽，矢状・冠状縫合の未縫合，鎖骨近位・上腕骨・尺骨・脛骨骨端の癒合完了などの特徴から，年齢は比較的若い20代後半〜30代と推定される。現時点で性別の推定は困難であるが，上述した重量とともに，①外後頭隆起が比較的発達し乳様突起も華奢ではない，②大腿骨後面にピラスタ（柱状大腿骨）が発達している，③燃焼による収縮率を考慮した上顎骨歯槽幅推定値が縄文時代成人男性の平均を上回るなどの特徴から，男性と推定される。このほか，上顎右側の切歯・犬歯部の歯槽が吸収されていることから，習俗的な抜歯が行われていた可能性が高い。

3　まとめと課題

　調査では，C316焼人骨のほかに墓域内2か所（図2-D101・102）からまとまった焼人骨が出土している。

しかし，これらは未成人骨を含む複数個体の細片であり，明らかにC316焼人骨とは焼骨の取り扱いが異なる。このことから，四肢長骨を四角く並べたC316焼人骨には，再葬に伴い複数回行われる葬送儀礼における縄文人の精神性が強く反映されていることが想像される（図4）。

　四肢長骨を四角く並べる特徴は，縄文時代晩期に三河地方（愛知県）で見られる盤状集骨と共通する。現時点で両者を結びつける直接的証拠は得られていないが，検討すべき大きな課題である。今後，取り上げ未了骨の同定作業を完了し，焼骨に残された様々な痕跡から，遺体がどのような状態で焼かれたのか，そしてどのような人物が葬られたのか，考古学・人類学の両面から分析・検討を進める必要がある。

註

1)　Steven A. Symes, Christopher. W. Rainwater, Erin N. Chapman, *et al.* Patterned Thermal Destruction Of Human Remains In A Forensic Setting. *The Analysis of Burned Human Remains*, Academic Press. 2008, pp.15-54

　　Pilar Mata Tutor, María Benito Sánchez, Catherine Villoria Rojas, *et al.* Cut or Burnt? −Categorizing morphological characteristics of heat−induced fractures and sharp force trauma, *Legal Medicine*, 50, 2021, pp.1-13

引用・参考文献

阿賀野市教育委員会編『土橋遺跡』2023

奈良貴史・佐伯史子・古澤妥史「【附遍】焼人骨についHangULて」阿賀野市教育委員会編『土橋遺跡』2023, pp.1-36

縄文時代後期の集落遺跡と出土人骨

新潟県土橋遺跡

構成／古澤妥史・村上章久・奈良貴史
写真提供／新潟県阿賀野市教育委員会

新潟県の北東・阿賀野市に所在する縄文時代後期初頭〜前葉を主体とする集落である。墓域から離れた大型掘立柱建物と配石がある祭祀場付近の土坑から検出された焼人骨は，1個体で四肢長骨が四角く並べられていた。遺体がどのような状態で焼かれ，葬られたのか，葬送過程を解明するうえで重要な資料である。

土橋遺跡遠景（東から）
阿賀野川旧河道右岸の微高地に立地する。

ハート型土偶の頭部（高さ 8.5cm）
新潟県内最大の大きさを誇る。
頭頂部付近にアスファルトが付着している。

C341 大型掘立柱建物（東から）
桁行 5 間（約 13.5m）以上の大型建物。

D193 大型配石（南から）
4 × 3m の範囲に緑・白・青灰色の礫が配置。

出土遺物（土器・土製品）
大量の三十稲場式・南三十稲場式土器とともに，土偶や土製腕輪，動物形土製品などが出土した。

C316 焼人骨の出土状況

土坑 C316 の底面付近から出土した（左：北から）。上面は肋骨・椎骨・鎖骨などで覆われていた（右：東から）。

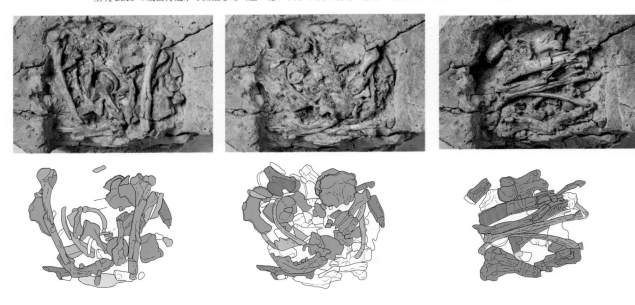

四角く並べられた焼骨

上腕骨と大腿骨の配置は，四肢長骨を四角く並べることを強く意識したものである。

■頭骨 ■椎骨 ■肋骨 ■上肢骨 ■下肢骨

0　　　　　10cm

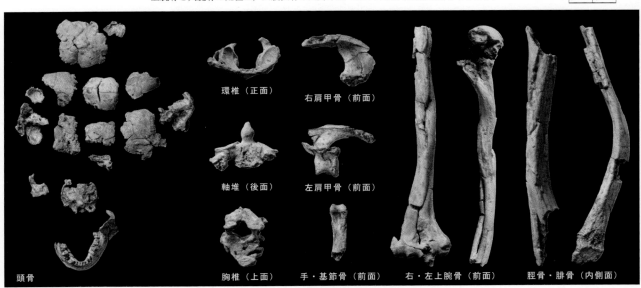

環椎（正面）　　右肩甲骨（前面）

軸椎（後面）　　左肩甲骨（前面）

頭骨　　胸椎（上面）　手・基節骨（前面）　右・左上腕骨（前面）　脛骨・腓骨（内側面）

部位が同定された焼骨（スケール不同）

焼骨はほぼすべてが白色であり，燃焼による収縮・変形・亀裂が確認できる。

常陸古墳文化研究の最前線

明治大学教授
——佐々木憲一
（ささき・けんいち）

常陸には 400 基以上の前方後円墳・前方後方墳が知られる。最近の調査成果を
もとに，東海道の東縁において古墳文化がどのように受容されたかを考える

『前方後円墳集成』東北・関東編（1994）と補遺編（2000）に基づくと，茨城県内旧下総地域を除き，常陸には 403 基の前方後円墳・前方後方墳がリストされている。旧国別で比較すると，この数は下総の 442 基（茨城県内旧下総地域の 54 基を含む）に次ぐ全国第 2 位である。ただ下総の場合は岩崎卓也[1] が提唱した「前方後円形小墳」の数が非常に多いのに対して，常陸では全長 50 m 以上の本格的な前方後円墳が中心である。そういう意味では，常陸の前方後円墳の数は全国 1 かもしれない。ちなみに第 3 位は上野（群馬県）の 394 基である。調査が進んでいる千葉県，群馬県に比べて茨城県の古墳の調査は遅れており，前方後円墳・前方後方墳の数は今後さらに増えるであろう。

さらに，常陸は大型円墳が多いことでも顕著な地域性を示している。下総で直径 50 m 以上の円墳は千葉市七廻塚ほかごく少数であるが，常陸には直径 50 m 以上の円墳は現在 15 基も知られており，今後，確認例が増える可能性もある。径 80 m 以上の超大型円墳が全国で 13 あるなかで，常陸には，常陸太田市高山塚古墳（径 93 m，中期，図 1-4〈以下，本稿で言及する常陸の古墳の位置は図 1 中の番号で示す。旧玉里村域の古墳は図 2〉），鹿嶋市宮中野大塚古墳（造出付，径 91 m，終末期，31），大洗町磯浜車塚古墳（径 88 m，中期初頭，10）の 3 基がランクインしている[2]。

こういった顕著な地域的特色をもつ常陸の古墳文化であるが，常陸地域内での古墳文化の地域的差異も大きい。この地域的差異が，上総と同様，常陸に複数の国造が置かれたことにつながったのではないか，と推測する。北から高国（現在の北茨城市，高萩市，日立市旧十王町域），久慈国（日立市，常陸太田市，常陸大宮市，東海村），仲国（ひたちなか市，水戸市，常北町旧桂村域，鉾田市，鹿嶋市），茨城国（石岡市，かすみがうら市，土浦市旧新治村域，小美玉市旧玉里村域，行方市，潮来

市，稲敷市，美浦村），筑波国（つくば市，土浦市），新治国（笠間市，桜川市，筑西市，結城市，下妻市〈旧千代川村域〉，常総市旧石下町域，古河市旧総和町・三和町域，境町）である。

本稿では，筆者がフィールドワークを実践してきた霞ヶ浦沿岸地域を中心に，常陸の古墳文化の近年の調査研究をまとめてみたい。

1 古墳時代の始まりと古墳時代前期

東国においては前方後方墳が前方後円墳に先だって出現する，と一般的に考えられている。茨城国域では実際，明治大学が発掘調査した前方後方墳，小美玉市勅使塚古墳（21）出土の土器は，前方後円墳である石岡市佐自塚古墳（17）出土の土器より明らかに古い。前者は『前方後円墳集成』（以下，単に『集成』）3 期，後者は 4 期に位置づけられよう。

ただ，この通説も地域ごとに再検討する必要がある。というのは，久慈国域では大型前方後円墳と前方後方墳が相前後して『集成』2 期に築造されたようである。その前方後円墳とは，久慈川中流域東岸に築かれた常陸太田市星神社古墳（全長 100 m，2）と同市梵天山古墳[3]（160 m，3）である。前者の埴輪は，特殊器台の流れを汲む巴形透穴と線刻を有し，川西 I 期のもので，梵天山古墳よりは古いと考えられている。2 期という編年的位置づけが正しいとすると，この時期の上野では前方後方墳の時代であり，常陸北部のあり方は特異である。

この時期の前方後方墳としては，東海村（久慈川下流南岸地域）の真崎 5 号墳（39 m，7）と常陸大宮市（久慈川中流域西岸）富士山古墳群第 4 号墳（37.8 m，6）である。また常陸地域では，方形周溝墓は古墳時代開始とともに出現しており，斉藤新は，この 2 期に巨大前方後円墳，前方後方墳，方形周溝墓の階層関係も出現したと述べる[4]。

それに加えて重要なのは，このような大型前方後円墳が常陸南部ではなく北部に初めて築かれたということである。この地は，北へと向かう東海道沿いの交通路に面した要所である。最大ここまでは影響を及ぼしておきたいという，ヤマト王権の「境界」意識の表れだろうか。久慈川流域より少し南の那珂川河口域，現在の大洗町には，3～4期の前方後円墳，常陸鏡塚（日下ヶ塚）古墳（105m，11），中期初頭の超大型円墳の磯浜車塚

古墳が築かれる。那珂川河口の那珂湊・大洗港は古代以来，海上交通の要衝として常に活用されてきた場所であり，東北と関東の海の道を結ぶ極めて重要な場所である。したがって，この磯浜古墳群は海上交通を意識した選地と思われる。これについては以下，中期のところで再度触れる。

そのほか，前方後円墳とその被葬者が生前祭祀を行っていたであろう豪族居館がペアで築かれるという習俗も前期には確実に常陸に伝わってい

1. 幡山古墳群
2. 星神社古墳
3. 梵天山古墳
4. 高山塚古墳
5. 中野富士山古墳
6. 富士山4号墳
7. 真崎古墳群
8. 村松舟塚古墳群
9. 虎塚古墳群
10. 磯浜車塚古墳
11. 鏡塚（日下ヶ塚）古墳
12. 水戸愛宕山古墳
13. 狐塚古墳
14. 長辺寺山古墳
15. 宮山観音古墳
16. 長堀1・2号墳
17. 佐自塚古墳
18. 丸山古墳群
19. 舟塚山古墳・
　　府中愛宕山古墳
20. 三昧塚古墳
21. 勅使塚古墳
22. 大日塚古墳
23. 風返古墳群
24. 太子唐櫃古墳
25. 富士見塚古墳
26. 坂稲荷山古墳
27. 折越十日塚古墳
28. 牛渡銚子塚古墳
29. 高崎山2号墳
30. 山口古墳群
31. 宮中野大塚古墳

図1　本文中で言及する常陸の古墳

96

た。北部の久慈川西岸に営まれた森戸遺跡は前期前葉から中期前葉にかけて営まれた豪族居館であり，上記2基の大型前方後円墳のほか，前期後葉の中野富士山古墳（5），中期前葉の大型円墳である高山塚古墳が時期的に対応する[5]。古墳時代前期後半まで下がるのであるが，南部の石岡市（八郷盆地）佐自塚古墳の被葬者が生前祭祀を行っていたであろう豪族居館が佐久上ノ内遺跡である[6]。

その佐自塚古墳は墳丘構築面までトレンチが入れられたおかげで，墳丘構築法が，青木敬[7]の言う「西日本的工法」であることが判明している。割竹型木棺と粘土槨を採用している点においても佐自塚古墳は西日本的であるが，樹立された埴輪は，埴輪工人が円筒埴輪や特殊器台型埴輪を理解せずに製作したものである。

南部では，佐自塚古墳のような前方後円墳に先だって，前方後方墳が出現したようである。佐自塚古墳の付近には丸山1号墳（18），長堀1・2号墳（16）の3基の前方後方墳が知られ，発掘調査が行われた丸山1号墳は佐自塚古墳より明らかに古いものである。また興味深いことに，これらの前期古墳は，霞ヶ浦北西の高浜入り（湾）に注ぐ恋瀬川を17km遡ったところに築かれている。この八郷盆地と同じような現象は，霞ヶ浦西の土浦入りに注ぐ桜川を約50kmも内陸に遡ったところに築かれた桜川市狐塚古墳（44mの前方後方墳，3期，13），長辺寺山古墳（120mの前方後円墳，3〜4期，14）にもみられる。奈良盆地南東部の大和古墳群が大和川を河口から約30km遡った，最上流域に営まれた現象とも共通する[8]。

2　古墳時代中期

古墳時代中期は大型前方後円墳の時代であり，常陸にも南部に東国第2位の規模を誇る石岡市舟塚山古墳（183m，19）が，北部に水戸市愛宕山古墳（140m，12）が築かれる。愛宕山古墳も関東の中期古墳に限って比較すると，東国最大の群馬県太田天神山古墳（210m），舟塚山古墳（19），千葉県富津市内裏塚古墳（144m）に次ぐ規模であり，群馬県藤岡市白石稲荷山古墳，千葉県木更津市高柳銚子塚古墳と肩を並べる規模である。舟塚山古墳と愛宕山古墳が築かれた時期は，その周辺地域で前方後円墳の築造が抑制されたのか，とにかく前方後円墳が築かれなかった現象は重要である。まず，舟塚山古墳について記述する。

墳丘（復元値）は全長183.3m（3段目141.9m，2段目165.4m），後円部径96.2m（3段目57.9m，平坦面径19.3m，2段目77.3m，平坦面径67.4m），前方部幅99.4m（3段目47.3m，2段目80.3m），クビレ部幅70.6mである。円筒埴輪は黒斑があって野焼き（II期）である。墳丘はウワナベ古墳の築造規格を採用した可能性が高い[9]が，巣山古墳の可能性もある。後者を重視すると，黒斑を有する埴輪と考え併せ，築造が4世紀末に遡る可能性もある[10]が，とりあえず5世紀初頭に位置づけたい。この前方後円墳の顕著な特徴は，恋瀬川河岸には葺石に適当な石が無数にあるにもかかわらず葺石がないことと，後円部の埋葬施設がかつて想定された長持形石棺ではなく，長大な木棺2基であることである[11]。このことは，その巨大な墳丘規模から，中央の王権との直接的な関係が伺われるが，同時に，被葬者が強いアイデンティティを発揮していることも事実である。また一重周濠のすぐ外に存在する複数の円墳は陪冢とかつて考えられていたが，これらは築造時期が1〜2世代新しいため，陪冢ではない。

舟塚山古墳の築造規格は様々な古墳に採用されている。まず，約4km東南東に立地する径50mの大型円墳，塚山古墳（図2-9）の直径と周濠幅の比率が，舟塚山古墳後円部の直径とそれを取り巻く周濠の幅との比率と同一なのである[12]。円筒埴輪の製作技術，焼成，凸帯の形態が共通するので，両者の関係は密接であった。塚山古墳の被葬者も含め近隣の豪族が，前方後円墳の築造を遠慮し，舟塚山古墳に埋葬された大豪族を共立した結果[13]と考えたい。舟塚山古墳群の古墳時代後期の様相が不明であるが，舟塚山古墳の北約1.2kmの至近に，7世紀後半に在地豪族が茨城廃寺を建立していることを重視したい。

舟塚山古墳の築造規格は他地域の前方後円墳にも採用されている。まず，千葉県香取市三ノ分目大塚古墳は舟塚山古墳の2/3の築造規格で築造された可能性が極めて高い。この古墳は長持形石棺を指向する石棺が埋葬施設であり，円筒埴輪も舟塚山古墳のものと酷似している。舟塚山古墳と三ノ分目大塚古墳は古墳時代の香取海（霞ヶ浦から利根川河口に至る）の北西端と南東端を戦略的に抑えるように立地しており，この2基の古墳の被葬者が水上交通を支配しようとしていたことが想定できる。さらに，桜川最下流の土浦入りに面し

て築かれた牛渡銚子塚古墳（61m，28）も，舟塚山古墳の1/3の規格を採用している。

さらに，桜川上流域西岸，長辺寺山古墳付近とその支流のちょうど中間点に位置する筑西市宮山観音古墳（91.3m，15）も，舟塚山古墳の1/2の規格で築造された可能性が高い。三ノ分目大塚古墳と併せて考えると，古墳時代中期には「のちの令制国境をも超えた広大な範囲に及ぶ，内海世界をほぼ統一する広域結合体」が形成されたと田中裕は評価する[14]。これこそ，「舟塚山古墳体制」である[15]。

さて水戸市愛宕山古墳に目を向けてみると，墳丘長140m，後円部径79m，後円部高10.7m，前方部長61m，前方部幅76m以上，前方部高さ8.8mの前方後円墳である。まず重要な点は，舟塚山古墳に比べて前方部が短く，築造規格がまったく異なることである。埴輪は黒斑を有するものも数多く採集されているが，少し焼成の良いものもあるので，5世紀前半に築かれたことは確かだが，舟塚山古墳よりは少し新しい築造年代を想定しておきたい。墳丘については，前方部前端のコーナーの角の分析に基づき，古市古墳群に属する大阪府藤井寺市市野山古墳（伝允恭天皇陵）に近いとする。つまり，舟塚山古墳は前方部が長い，百舌鳥古墳群に多いタイプの墳形であるのに対し，愛宕山古墳は古市古墳群に多いタイプの墳形といえる。このことは，舟塚山古墳と愛宕山古墳の被葬者が，中央の王権のなかでも別々の最高首長と関係を維持していたことを示唆する。

愛宕山古墳の立地は，その前代から継承された

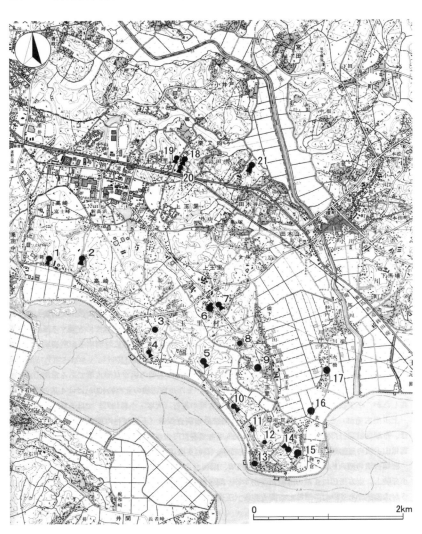

1. 龍王塚古墳
2. 富士峯古墳
3. 桜塚古墳
4. 閑居台古墳
5. 権現山古墳
6. 雷電山古墳
7. 舟塚古墳
8. 岡岩屋古墳
9. 塚山古墳
10. 滝台古墳
11. 桃山古墳
12. 山田峯7号墳
13. 下平前古墳群第4号墳
14. 山田峰古墳
15. 愛宕塚古墳
16. 大井戸古墳
17. 妙見山古墳
18. 木船塚古墳
19. 木船塚古墳群第2号墳
20. 木船塚古墳群第14号墳
21. 坂根山古墳

図2　小美玉市南部旧玉里村域の古墳

ものではない。愛宕山古墳の直前の時期の築造が想定される超大型円墳の磯浜車塚古墳は，常陸では極めてまれな葺石を有する古墳である。これは海からの眺望を意識したものと考えられ，那珂川河口に立地することと併せ，海上交通に影響力を及ぼした被葬者像を想定できよう。それに対して，愛宕山古墳の立地は内陸であり，「後世の東海道駅路渡河点に近い事実からみて，陸上交通の台頭に伴う交通路の変化を体現した政治的選択の反映」と田中裕は推測する[16]。賛成したい。

3　古墳時代後期・終末期

　古墳時代中期から後期への画期となる時期が，常陸南部と北部では異なる。南部ではその画期が須恵器のTK47型式期の後半，畿内型横穴式石室，新式群集墳の出現以前である5世紀末に起こっている。ちょうどこの時期が，この地域における人物埴輪の出現期である。北部の場合は6世紀に入ってから後期と捉えて差し支えない。まず，南部，とくに霞ヶ浦沿岸から説明していきたい。

　5世紀末から6世紀初頭にかけて，霞ヶ浦の高浜入り沿岸に，石岡市府中愛宕山古墳（96.6m，舟塚山古墳群，19），小美玉市権現山古墳（89.5m，玉里古墳群，図2-5），小美玉市大井戸古墳（86mと想定，大井戸古墳群，図2-16），かすみがうら市富士見塚古墳（78m，25），行方市三昧塚古墳（85m，沖洲古墳群，20）という，ほぼ同規模の5基の前方後円墳が相前後して築かれる。舟塚山古墳を頂点とする体制の崩壊である。舟塚山古墳から徒歩数分の位置に築造された愛宕山古墳が舟塚山古墳の半分の規模であることは，その「崩壊」を象徴していると言えるだろう。また，大井戸古墳と富士見塚古墳の墳頂からは三昧塚古墳を視認できることも，在地豪族がお互いに意識しあっていたようで，示唆的である。

　この5基のなかで，発掘調査されたのは三昧塚古墳，権現山古墳，富士見塚古墳であるが，三昧塚古墳は埋葬施設が未盗掘であったため，この地域の古墳研究の基準資料となっている。箱形石棺からは金銅製冠，平縁変形四神四獣鏡，乳文鏡，鉄鏃，金銅製垂飾付耳飾り，玉類，挂甲などが，その隣の木製副葬品箱からは横矧板鋲留短甲1組，挂甲1組，衝角付冑1，鉄鏃，f字形鏡板付轡などが発見された。

　後期への画期の時期が他地域と異なる以外に，

この地域の顕著な地域性として，横穴式石室の導入が非常に遅れた，あるいは在地豪族が採用を躊躇したことである。他地域が6世紀前半であるのに対し，常陸南部では6世紀第3四半期，須恵器のTK43型式期まで遅れるのである。この地域の例外として，6世紀前半，須恵器のMT15〜TK10型式期に位置づけられる土浦市高崎山2号墳（29）が知られるが，九州系の諸特徴を備えた横穴式石室を備えている。この地域で最初に横穴式石室を採用したのは石岡市丸山4号墳（40m，18），行方市大日塚古墳（39.6m，基壇も含めた想定全長は43.6m，22）であるが，前者は片岩割石を積み上げて壁体を構築している（鶴見諒平[17]分類のD類）のに対し，後者は大きな片岩の1枚岩で両側壁，奥壁，天井石を構築している（鶴見C2類）という，大きな差異がある。それでも，横穴式石室構築のための細かい情報は中央の王権から届いていたようで，つくば市山口1号墳，2号墳（30）は畿内系とされる[18]。前代以来の箱形石棺は7世紀まで残る。

　さらにこの地域で特筆すべきは全国的に前方後円墳の築造が廃れる6世紀に，玉里古墳群では大型帆立貝形古墳を含む前方後円墳の築造が継続することである。これは，北武蔵埼玉古墳群，上総内裏塚古墳群，そして小美玉市玉里古墳群のみで見られる現象である。玉里古墳群では，権現山古墳の築造から少し時間をおいて，6世紀第2四半期から第3四半期にかけて，舟塚古墳（72m，図2-7），雷電山古墳（帆立貝形前方後円墳，55.8m，図2-6），山田峰古墳（78.8m，図2-14），愛宕塚古墳（帆立貝形前方後円墳，63.4m，図2-15），滝台古墳（84.4m，図2-10），桃山古墳（53.3m，図2-11），閑居台古墳（60m，図2-4）と7基の本格的な前方後円墳の築造が続く。舟塚古墳は今城塚古墳の築造規格を援用している[19]（平面プランが2/5，ただし2段築成）ため530年代初頭の築造と想定し，閑居台古墳は筆者が発掘調査した大日塚古墳と円筒埴輪の様相が共通するため5世紀第3四半期後半（TK43型式期）とすると，約35年間に7基の前方後円墳が築造されたことになる。

　この7基のなかで，桃山古墳は墳丘形態と埴輪の製作技法の面から別系譜に位置づけられる。それに加えて，近隣の複数の系譜の豪族，つまり府中愛宕山古墳，三昧塚古墳，富士見塚古墳の被葬者の後継首長たちが玉里古墳群に埋葬されたと想

定する。まさに，広瀬和雄[20]の言う「複数系譜型古墳群」と考えたい。ただ，どの古墳がどの系譜に属するかは，舟塚を除き発掘調査がされていないので，わからない。発掘調査された舟塚古墳の埋葬施設は異例の二重の箱形石棺であり，関東地方では数少ない6条凸帯の円筒埴輪を樹立し，造出の形象埴輪の組み合わせは今城塚古墳の埴輪祭祀区の4区に共通する[21]。

　これら7基の古墳が築かれたのは，常陸の外の地域ではすでに横穴式石室が採用されている時期である。閑居台を除くそのほかの5基を測量した際，後円部墳頂にピンポールを土中に突き刺したところ，山田峰古墳と桃山古墳は箱形石棺が埋葬施設である可能性が極めて高かった。

　閑居台古墳の築造と相前後して，三昧塚古墳が属する沖洲古墳群では大日塚古墳が築造された。大日塚古墳は帆立貝形前方後円墳であるが，後円部は三昧塚古墳後円部の築造規格をそのまま採用したようで，三昧塚古墳の被葬者の次々世代の後継首長の奥津城である可能性が極めて高い。発掘調査の結果，家形埴輪4棟以上，人物埴輪5体以上，そのほかの形象埴輪片105点，膨大な数の円筒埴輪片が出土した。そのうち，家形埴輪1棟と人物埴輪3体はほぼ完形であった。

　また富士見塚古墳の付近（出島半島北岸）では，6世紀半ばから風返古墳群（23）の形成が始まる。当初は円墳（風返羽黒山古墳，径35m），帆立貝形前方後円墳（風返大日山古墳，全長35.6m）が築かれたのだが，7世紀になると，風返稲荷山古墳（78.1m）も含めて，出島半島には合計4基の本格的な前方後円墳が築かれる。4基のなかで埋葬施設が発掘調査されたのは風返稲荷山古墳（複室両袖横穴式石室；鶴見C1類），墳丘は失われたが横穴式石室（鶴見C2類）が口を開けて完存しているのは太子唐櫃古墳（24）で，ともに出島半島北岸地域に立地している。後の2基は，出島半島東部内陸に位置する坂稲荷山古墳（基壇を含めて70.6m，26）と折越十日塚古墳（72.3m，27）である。折越十日塚古墳では，千葉県栄町龍角寺浅間山古墳例によく似た複室構造の横穴式石室の前室と玄室も知られている。

　これら4基は，大和で飛鳥寺が完成した後である7世紀前半に築造されたことも意味が大きいが，そのほかにも重要な点が多い。まず，太子唐櫃古墳と折越十日塚古墳が東国では数少ない装飾古墳

である。次に，坂稲荷山古墳と折越十日塚古墳は1kmも離れていない上，規模もあまり違わないのだが，前者は一重周濠で基壇を有するのに対し，後者は二重周濠を有する（基壇はない）という顕著な違いがある。さらに折越十日塚古墳の外濠は内濠よりも幅が広いという特徴がある。後期・終末期に基壇を有する大型古墳が築造されたのは，下野に特徴的な習俗であった。また下野の後期前方後円墳では，前方部前端に横穴式石室が営まれた。坂稲荷山古墳の墳丘は発掘調査ができなかったが，もし前方部前端に埋葬施設があれば，下野の豪族との直接的交流を示す根拠となる。

　終末期，出島半島南岸には，常陸南部では珍しい横穴墓，崎浜横穴墓群が営まれる。前述の風返古墳群で風返稲荷山古墳に後続するのは，直径56mの大型円墳，風返浅間山古墳である。高浜入り北岸地域では，玉里古墳群の北に木船塚古墳（副葬品に基づき7世紀初頭，埋葬施設は不明，図2-18），玉里古墳群には直径40mの大型円墳の岡岩屋古墳（7世紀前葉，図2-8，鶴見C2類横穴式石室）が築かれた。

　そのほか，常陸南部の埋葬習俗として特筆すべきは，箱形石棺のような埋葬施設を墳丘の裾に設ける「変則的（常総型）古墳」の存在である。例えば，本稿冒頭で触れた宮中野大塚古墳（31）では，巨大な円丘ではなく，裾に近い造出部に，片岩板石を箱形石棺状に組み合わせた埋葬施設が設けられていた。

　後期・終末期の常陸北部に目を向けると，横穴式石室の導入は北部でも遅く，TK43型式期，6世紀第3四半期まで遅れる。導入初期の例として東海村村松舟塚1号墳（全長38.5mの前方後円墳，8，鶴見B1類〈小型の切石を積み上げる〉の横穴式石室）をあげることができる。北部での横穴式石室のあり方は南部以上に複雑で，常陸太田市幡山古墳群（1）のなかで，鶴見D類の26号墳，鶴見B2類（両側壁の1段目に大きな板石を縦および横にほぼ垂直に置き，次の段から割石を積み上げる）の12・14・15号墳[22]が共存しており，そのうち，12号墳は複室構造である。

　さらに，鶴見がA類（大型切石の組合せ）とする横穴式石室が常陸北部には確認できる。その代表例として，装飾古墳であるひたちなか市虎塚古墳（9）がある。虎塚は7世紀前葉に築造された全長55mの前方後円墳で，横穴式石室には加工

石材が床面に敷かれていることも特徴的である。付近の方墳である虎塚4号墳の玄門は刳り抜き玄門であり，稲田健一[23]は下野の石室構造との関係を想定している。また虎塚古墳群が立地する丘陵斜面には，十五郎穴横穴墓群が展開している。

このように複雑な状況の背景として，上総北東部で展開する加工石材を用いた床面敷石にも注意を払い，内陸の下野との関係性に加えて，太平洋沿岸の海上交通を介した交流の可能性を小林孝秀[24]は指摘している。さらに状況をより複雑にするのは，北部では横穴墓が非常に多いということである。とくに日立市では31ヵ所，354基も確認されており[25]，地域的特色と言える。

＊

以上，常陸古墳文化研究の最前線を概観してきた。まだわからないことの方が多いが，西日本の古墳文化に基づいて構築された「前方後円墳体制」[26]といったモデルでは説明できない現象が常陸の古墳時代には数多く，古墳時代史の全体的再構築に今後貢献する潜在的可能性は大きい。ただ，破壊される予定のない古墳は，大学の実習費や大学が獲得する研究費で調査するしかないため，思うように調査は進まない。これにめげることなく，今後も基礎研究を継続していきたいと切に思っている。

註

1) 岩崎卓也「前方後円形小墳」『国立歴史民俗博物館研究報告』44，1992

2) 田中　裕「中期の超大型円墳」『古代文化』72―2，2020

3) 広瀬和雄は梵天山古墳の前方部が撥形に開くことを重視し，『集成』1期に位置づける。広瀬和雄『前方後円墳とは何か』中央公論新社，2019。ただ発掘も十分ではなく，梵天山古墳の細かい年代比定については，保留しておきたい。

4) 斉藤　新「那珂川久慈川流域の前期古墳の様相」『古代文化』72―2，2020

5) 谷仲俊雄「茨城県の『豪族居館』－石岡市佐久上ノ内遺跡を中心として」『古墳と「豪族居館」』第23回東北・関東前方後円墳研究会，2018

6) 大熊久貴「佐自塚古墳と方形環濠との関係性」『茨城県石岡市佐自塚古墳の研究』明治大学文学部考古学研究室，2021

7) 青木　敬『古墳築造の研究』六一書房，2003

8) 田中　裕「古墳と水上交通」『東日本における前期古墳の立地・景観・ネットワーク』第17回東北・関東前方後円墳研究会，2012

9) 大塚初重・小林三郎「茨城県舟塚山古墳の性格」『考古学手帖』22，1964

　　小野寺洋介「舟塚山古墳の墳丘築造規格と築造年代」『霞ヶ浦の前方後円墳』明治大学文学部考古学研究室・六一書房，2018

10) 谷仲俊雄「茨城県舟塚山古墳の築造時期」『婆良岐考古』41，2019

11) 亀井宏行・千島史彦「物理探査の成果」『霞ヶ浦の前方後円墳』明治大学文学部考古学研究室・六一書房，2018

12) 曽根（谷仲）俊雄「玉里古墳群の墳丘について」『茨城県霞ケ浦北岸地域における古墳時代在地首長層の政治的諸関係理解のための基礎研究』明治大学考古学研究室，2005

13) 若狭　徹『前方後円墳と東国社会』吉川弘文館2017

14) 前掲註8に同じ

15) 田中広明「霞ケ浦の首長」『婆良岐考古』10，1988

　　滝沢　誠「筑波周辺の古墳時代首長系譜」『歴史人類』22，1994

16) 田中　裕・栗原　悠「愛宕山古墳と常陸北部の中期古墳」『古代文化』72―2，2020

17) 鶴見諒平「茨城県の横穴式石室の地域性」『霞ヶ浦の前方後円墳』明治大学文学部考古学研究室・六一書房，2018

18) 広瀬和雄「常陸と上総の畿内的な横穴式石室」『多知波奈の考古学』橘考古学会，2008

19) 新井　悟「茨城県玉里村舟塚古墳の再測量調査報告」『駿台史学』109，2000

20) 広瀬和雄「東京湾岸・『香取海』沿岸の前方後円墳」『国立歴史民俗博物館研究報告』167，2012

21) 忽那敬三『王の埴輪』2010年度明治大学博物館特別展図録，2010

22) 鶴見（前掲註17）ではこれらをB1類とするが，側壁の大きな第1段の上に，小さめの切石が積み上げられており，B2類としたい。

23) 稲田健一「茨城県日立市虎塚古墳群第4号墳の石室」『多知波奈の考古学』橘考古学会，2008

24) 小林孝秀「横穴式石室から見た常陸の地域性と特質」『古代文化』72―4，2021

25) 生田目和利「日立市域の古墳群と横穴墓群」『続常陸の古墳群』六一書房，2020

26) 都出比呂志「日本古代の国家形成論序説」『日本史研究』343，1991

＊測量・発掘調査報告書は割愛しましたこと，お詫び申し上げます。

遺跡を介して
人と交流した60年

滋賀大学名誉教授
小笠原好彦
（おがさわら・よしひこ）

考古学との接点

　私は本州の北端，青森市の旧市内で生まれた。旧市内の大半は沖積地だったせいか，古代の遺物とは出会わなかった。少し西に離れた市営墓地がある三内には縄文時代の遺跡があったが，青森高校を卒業するまで，古代の遺跡に関心をもつ機会はなかった。

　父は近くの堤川の河岸に鎮座する諏訪神社の非常勤の神主だったので，子供のときから神道の祭式を見る機会が多かった。その父は私が教師になるのを希望していたので，弘前大学の教育学部へ進学するつもりだった。弘前大学は二期校なので，先に一期校の東北大学教育学部も受験すると合格した。にわかに仕送りが問題になったが，1960年4月，東北大学に入学した。

　入学後，長町にある大学の有朋寮で生活をはじめた。1960年5月の安保闘争は，仙台でも激しいデモがおこなわれた。学生のデモの中心となったのは，東北大学の複数の寮で生活する寮生だった。有朋寮でも夜遅くまで，寮生大会でデモへの参加の賛否が問われた。このとき高校生から社会人になったと実感した。

　入学した直後，大岡昇平の小説『野火』を読んで感動した。自分でも小説を書くため，青森の同人誌『北狄』の同人となった。大学院をでるまで6本の小説を書いたが，ほとんど注目されずに終わった。

　3年生の4月に専門課程に進み，社会の歴史研究室に籍をおいた。「日本史演習」で近世の古文書を読み始めた。ところが5月の連休あけ，4月に有朋寮から移ったシニア寮だった霽風寮で赤痢の定期検診をうけたところ，保菌者3人の1人と診断された。やむなく星陵町にある東北大学医学部附属の大学病院で20日間をすごした。

　6月に大学に戻ると，近世文書はまったく読めなくなっていた。研究室では疎外された感じだったので，専攻者が誰もいなかった考古学を選ぶこ

とにした。受講した非常勤講師の加藤孝氏が担当する考古学の講義は，発掘実習もふくんでいた。7月中旬に，仙台湾にある宮戸島の里浜にある貝塚の一つ袖窪貝塚で，発掘のトレンチを設定し，5日間の発掘を体験した。縄文時代の後期初頭の貝塚で，貝層の堆積は薄かったが，多量の大型の土器と人骨一体が検出された。はじめての発掘だったので，学びながらも熱心に，しかも慎重に作業をすすめた。その作業態度を加藤先生に認められ，10日後の8月1日から予定されていた多賀城町の多賀城廃寺（当時は高崎廃寺と呼んだ）の発掘への参加をすすめられた。

学生のとき発掘した遺跡

　多賀城廃寺の発掘は，多賀城町が主催し，東北大学文学部の伊東信雄教授が主体に発掘する調査であった。この年は2年目の発掘で，初年度に金堂・講堂・中門跡などを発掘しており，この年度は塔跡と僧坊跡を発掘した。私は塔跡の発掘にかかわり，版築したじつに高く構築された塔の基壇外装の検出と周辺から出土した大量の瓦類の検出に熱中した。

　その翌年の1963年夏，史跡の多賀城跡の発掘が開始した。初年度は，政庁跡の中心建物である正殿跡を対象に発掘した。これらの多賀城廃寺と

1962年夏に発掘した多賀城廃寺で
左から相原康二・阿部義平・横山勝栄・桑原滋郎・足立氏・筆者

多賀城跡の発掘に強い興味をおぼえた。4年生なので，卒論は，袖窪貝塚から出土した縄文土器をもとに，東北南部の後期初頭の土器編年の再検討を試みて提出した。そして，考古学をもう少し専門的に学んでから教師になることにし，伊東先生が指導する東北大学文学研究科の大学院（修士）を受験し，進学した。

東北大学文学部の考古学研究室は，古墳・歴史考古学を担当する伊東信雄教授，旧石器・縄文時代を担当する芹沢長介助教授，助手が林謙作氏，大学院生に伊藤玄三氏，工藤雅樹氏が在籍していた。当時は片平丁に各学部の専門課程のキャンパスがあり，喜田貞吉氏が収集した資料などを収納し，各時代の多くの資料を陳列する考古学の陳列館もあった。

大学院へ進学した直後の5月中旬，福島県会津若松市にある全長114mの会津大塚山古墳の発掘にでかけた。この発掘は，会津若松市が市史の編纂を契機に発掘を計画したものだった。古墳の墳丘の測量を済ませ，発掘を進めた後円部から二つの木棺が検出された。南棺に三角縁神獣鏡・三葉環頭大刀・銅鏃・革製靫，北棺に捩文鏡・紡錘車型石製品などが副葬されていた。三角縁神獣鏡の副葬がおおいに注目された。革製靫は南棺の底に貼りついており，苦慮して伊藤玄三氏が取り上げた。これに直弧文が刻まれており，伊藤氏のライフワークになった。この会津大塚山古墳は，今日でも三角縁神獣鏡を副葬する首長墳の北限となっている。

その年の8月は，多賀城跡で政庁の南門跡を発掘した。検出した南門跡は焼土に覆われ，しかも門の東西に翼廊を設けていたことが判明した。この門と翼廊を検出した状況は，『続日本紀』宝亀11年（780）3月22日条に，伊治公呰麻呂が伊治城で反乱を起こし，その後に多賀城を襲い焼いたことを示すものだった。

また，1965年4月〜6月，宮城県一迫町にある山王囲遺跡を発掘した。この遺跡は泥炭層が厚く堆積しており，多くの縄文晩期末から弥生時代の土器・籃胎漆器・櫛，また編んだ布である編布が出土して注目された。この発掘が終了して間もなく，伊東先生から修士論文として縄文・弥生時代の編物・織物のなかに，出土した編布を体系づけて論ずるよう指示された。別のテーマを考えていたが，伊東先生が報告書の作成を考えたうえ

でのことだったので，断りにくく同意した。同一の編布は北海道斜里町の朱円遺跡でも出土しており，芹沢先生から朱円遺跡の現物を見るようにといわれた。しかし，林助手には，伊東先生にいわれたテーマを断らなかったのは不甲斐ないと厳しく叱られた。さっそく7月に，学部生だった藤沼邦彦氏とともに斜里町へ編布の資料を見にでかけ，併せて各地から出土した編物と織物の資料を収集した。提出した修論の一部は，後に縄文時代の絡み編みした編布は，細い糸にすると製作の効率が悪くなり，製品の質の向上と能率とが矛盾する技法だったので，外来の織物技術に淘汰されたと論じて公表した（文献①）。

1966年2月，伊東先生から奈良国立文化財研究所（現・奈良文化財研究所，以下奈文研）の平城宮跡発掘調査部で職員1名を募集しているので，受けるようにいわれた。平城調査部には前年に阿部義平氏が入所していた。3月末に文部省で面接試験を受け，合格した。父の教師への希望はかなわなくなった。

平城宮跡と国道24号バイパス

奈文研に着任する2年前，建設省が平城宮の東に沿ってあった古代の東一坊大路を復元し，国道24号バイパスの建設を計画した。そこで平城調査部が，道路予定地の平城宮の東面北門の東を発掘すると，造酒司の遺構が検出された。また東面中門の東の発掘でも大型建物や井戸が検出され，平城宮が東に拡大していた可能性が高くなっていた。

そして，奈文研に入所した翌年の1967年の3月に，平城宮の東面南門の東側の発掘地で，大垣が東に張りだすことが判明した。この発掘には私も加わった。この結果によって，国道24号バイパスの建設の変更を求める第二次の平城宮の保存運動が全国的な規模で展開することになった。そして第44次調査地で平城宮の東限を解明することになった。その調査は私が担当者になった。

この発掘は1967年12月に開始し，翌年の2月には大きな苑池が検出され，西から東へ延びる大垣も調査地の東端で北に折れ，平城宮は東へ270m拡大していたことが判明した。そこで私も奈文研の職員組合の一員として，2月〜3月，奈良市内で何度か発掘状況を多くの市民に説明し，平城宮の再度の保存を訴えた。

第二次の平城宮跡の保存問題は，翌月の4月，建設省が平城宮跡を分断するバイパスの建設を中止し，新たなルートで設けることを公表した。このバイパスは，平城宮の直前で東へ90度曲げ，東三坊大路上のルートに変更して建設されている。この保存への厳しかった経験が私の生涯にわたる遺跡の保存運動へつながった。

奈文研での発掘あれこれ

奈文研に入所した直後の平城宮跡発掘調査部は，考古学24人，文献史学6人，建築史7人，造園学2人からなる組織だった。ほぼ半年近く平城宮跡を発掘し，残りの期間は遺物を整理した。

さて，1967年には福岡県小郡遺跡で，初めて古代の郡衙を構成する掘立柱建物群が検出された。この発掘では，翌年に奈文研から工楽善通氏が支援に派遣された。その後，私も短期間ながら派遣され，多くの掘立柱建物群と倉庫群を実測した。これが，その後に古代の郡衙の構造や性格を考える基礎的な経験になった（文献②）。

また1968年には，三重県四日市市の貝野遺跡が発掘され，7世紀から8世紀の竪穴住居と掘立柱建物からなる集落が検出された。この遺跡は，三重大学の学生たちが発掘したものだが，開発側から調査が打ち切られることになり，その最終段階の11月，奈文研から実測の支援に数人が派遣された。このとき三重県教育委員会の小玉道明氏と知り合った。遺跡は破壊されたが，近畿の竪穴住居から掘立柱建物への推移と集落構造に関する論文をいくつか書く契機となった。

奈文研には13年勤務した。前半の6年間は，平城宮・京の発掘にかかわった。印象に残る発掘の一つに内裏東方の塼積基壇の建物群の遺構がある。ここでは公事塼・私事塼が出土した。これらの塼は横山浩一氏が版位であることを明らかにした[1]が，ここの下層遺構で，正殿のまえで簡素な前殿が検出された。この前殿の性格に関心をいだき，50余年後に，ここで通達する側の官人らが南に向かって立つ際に，南の日射しを避けた建物と考えて述べた（文献③）。この前殿は国衙の政庁にも採用されている。

平城調査部での遺物の整理は，おもに土器を担当した。その頃，奈良時代の土器は，大膳職のSK219土坑から出土した天平宝字末年（763年ころ）の土器しか公表されていなかった。そこで佐

原真氏の指導を受けながら，造酒司跡から出土した神亀年間の土師器，内裏東外郭から出土した天平末年のSK820土坑の土師器をもとに，8世紀の土師器編年を『平城宮発掘調査報告Ⅶ』（1976年）で公表した。この編年案は，ほぼそのまま現在に至っている。また，平城宮に貢進された土師器の産地の検討も一部試み，土師器の甕と堝に対してのみ，近畿各地の製作技法の差異を示して公表した（文献④）。また平城宮・京から出土する祭祀遺物の一つである土馬の編年も試みて公表した（文献⑤）。

当時は平城京での発掘にかかわることはまだ少なく，京内での発掘では，西大寺の東に建てられた西隆尼寺の金堂跡，東門跡の検出に関与したのにとどまっている。

飛鳥と藤原京での発掘

奈文研での後半は，飛鳥藤原宮跡発掘調査部に移動し，藤原宮跡と飛鳥での宮殿跡，古代寺院跡の発掘にかかわった。宮殿遺構では，1977年に稲淵川西遺跡の発掘に関与した。この遺跡では前殿と後殿との間には全面的に玉石を敷いていた。この玉石敷遺構は飛鳥宮跡の玉石敷と共通するものであった。後に，『日本書紀』推古18年（610）10月8日条には，飛鳥の小墾田宮の中庭での儀式で，官人らが跪伏することを記しているのに注目し，この玉石敷遺構は前日に雨が降っても予定の儀式・儀礼ができるように，人頭大の玉石を敷いたとする考えを提示した（文献⑥）。

また，飛鳥に所在する古代寺院跡では，じつに大規模な大官大寺跡の金堂跡を発掘した。この基壇の一部を断ち割り，版築を観察したときの状況

奈文研時代の鬼頭清明氏（1970年）

は忘れがたい。また山田寺跡では塔跡を発掘した。

さらに藤原宮跡の発掘調査の成果を公表する『飛鳥藤原宮発掘調査報告Ⅱ』の編集者となった。この報告書には，大脇潔氏が藤原宮に葺かれた屋瓦の軒丸瓦・軒平瓦をAからHに区分し，これまで知りうる藤原宮所用瓦を生産した瓦窯跡を論述した。ここでは大和盆地の瓦窯にとどまったが，その後に花谷浩氏によって，大和盆地外の地に設けられた藤原宮所用瓦の瓦窯もいくつか明らかにされ[2]，ほぼ藤原宮の造営の際に採用した屋瓦の国家的な供給体制が明らかになった。また藤原宮の時期をふくむ7世紀の土師器編年を西弘海氏に論述を促して掲載し，1978年に刊行した。

この飛鳥藤原調査部で過ごした期間，遺跡に対する考古学の研究と遺跡保存に対し，最も強い影響をうけたのは古代史研究者の鬼頭清明氏からであった。鬼頭氏の古代史に対する卓越した考えと，発掘現場の作業をコントロールする番長の任務を担当しながら，事務室の事務机で著書の原稿を書き続ける[3]のに驚嘆した。また遺跡の保存・活用に対する考え方にも，鬼頭氏からじつに多くのことを学んだ。

滋賀大学に転勤して

1962年に，第一次の平城宮跡の保存問題がおこったとき，この保存運動を進めるため，関西に関西文化財保存協議会（関文協），また東京に文化財保存対策協議会（文対協）がつくられた。関文協の事務局長は藤澤長治氏が担った。そして，1970年7月には関文協と文対協が中心となり，文化財保存全国協議会が発足した。しかし，この文全協ができる直前に，藤澤氏は体調の不調を訴え，京都大学の考古学研究室の助手だった都出比

呂志氏が事務局長を引き継いだ。国道24号バイパスと平城宮の保存問題を契機として私も関文協とつながりをもったので，新事務局長の都出氏と親しくなった。都出氏は，「農具鉄器化の二つの画期」「考古学からみた分業の問題」などの論文を『考古学研究』に公表し，最も注目される若手の研究者だった。その都出氏が1977年4月，滋賀大学教育学部の助教授に転任した。そのわずか2年後，彼は大阪大学文学部に転任した。そして滋賀大学助教授の後任に私を推薦した。1979年4月，私は奈文研から滋賀大学に転勤することになった。

滋賀大学では教員をめざす学生たちに，考古学の基礎と研究を続ける力量を育てるように尽力した。そのため，毎年一度は遺跡を発掘し，遺跡・遺物を実測し，そこから研究課題を見出すように指導した。おりしも各地で多くの遺跡が破壊され，これに対処するため，教育委員会に考古学専門の研究者を採用する体制がとられつつあったので，その需要にも応じられるようにした。そして，草津市宝光寺廃寺，また圃場整備に関連し，蒲生町の宮井廃寺と辻岡山瓦窯跡などを発掘した。また学生とともに大津市，栗東市，野洲市に所在する開口している横穴式石室の実測を定年まで継続的に進めた。

そして，宝光寺廃寺，宮井廃寺を発掘した際，近江には飛鳥・白鳳期の古代寺院が60個所を超えるのを知った。しかし，近江には，保井芳太郎『大和上代寺院志』（1932年）のような古代寺院をまとめた文献がない。そこで西田弘・林博通・田中勝弘氏らと共同で，数年かけて『近江の古代寺院』（1989年，文献⑦）を刊行した。

また，信楽町では宮町遺跡で圃場整備中に見つかった三本の柱根をもとに，1984年から継続的な発掘調査を開始していた。それを支援する紫香楽宮跡調査委員会が1993年に発足した。会長は京都大学の足利健亮氏が担い，副会長を私，栄原永遠男・櫻井敏雄・町田章氏らが委員を担った。しかし，1999年に足利会長が倒れたので，翌年に会長を引き継いだ。この2000年に，宮町遺跡の南半部から全長100mを越える長大な掘立柱建物が検出された。その翌年には東側でも対称となる長大な建物が検出された。これらの長大建物は『続日本紀』天平17年（745）正月7日条に記す朝堂に推測されるものであった。さらに2002年，

ヨーロッパの先史時代の遺物を学んだ
ケンブリッジ大学の考古学・人類学博物館の展示（1985年）

二棟の長大建物の中間の北端に大安殿に推測される大型建物も検出された。宮町遺跡からは7,000点に及ぶ木簡も出土しており，甲賀宮であることは疑いないものになった。しかし，聖武天皇が天平14年（742）に造営した離宮の紫香楽宮との関連は未解決である。同一とする考えもある。しかし私は低地に立地する宮町遺跡と，盧舎那仏の造立のために離宮として造営した紫香楽宮は，所在地を異にすると考えている（文献⑧）。

中国の都城遺跡の踏査

滋賀大学に着任して3年目の1981年8月，関西の考古学・古代史・歴史地理学などの研究者を中心に，岸俊男京都大学教授を団長とする中国都城制研究学術友好訪中団が編成され，二週間にわたって北京・西安・洛陽・鄭州を訪れた。中国では社会科学院考古研究所を訪問し，夏鼐・王仲殊・馬得志・徐苹芳氏ら中国の考古学研究者と学術的な友好を深めた。そして西安では大明宮跡の含元殿跡・麟徳殿跡，また洛陽では唐代の洛陽城・竜門石窟などを訪れ，その規模の大きさに驚嘆した。その2年後（1983年）には，杭州・蘇州・揚州・南京の江南の都城跡を踏査した。さらに2年後（1985年）には，山東省の魯国故城・斉国故城，山西省の平遥城・五台山などを踏査し，多くの知見をえた。

また，岸俊男団長が没した後の1989年11月，朝鮮民主主義人民共和国から招待をうけ，この団

の関係者で平壌を訪れた。そして高句麗の平壌城跡・大城山城・安鶴宮跡・定陵寺跡・徳興里古墳を踏査した。また平壌の南の開城市を訪れ，高麗時代の満月台の王宮跡を訪れ，闇閶門，会慶殿門，そして会慶殿の基壇などを見て回った。

また一方で，私は1985年10月から，イギリスのケンブリッジ大学に短期留学し，コリン・レンフル教授の指導を受ける機会があった。イギリスに滞在中は，イングランドとスコットランドのいくつかの古代遺跡を訪れた。その一つにオークニー島のスカラ・ブレ遺跡を踏査した。また大英博物館などの博物館とナショナル・トラストの施設を見学した。そして帰途のドイツでは，小野昭氏に遺跡を案内していただき，ついでフランスのカルナック遺跡，ローマ市内の遺跡とポンペイの古代遺跡を訪れ，中国・朝鮮半島に加え，ヨーロッパの遺跡にも少しだけ視野を広げることができた。

ところで，奈文研で飛鳥の古代寺院跡を発掘したので，古代寺院を建てた造営氏族に関心を強くもつようになった。そこで，1998年に河内の船橋廃寺の造営氏族の解明を試みたのを端緒として，大和の奥山久米寺，紀寺跡，尼寺廃寺，河内の九頭神廃寺，和泉の海会寺跡，山背の高麗寺跡などの造営氏族を検討した。そして近江の古代寺院を造営した氏族の検討も加えて2005年に，『日本古代寺院造営氏族の研究』（東京堂，文献⑨）を刊行した。翌年の10月，本書に対し東北大学から博士（文学）が授与された。

定年後と研究の継続

2007年3月，滋賀大学を定年となり退任した。その後の一年間は，大学の研究室の資料を自宅に移動させたので，資料整理に追われた。翌年の秋，明治大学から大学院特任教授への依頼があったので，受けることにした。そして2009年4月から3年間，明治大学の大学院生への指導にかかわった。その一方では明治大学で，吉村武彦・石川日出志・佐々木憲一・加藤友康・神野志隆光氏らと共同で研究し，また研究旅行をともにし，研究上での刺激をうけることがじつに多かった。この間の明治大学での研究報告や開催された国際学会で報告したものに，日本古代の墓誌，新羅の感恩寺と本薬師寺の伽藍に関連するものがある。前者の墓誌は，中国の墓誌のほとんどは墓誌銘を石に刻んでいるが，日本の墓誌の大半は，銅板や銅製容器に刻んでいる。この差異に対し，私は中国では殷・周代から文字が広く普及したが，日本では文字の普及が遅れた。そして早くから渡来系氏族の金工工人が大刀や剣に銘文を刻み，しかも石工工人が文字の世界と最も離れていたので，墓誌の製作にあたっても金工工人が専ら関与したと考えた（文献⑩）。また，天武天皇が請願した本薬師寺の伽藍は，新羅の感恩寺と同一の双塔式伽藍を採用している。これを新羅文化の導入とする考えもある。しかし，私は，『三国遺事』に文武王が敵対する倭に対し，日本に向けて感恩寺を構築したとする記事に注目する。そして，文武王による刃（やいば）的な意図で建てた感恩寺に対し，天武はそれをそのまま返す意図で，感恩寺と同一の伽藍を本薬師寺に採用したと述べた。その論拠として，新羅・唐に倒された百済国王の末裔の百済王が8世紀後半に北河内に百済寺を造営した際に，古い伽藍様式である薬師寺と同一の伽藍を構築したこ

とをあげた（文献⑪）。また，明治大学で開催された国際学会を契機に，賀雲翔（がうんこう）南京大学教授と親しくなり，2014年と2017年に南京の遺跡を案内していただいた。賀教授は中国の文化遺産の保護に尽力する研究者である。

さて，私は2007年から，平城京の歴史景観の保全を積極的に進める奈良歴史遺産市民ネットワークの浜田博生氏に依頼され，歴史講座を月に一回担当している。また，その講座で述べた内容を『奈良民報』に10余年にわたって連載した。その一部は『奈良の古代遺跡』『奈良の古代仏教遺跡』（2019・20年，文献⑫）として刊行した。

考古学が対象とする遺跡の研究や歴史遺産の継承には，これらに深い関心を寄せ，また理解する多くの市民の支持なしには難しいと考え，歴史講座を続けている。

註

1) 横山浩一「古代の文献に見える『版位』とその実物」『古代技術攷』岩波書店，2003
2) 花谷　浩「寺の瓦作りと宮の瓦作り」『考古学研究』158，1993
3) 鬼頭清明『日本古代都市論序説』（法政大学出版，1977）は，このときに執筆して刊行した著書である。

──────── **主な文献** ────────

① 「縄文・弥生式時代の布」『考古学研究』67，1970
② 「発掘された遺構からみた郡衙」条里制・古代都市研究会編『日本古代の郡衙遺跡』雄山閣，2009
③ 「後期難波宮の内裏前殿の系譜とその性格」『難波宮と古代都城』同成社，2020
④ 「近畿地方の七・八世紀の土師器とその流通」『考古学研究』106，1980
⑤ 「土馬考」『物質文化』25，1975
⑥ 「飛鳥石敷考」『日本考古学』創刊号，1994
⑦ 『近江の古代寺院』1989（共著）
⑧ 『古代近江の三都』サンライズ出版，2021
⑨ 『日本古代寺院造営氏族の研究』東京堂，2005
⑩ 『日本古代の墓誌』『日本古代学』4，2012
⑪ 「本薬師寺の造営と新羅の感恩寺」『日本古代学』3，2011
⑫ 『奈良の古代遺跡』『奈良の古代仏教遺跡』吉川弘文館，2019・20

＊市町村名は当時の呼称を用いた。

南京博物院で賀雲翔氏と（2017年）

イアン・ホッダー 著・三木健裕 訳

絡まり合うモノと人間
関係性の考古学にむけて

A5判　426頁
11,000円
2023年9月
同成社

本書は，2012年に出版されたイアン・ホッダー『Entangled: An Archaeology of the Relationships between Humans and Things』の訳書である。原書は2024年1月末時点で，Google Scholar によれば3,000回近く引用されており，訳者も述べているように出版後に議論をよび，さらなる発展も試みられている。こうした「読んでおかなければ他の著作が読めない本」が翻訳され，学部生や非専門家であっても手に取れるよう敷居が下がっていることは，日本の考古学およびその周辺分野にとって非常に有益である。キャリアの形成期にもかかわらず，本書を翻訳するという難行を成し遂げた訳者に，まずは最大限の賛辞と謝意を送りたい。

訳書であり，原書の出版から10年以上がたち，多くの書評も出ている。訳者自身がX（旧Twitter）で各章のまとめを公開してもいる。そのため，本稿では内容の詳しい紹介などは避け，自然人類学や文化財科学といった，隣接分野の研究者にとって本書の位置づけに焦点をしぼりたい。著者は，ヒトとさまざまなモノの依存関係を「エンタングルメント（絡まり合い）」とよぶ。そして，このエンタングルメントの変化，つまり，ある種の社会変化は，逆行しづらく，エンタングルメントの増大とともに，文化変化の速度が上昇すると主張する。こうした，少なくとも表面的にはスペンサー的な文化進化・社会進化のように思えるマクロレベルのパターンに対して，ヒトがエンタングルメント内のうまくいかない部分を，できるだけコストをかけずに調整した結果の波及という，一定の一般性を持ったミクロの視点からの説明を与えていることが本書の特徴である。

これも本書の特徴であるが，人文学においては批判の対象となることの多い，適応論的な人間行動研究を，本書は取り入れようとしている。たとえば，先述したコストの分析において，人間行動生態学が有用である可能性が述べられる。そして，考古学ではいまだにスペンサー的な文化・社会進化が進化観の中心にある著作も多いが，本書ではダーウィン的な文化進化が主に扱われている。還元主義的であると批判しつつも，人間行動生態学や，1970年代以降のダーウィン的な文化進化の研究などを道具としてエンタングルメントの分析に組み込むことが模索されている。違和感のある記述がないわけではないし，還元主義的であるからこそ道具として使えるわけだが，人文学的な考古学との協働の可能性を探る自然人類学や関連分野の研究者にとっては，可能性を感じさせるものになっている。

多くの読者の関心は，本書を自分の研究に活かせるかにあるだろう。少なくない読者が，レヴィ・ストロースに対する批判のように，これは著者にしかできない名人芸ではないのか，という疑念を抱くのではないか。ひとつの可能性は，著者が述べるようにネットワーク科学などを援用した定量的分析だろう。しかし，訳者が巻末で述べるように，ネットワーク科学の手法をもちいたエンタングルメントの分析はまだ十分に洗練されていない。そしてそれは，著者だけで完結させられるものではない。本書で語られるアプローチに可能性を感じ，自分も貢献しようと思う研究者を，どれだけ惹きつけられるかにかかっているだろう。考古学におけるネットワーク科学の教科書が出版されるなど，分析の道具はかなり整備されている。また，過去ではなく，現代の遺物や遺構の保全と活用をとりまくヒトとモノ，たとえば収蔵庫や目録作成，展示の設備や制度などの比較的短期間の変化を分析対象としたほうが，参入のきっかけにしやすいかもしれない。参入のための障壁を下げる方策は思いつく。しかし，そのことで本書が提唱する「負の依存」的な関係に囚われる可能性も容易に想像できる。皮肉ではあるが，本書の射程の広さを表しているといえなくもない。

本書の巻末では原書の出版後の展開が紹介され，これも非常に有益である。他方，海外と日本のコミュニティの乖離が指摘される現状では，本書までの動線を引くこと，言い換えれば，想定される読者が持っている，考古学というよりは人文学一般の知識と，本書の前提知識の橋渡しをする必要があるようにも思う。難行をやり遂げた訳者に酷ではあるが，本書の系譜につらなる研究を適切に評価できるオーディエンスとコミュニティを育てるための，今後の活動にも期待したい。本書をめぐる議論を，賛同にしろ批判にしろ，蓄積できないことこそが日本の考古学コミュニティにとって損失だと思われる。

（田村光平）

小野　昭 著

ドナウの考古学

ネアンデルタール・ケルト・ローマ

四六判　250頁
1,980円
2024年3月
吉川弘文館

——2012年夏，純白のBMWは私たちを乗せ，時に200km近いスピードでドイツのアウトバーンを駆け抜け，ドナウ上流域の旧石器時代遺跡を目指した。やがてたどり着いたのはホーレフェルスなどいくつかの洞窟。世界最古のヴィーナス像などが発見され，「シュヴァーベンジュラにある洞窟群と氷河期の芸術」として世界遺産の構成要素となっている著名な洞窟群である。

ハンドルを握るのは小野昭，ドイツ留学を経験し彼の国の事情に精通していて，旅にも安心感がある。2024年3月上梓の本書『ドナウの考古学』の頁を繰ったとたん，10年以上前の懐かしい旅へと私は連れ去られた。

その跋文には「流域に点在する遺跡の“点”をドナウという川の“線”でつないで，ネアンデルタールからローマまで時代を下ることを試み」たとある。さすがに書中のケルトやローマ時代までは，評者には踏み込めない領域であるし，紙数もたりないので，ここでは訪れた旧石器時代遺跡をイメージしつつ，本書の内容を垣間見ることにしたい。

本書の冒頭，「氷河時代狩猟民の生活世界」で詳述されるホーレフェルス洞窟やそこから2.5km離れたガイセンクレステレ洞窟では，世界最古の骨製フルートが発見されたことでも注目を浴びた。実際，このフルートの音色が気になるところだが，小野はかつてプロのフルート奏者による演奏を現地で聞いたという（ちなみにYouTubeでHohle Fels Cave fluteで検索すれば，その音階が試聴できる）。バッハによるフルートソナタが発表される数万年も前から，この地でフルートが奏でられていたことは驚きである。

ホーレンシュタイン・シュターデル洞窟ではライオンマンと呼ばれるマンモスの牙製の半獣半人像が，フォーゲルヘルト洞窟ではウマやマンモスなどの見事な彫像などが見つかっているが，これら氷河期の芸術は，サピエンスの「象徴性に富む文化の創造行為」であると小野は述べる。

こうしたシンボリックな芸術作品は，日本でいえば応仁の乱の年代まで設立が遡るという由緒あるテュービンゲン大学の博物館で見学が可能である。私たちが大学を訪れた際には，ホーレフェルス洞窟などの調査を先導した著名な旧石器考古学者のニコラス・コナード教授が研究室ばかりかご自宅にまで招き入れ，その特色を語ってくださった。コナード教授らが唱えたドナウ上流域の後期旧石器時代の成立にかかわる「文化ポンプモデル仮説」は，本書でも登場する重要な仮説なので，ぜひ一読いただきたい。

さて，その風貌も含め考古哲学者とも思える小野の文章スタイルには独自なものがあり，本書でも随所で哲学的思惟がなされる。小野はしばしば科学における「反証可能性」について語ることがあるが，本書でも考古学における仮説の追証と反証の重要性についての言及がなされている。

また，小野の立場は民族考古学には禁欲的であるが，むしろ編年研究に傾斜しがちな従来の考古学にあって，方法論的に未開拓な比較考古学の可能性を追及する。たとえばヨーロッパと日本など広域の比較にあって何を基軸に据え議論されるべきかという問いが本書では基底をなす。

小野に導かれて旅したドイツのテュービンゲンでは，街中に電柱や電線が一切なく，飲み物の自動販売機の設置もゼロ，日本とはずいぶん違う街並みの美しさに感動したものだが，文化的景観の保全という思想は随所に感じ取られた。

書中「埋蔵記念物の保護施策」にも記されているが，例えばホーレンシュタイン・シュターデル洞窟などへの道路も，整備されすぎるほど整備されてはおらず，自然な感じで周囲の景観となじんでいた。日本のように「遺跡饅頭あります」などといったご当地土産や安易な上り旗なども乱立していない。環境や生態系への配慮とともに「観光の質」が重要であることが本書では説かれるが，確かにドイツが成熟した社会であることをうかがわせる一側面である。

国際記念物遺跡会議（ICOMOS）考古遺産管理国際学術委員会委員を務めていた小野からは，海外の遺跡保護の現状を耳にすることがあるが，ひるがえって日本では文化財保護のセクションが首長部局に置かれたり，観光考古学が提唱されるなどの動きが昨今目立っている。安易な客寄せに終始せず，自然や環境に十分な敬意を払った考古遺産の継承が重要であることを本書は教えてくれる。

ヨハン・シュトラウスの「青く美しきドナウ」を静かに流しながら，本書の世界に浸っていただくのもよいだろう。ただし，ドイツビールを注いだグラスを手にするかどうかは，時節柄，読者諸氏に強いることはできない。　　（堤　隆）

竹岡俊樹 著

考古学研究法
分析から意味論へ

A5判　224頁
5,280円
2023年5月刊
雄山閣

　本書は，考古資料をどのように分析し，それをいかにして，その背後にある文化システムに迫れるかという，竹岡俊樹の考え方を開陳したものである。著者の非常に広範な知識と深い洞察力に圧倒されてしまい，評者の理解不足から著者に失礼がないか非常に恐れている。また評者の専門は，著者が優れた成果を発表してきた石器と宝篋印塔ではなく弥生・古墳時代であることも予めお断りしておきたい。

　本書は「考古学の基礎的作業」，「自然科学について」，「何をよりどころに論じてきたのか」，「意味論へ」，「幻の力」，「歴史の復元」の6章からなり，そのうち，65頁が割かれている第1章が副題の「分析」をカヴァーし，第4章以降が「意味論」を扱っている。第2・3章は分析結果を意味論につなげてゆくステップを議論する内容であるが，とくにこの二つの章で日本考古学の弱点や問題点を著者が明確化している。

　第1章第2・3節では，著者による石器の分析方法が開陳される。第1〜24表を見ることで，著者がどの属性に注目し，どのように分類したかが客観的にわかり，読者も安心できる。第4節「分布論」では，剝片石器を対象としている段落は十分に説得力があるのだが，貝輪の段落ではそのほかの弥生時代資料の分布も考慮に入れる必要があるし，「邪馬台国はどこにあるのか」に至っては，第2章第2節「箸墓古墳は卑弥呼の墓か」を先に読まないと，著者が邪馬台国大和説を否定する根拠がわからない。邪馬台国論争は分布論だけの問題ではないのである。最後に，個々の年代が予めわかっている宝篋印塔の分析に基づき，分布の中心地から離れたところの宝篋印塔の時間的変遷は従来の型式学によってとらえることが困難と警鐘を鳴らす。賛成したい。

　第2章第2節では，放射性炭素年代測定に基づく前述の箸墓の年代推定が非常に恣意的に行われたことを明らかにしており，この年代比定こそが，邪馬台国大和説否定の柱になっている。第3章第1節では，海外の研究成果を引用する考古学者がカタカナ言葉を多用することを問題視する。これが海外の成果を引用する考古学者の論証過程をブラックボックスにしている現実は否めないと評者も思う。第3節「学史」での，砂川遺跡の再評価は説得力があるが，古墳時代研究については著者の勉強不足もあると感じた。前方後円墳体制論は，近畿地方中央部に限っては墳形・墳丘規模と副葬品の多寡の相互の相関関係が明瞭であり，一定の根拠に基づいたモデルであることを著者には認識して欲しかった。ただ，三角縁神獣鏡の分布が政治的支配関係の反映ではないことについては，賛成する。殉については，松山市葉佐池古墳や出雲市中村1号墳ではその蓋然性の高さを裏付ける調査成果が出ており，考古資料に基づいた議論が求められる。

　第4章第1・2節は考古資料に基づいているのだが，第3〜5節は杖，隼人以外については考古資料に絡めないで議論が展開されており，理解が困難だった。第5章も考古資料に絡めた議論がほとんどなく，理解が困難であった。考古資料に絡めた議論でも，「中国の璧と琮を並べれば前方後円墳の形になる」という文言は論理の大きな飛躍で，ついていけない。民俗学的知見を紹介するのはいいが，儀礼や習俗がどのような痕跡を地面に残すのかがわからないと，考古学的知見との統合解釈は非常に難しい。

　第5章第5節「世界観としての病因論」では，「神霊の祟り」が弥生時代までは遡る可能性があると推定するが，根拠は中世の一揆と古代の天皇である。最後に言及される卑弥呼については，彼女が神のような存在であった，彼女が共立されたことに関しては「合議制」のようなものが存在した，という解釈には賛成する。この合議制に関して，奈良県纒向遺跡では，東海・吉備・山陰の煮炊き用の土器や，関東・九州の貯蔵用の土器が出土しており，様々な遠隔地から来訪した地方豪族・有力者たちが饗宴に参加した可能性があって，合議に参加した豪族を九州に限定する必要はない。

　第6章第1節「縄文人のゆくえ」は，それなりに考古資料にも依拠した議論であり，とくに問題は見出さない。第2節「日本人は何者だったのか」も，評者がアメリカ留学中に勉強したルース・ベネディクトの議論に依拠しており，素直に受け止められる。

　最後に，「物の意味を知るためには，物がその役割を果たす文化システムを知る必要がある」という著者の立場には全面的に賛同する。しかし，その文化システムも一定程度の物質資料に依拠しないと目的達成は難しいことを，本書を通じて痛感させられた。

　　　　　　　　　　　　　　　（佐々木憲一）

浜田晋介 著

探究　弥生文化
下どんな論争があったのか

A5判　168頁
2,640円
2023年8月刊
雄山閣

　本書は，著者の専門分野である弥生文化に関する学史」を中心に編んだ下巻で，『探究　弥生文化　上　学説はどう変わってきたか』2022で著者が述べているように，『弥生文化読本』(2018)の姉妹編である。下の目次は以下のとおりである。

　全体は6章からなり，前章を受けて次章の論争へと，時系列に沿って展開し，人物や論考が折り重なるように登場し，全体の流れがよくわかる。

Chapter1　論争は，「証拠や理論・解釈から導き出された学説に対して，その妥当性を批評・批判すること」，「学問上の論争は，批判・批評を繰り返しながらそれに耐えた部分がその時点での合理的な分析結果として残り，それが繰り返され」「新たな証拠や論理が出現することで，その学説は否定され，新たな学説が形成」として，論争の重要性，論争の種類，論争のありかたについて説明する。

Chapter2　縄文・弥生土器，土師器は同じ素焼きの土器だが，日本考古学研究の初期では十分区別されていなかった。約140年前の1884年に，貝塚土器とは異なる土器が向ヶ丘貝塚で発見された。著者はまず，1896〜1904年までの蒔田鎗次郎を中心とした『東京人類学雑誌』上で繰り広げられた論争を紐解く。蒔田の「弥生式土器」に対し，「有紋素焼土器」，「埴瓮土器」などが提唱され，弥生式土器の定義・時期・使用方法・使用民族などが少しずつ解き明かされていく。その後は1906〜1930年代までの大野延太郎を中心とし，八木奘三郎とマンローの提唱した「中間土器」も巻き込み，祭器論説の大野と日常土器説の柴田常惠らの用途論争をへて，広義の弥生式土器から徐々に狭義の弥生式土器が認識されるようになる。

Chapter3　明治期の「穴居論争」をへて，前章の蒔田を本章の論争の中心とし，大野や八木らによる住居か祭儀関連かという弥生竪穴性格論争について述べる。1920年代以降になると，弥生の竪穴は住居であるとする説が主流となる。一方竪穴の用途として工房論や貯蔵庫説なども示され，井戸説を含め様々な竪穴論が展開する。戦後登呂遺跡の高床建物と平地建物の検出から，床の高さによる建物の分類が行われるようになる。なお，著者は竪穴論争の現代的な意味として，「竪穴」概念による分類表案を示し，問題提起を行う。

Chapter4　ミネルヴァ論争は，もっとも有名な学術論争である。著者は工藤雅樹が指摘したように，喜田貞吉のような『記紀』をもとにそれを検証する目的で考古資料を扱う方法ではなく，山内清男らの考古学的な編年の方法を中心に，実証主義を主張した点に論争の意義が存在する，と同意する。なお，近年桜井準也が短文ながら喜田に焦点をあてた評価の必要性を示し注目される[1]。

Chapter5　本章は，伝播論は森本六爾・小林行雄，文化変容論は山内が主役であるが，考古学だけではなく，生態人類学などより幅広い分野の研究者が絡むため，二つの章に分けた方がよかったのではないか。縄文人と弥生人をどのように考えるのか，また古墳時代人はどうか。弥生時代にすでに「日本人」がいたとする考古学者はいないと思うが，こうした基本的な歴史認識が考古学者内に形成されたのは古いことではなかろう。文化混交論も含め，いわゆる主体者論争が年代論も加えて蒸し返され再燃しそうである。

Chapter6　評者は修士論文で関東地方における弥生時代の戦争を検討し，武器や環濠などの防御施設の有無に加えて，火災住居の時期別の割合を調べた。これは佐原真の戦争の定義に倣ったものであった。戦争とは国家間の政治目的の達成のための行為であり，国家なき世界に戦争はないことになる。戦士の墓や殺傷人骨などからみると，矢掛から近接・肉弾戦が行われたことは間違いない。こうした暴力を，考古学的に位置づける努力が今後も必要なのであろう。「弥生戦争論争」は，現在進行形の論争である。

*

　本書を弥生研究者以外の多くの方にも上巻を含めて一読を進めたい。まだ多数の弥生論争が残されており，次の切り口も期待したい。なお，年表が欲しいと思うのは筆者だけであろうか。（及川良彦）

註
1)　桜井準也「ミネルヴァ論争を読む」『湘南考古学同好会々報』172，2023，pp.4439-4446

大場正善

細石刃の作り方の基本
―石器技術学におけるメトードの観点から―

山形県埋蔵文化財センター研究紀要第15号
p.3〜p.22

　民族誌学的記録化の概念である，動作連鎖の概念に基づく石器技術学では，製作者の頭脳で思考される原材から完成に至る石割りの仕様書・戦略であるメトードと，実際の剥離具と力の加え方，素材の保持の仕方であるテクニックの2つの概念に分けて製作技術を分析する。本論では，そのうちメトードについて，細石刃技術関連資料から読み取るための基本的な技術的要素に対し解説を行ったものである。

　従来，日本では細石刃製作技術の編年的位置づけのため，「湧別技法」や「矢出川技法」などといった，製作工程としての様々な「技法」が設定されてきた。一方，「技法」研究には，研究の進展にともない既存の「技法」との齟齬，細石刃核形態のみで「技法」の特定が困難，物理的に不可能な剥離工程といった実際の石器づくりとの乖離が著しい「技法」復原など，数多くの問題を孕んでいる。さらに，「技法」研究は，モノとしての作り方を指すのみであり，そのモノを作るヒトの姿が見えないことにも問題がある。

　そこで本論では，まず細石刃製作を例に製作者の頭脳で描かれるメトードについて解説を行った。メトードの復原は，植刃に適した形態の細石刃，つまりコンセプトを探り，そのコンセプトに合致した細石刃が製作される過程を石器群全体で検討することになる。一方，製作工程は石材の質や製作者の技量に左右されやすい。そのため，メトードはある種の理想的な製作工程となる。

　つぎに，メトードを読むために重要となる各種の調整に対する意味・意図，剥離の進行の仕方，剥離事故に対する対処の仕方などについて，図・写真とともに網羅的に詳細な解説を行った。解説は，筆者の考古資料の観察，及び実際の石器づくりによる裏付けに基づいており，一切の解釈を挟まず行っている。

　メトードとは，製作者の心理の現れであり，本論が資料から製作者の心理を読み解くための一助となれば幸いである。　（大場正善）

上條信彦

川原平(1)遺跡西捨場出土
植物遺体からみた食料資源利用

青森県埋蔵文化財調査センター研究紀要第28号
p.73〜p.83

　白神山麓にある青森県川原平(1)遺跡の西捨場では，人為的な貝層と同じ細分可能な植物堆積層が確認された。そこで，土のう計52袋分の土壌を水洗選別した。これにより，縄文時代晩期前半期の内陸における植物食利用の実態を探るとともに，各堆積層の範囲，体積，年代の検討を通じて，廃棄量を復元し，食料エネルギー源としての評価を行った。

　まず，トチノキ種皮7kgとオニグルミ核3kgを検討した結果，トチノキとオニグルミがそれぞれ異なる廃棄ブロックを形成していること，トチノキ種皮が全体の1/2以上が残る大破片と，それ以下の破片で層位別にまとまっていること，オニグルミは頂部か底部に打撃を与えられ，中身が取り出され，長幅比と重量で層位ごとに変化していることが確認された。また，廃棄ブロックの境界には，皮剥き作業時に殻が入れられた可能性のあるカゴか敷物と考えられる植物片が挟まっており，別の場所での作業後，捨場に搬入されたと推定した。その他の植物遺体約3,700粒は，上層には人為的な利用を示すキブシやクワ属，マタタ

ビ属，ニワトコ属，ウドが多く見られる一方で，下層は植生を反映している種が主であった。以上の差は，周辺植生の変化だけでなく，採集場所や作業工程の違いを反映しているとみられる。

　次に各堆積層に対する検討の結果，植物遺体の廃棄には3つの段階があり，大洞B2〜大洞BC期の約140年間に形成されたことが明らかになった。そこで，土壌1ℓ当たりの種皮の包含量を算出し，体積を乗じたところ，大洞B2式段階で約180〜230万個分のトチノキ種皮が堆積していることが判明した。大洞B2式を約50年間と仮定すると，1年間で約37,000〜46,000個分が採集，消費されたと推計される。当然ながら，条件設定や廃棄の濃淡などの誤差も考慮すべきであるが，トチノキが主要なエネルギー源として大量かつ集中的に利用された可能性が示唆される。　（上條信彦）

荒木幸治

弥生時代の播磨における居住形態
―縦穴建物変遷の小地域分析―

菟原3 森岡秀人さん古稀記念論集
p.19〜p.38

　弥生時代の竪穴建物は，主柱数や燃焼施設構造，そして竪穴形態といった属性が地域性をもちながら変化していく。本稿は東西約100km，南北約50kmという広大な面積をもつ播磨を，河川流域を基準として11地域に分けたうえで，竪穴建物がどのような地域性をもって変化していくのかを明らかにしたものである。竪穴建物の類型は，形態（円形／方形／多角形）3類型のほか，主柱数（2／4／多柱／4＋多柱／無し）5類型，燃焼施設（単一土坑／イチマル土坑／二段土坑／地床炉／炉無し）5類型の計75類型とし，それぞれの地域における類型の出現頻度を分析した。さらに，主柱間距離や面積によってもその地域差の

析出を試みた。その結果，弥生時代後期後半において，明石川流域や加古川下流域といった「先進的」な地域（「A地域」）ではいち早く小型方形化志向が見られるのに対し，それ以外の河川中・上流域を中心とした地域（「B地域」）では，円形建物の超大型化志向が維持，増長するといった変遷の差異が判明した。

ところで，当該期の小型方形竪穴建物にしばしばみられるベッド状遺構が建物内の機能分化を示すとすれば，小型方形化と機能分化によって，前時期と比べて建物内の「居住空間」が明らかに狭くなったと考えざるを得ない。これは，一つの竪穴建物に居住していた人数の減少つまり「世帯」の分割が起きたと評価せざるを得ず，集落構造の大きな変化を示すと推測した。そのうえで，当該期に竪穴建物の検出数が激増するのは，世帯分割によるみかけの竪穴建物数の増加がその理由と評価した。

本稿は，このように集落構造の変化が地域的なズレをもって継起していくことを示したものであり，弥生時代中期以来の「小世界の連続」でできていた弥生社会の特質として，他地域でも検討していく必要があると考えている。

（荒木幸治）

中野　咲

鋲頭型棺釘を用いた
飛鳥時代木棺の構造と展開

橿原考古学研究所論集第18

p.245 ～ p.254

古墳時代から飛鳥時代にかけての横口式石槨や漆棺（漆塗木棺・夾紵棺・漆塗り籠棺など）の採用および葬法の変化は，その系譜が百済に求められるものの，儀礼の実態や百済との差異は明確になっていない。その一因には，王陵級の漆棺をのぞく当該期の棺の実像が明らかではない点がある。この点に着目し，木棺の復元をおこな

うとともに，古墳時代後期後半に出現する鋲頭型棺釘を用いた木棺の構造や装飾性，分布や階層性，系譜について検討した。

棺は鋲頭型棺（鉄）釘や金銀のかぶせを施した銅鋲，鐶座金具などで装飾されるが，釘の用い方は様々で棺の姿も多様であった。木棺のうち客体的である釘付式木棺の中でも特殊な存在であり，中小規模古墳の初葬棺か追葬棺あるいは大形古墳の追葬棺に採用され，最上位の棺ではなかった。加えて，畿内とそれ以外では展開過程が異なっていたことが明らかとなった。

一方，畿内の有力古墳においては，黒漆塗で鐶座金具を用いて装飾する漆棺が採用されるが，古墳時代の釘付式木棺の伝統を継続し，釘の頭を見せないことが特徴である。鋲頭型棺釘を用いた木棺とは，採用される古墳の規模にとどまらず，系譜が異なると考えられる。鋲頭型棺釘や鋲・鐶座金具で装飾する棺の直接の系譜は，百済に求められ，この棺を採用する古墳の被葬者は，百済系渡来系集団あるいは彼らを通じて百済の情報や技術を摂取できた人物と想定できる。鋲頭型棺釘を用いた木棺は，百済的な棺や葬法のあり方を維持する一方，当該期の日本においては横口式石棺をはじめとするハードを受容したものの，葬法といったソフト面は変質して受容されたことが確認された。棺の復元を通じて葬法の実態に迫る手がかりを得た。

（中野　咲）

堀内秀樹

近世都市江戸出土の
貿易陶磁器研究

貿易陶磁研究 No.43

p.175 ～ p.185

本紹介は，日本貿易陶磁研究会において，前年に行った研究集会「あの遺跡，再び共有と展開」での報告をブラッシュアップしたものである。大会の趣旨は，「かつ

て問題提起の契機となった重要な遺跡の成果を，再確認，検証し，その後どのように展開したのか。40年を経て，今，「あの遺跡」と「あの問題」を再び共有するとともに，今後の課題と展望を一緒に議論する」ことであった。

江戸遺跡の貿易陶磁器研究は，1980年代後半に中世からの変化の視点で始まったが，1990年代以降，大名屋敷，下級武士や町屋などの調査例の増加とその場の活動に伴う貿易陶磁器が多く確認されたことで，近世都市江戸の様相として捉える視座が生じた。近世都市江戸が持つ特徴として，以下のように考えている。①幕藩体制の中心地であり，支配階級である武家が集住する。②武家階級とその消費を支える商工業者を含めて形成される巨大消費マーケットである。③文化の先進・発信地である。こうした構造は，領国城下町も共通であり，重層的構造であった。

貿易陶磁器研究でもこうした都市の性格の影響への言及がなされていった。連続性と断絶性（年代的連続性・断絶性のみならず，使用としての連続性・断絶性の言及は江戸社会を考える上で重要であった），階層性（17世紀と19世紀の消費階層の変化からの，江戸の文化や経済への言及），使用空間（階層的需要としての武家儀礼道具である貿易陶磁器と使用モデル），時間軸としての位置（江戸時代初頭の貿易陶磁器編年への言及），需要の所在（17世紀を中心とした武家需要と特に19世紀を中心とした文人趣味に関わるトレンドの指摘など消費マーケットへの言及），価値観（唐物への評価と市場の価値観の変遷）などである。

今後の研究課題としては，貿易陶磁器の分類，生産地特定の問題，流通・用途・製品階層差・伝世，国内市場への影響や競合などがあげられる。

（堀内秀樹）

■報告書・会誌新刊一覧

■菟原 3 森岡秀人さん古稀記念論集 菟原刊行会 2023年9月 B5判 354頁

古墳時代中期の馬具保有古墳についての一考察————尼子奈美枝

弥生時代の播磨における居住形態—竪穴建物変遷の小地域分析————荒木幸治

近江の石造宝篋印塔の変遷における鏡神社塔の位置について————上垣幸徳

近畿地方における小形仿製鏡の系譜に関する一考察—和泉市惣ヶ池遺跡鏡を中心に————上田裕人

三雲城の滋賀県史跡指定の経過について————氏丸隆弘

古墳時代の家族形態と親族構造について—集落遺跡・群集墳・首長墓系譜の分析から————太田宏明

一石五輪塔の製作技法—徳島市丈六寺所在未製品を巡って————海邉博史

挟上鑵子塚古墳の墳丘————木許 守

ウィリアム・ゴーランドの滋賀県来訪記録に関する覚書—近江の考古学黎明期異聞————田井中洋介

『伊勢物語』と芦屋市の「みやび」—古代の摂津国菟原郡芦屋郷からつながる「芦屋」のイメージ————竹村忠洋

瀬戸内島嶼部の砂質海岸で検出された中世の埋没塩田面の遺跡形成過程—愛媛県弓削島の高浜八幡神社境内発掘地での地形学・土壌微細形態学による検討から————辻 康男

芦屋市金津山古墳の墳丘盛土————土井和幸

堺出土の官窯系朝鮮白磁————永井正浩

滋賀県における凸帯文土器の炭素14年代について————中村健二

湖北の説話を考える③—西原雄大

展望 山陰弥生墓研究上の課題————西村 葵

泉佐野における南北朝時代の城郭—樫井城と土丸・雨山城————西村 歩

兵庫県東南部における弥生時代中期サヌカイトの供給状況————襪宜田佳男

八十塚古墳群岩ヶ平支群出土の武器と馬具—八十塚古墳群は，武器・武具の少ない古墳群といえるのか————白谷朋世・西岡崇代

摂津市光蓮寺所蔵の弥生時代前期の広口壺について————濱野俊一

弥生時代木棺の小口板の木取りについて—神戸市北青木遺跡の事例を起点にして————福永伸哉

博列建物研究————藤本史子

画文帯神獣鏡2例について————村川義典

出土遺物から見た城館遺構論————山上雅弘

火葬の導入をめぐる憶測2つの書評に答えて————渡邊邦雄

滑石製模造品祭祀の初源————渡辺 昇

■北杜 2 辻秀人先生古稀記念論集 辻秀人先生古稀記念論集刊行会 2023年10月 A4判 200頁

北海道島における縄文時代晩期初頭の土器様相—恵庭市西島松5遺跡出土の東三川I式土器の検討から————佐藤 剛

古墳時代前期の土器編年—仙台平野とその周辺————青山博樹

那須烏山地域における古墳出現期の土器様相—北原遺跡を中心として————鈴木芳英

伊勢崎市阿弥陀古墳の調査成果と墳丘築造過程————勢藤 力

宮城県の横穴墓についての基礎的研究————百々千鶴

関東系土師器の出土状況とその考察—宮城県における古墳時代後期から終末期を対象として————伊東静香

東北地方における7-8世紀の東海産須恵器の流通————佐藤敏幸

「移民」と「新型土師器坏」—宮城県内における囲郭集落をもとに————大谷 基

黄金山産金遺跡の軒平瓦—瓦当文様の観察と復元から————福山宗志

平安時代における穿孔土器祭祀の一検討—大釜館遺跡の事例を中心として————田中美穂

遠江勝間田城の再検討————溝口彰啓

近世製鉄遺跡における技術移転の問題—中国地方から東北地方への流入をめぐって————三瓶秀文

■青森県立郷土館研究紀要 第47号 青森県立郷土館 2023年3月 A4判 154頁

[資料紹介] 六ヶ所村村柳沼周辺採集考古資料————神 康夫・杉野森淳子

■特別史跡 三内丸山遺跡研究紀要 4 三内丸山遺跡センター 2023年3月 A4判 51頁

三内丸山遺跡出土木製漆塗り竪櫛の構造分析についての報告————片岡太郎・髙橋 哲

円筒土器文化における集落の実態をさぐる—時期差・地域差・存続期間の比較研究————三内丸山遺跡センター

■研究紀要 第28号 青森県埋蔵文化財調査センター 2023年3月 A4判 124頁

青森県における縄文時代草創期～早期土器の年代測定（1）————小林謙一・佐藤智生・相原淳一

縄文時代早期の黒曜石製石器原産地推定分析に関する概要報告————根岸 洋・岡本 洋

青森県域における縄文時代の石器集中について（その2）————齋藤 岳

北東北における縄文時代の鳥形土器————田中珠美

青森県域における古墳時代の土器について（1）————木村 高

共同研究について—秦 光次郎・田中珠美・藤原有希

共同研究の目的と方法—関根達人

津軽ダム関連遺跡群から出土した縄文土器の胎土分析—関根達人・柴 正敏・佐藤由羽人

川原平（1）遺跡西捨場出土植物遺体からみた食料資源利用————上條信彦

津軽ダム関連遺跡群から出土した縄文漆のX線CT分析————片岡太郎・鹿納晴尚

白河市近辺における佐竹氏関係城館の成立背景⋯⋯⋯⋯山本浩之

備中国・南山城跡の再検討—クラスター分析と縄張り調査の成果から—⋯⋯⋯⋯和田　剛

尾張岩倉城の構造—地籍図等からの再考—⋯⋯⋯⋯⋯高田　徹

下総小金領の城郭と突出する櫓台について⋯⋯⋯田嶌貴久美

越後・坂戸城の考察（上）—縄張図を中心とした研究史・城の歴史と構造—⋯⋯八巻孝夫

横田中丸城と川口玉縄城（福島県金山町）の縄張と城の役割⋯⋯⋯⋯⋯⋯⋯目黒公司

郡山城攻めにおける尼子氏の陣城について—タヌケガ城の縄張を中心に—⋯⋯⋯⋯寺井　毅

青梅市要害山の城郭遺構⋯⋯⋯⋯⋯⋯⋯⋯田中俊輔

桶狭間の戦いの起因と勝因⋯⋯⋯⋯⋯⋯藤本正行

若狭武藤氏の城郭配置と改修—朝倉氏の若狭支配と織田氏侵攻の狭間で—⋯⋯⋯田中俊輔

三坂向館について⋯⋯山本浩之

■**西相模考古**　第30号　西相模考古学研究会　2023年8月　B5判117頁

中里遺跡の「南東北系」とされる弥生土器について⋯⋯植木雅博

中部・関東の磨製石鏃の追加資料⋯⋯⋯⋯⋯⋯岡本孝之

有角石器の遺跡内接合例（2）—千葉県市原市御林跡遺跡出土の有角石器の再検討—⋯小澤清男

相模の伊場式系祭祀用土器（後編）装飾高坏⋯⋯⋯⋯池田　治

■**新潟県考古学会2022年度秋季シンポジウム**　石器・鉄器からみた新潟の弥生時代—広域的な交流と特質」発表要旨』新潟県考古学会　2022年10月　A4判　58頁

新潟の弥生時代石器・鉄器研究の現状と課題⋯⋯⋯森　貴教

新潟の弥生石器—石器使用痕分析を中心に—⋯⋯⋯⋯沢田　敦

石鏃からみた新潟の弥生時代集落⋯⋯⋯⋯⋯⋯塩野寛人

東日本における弥生時代の鉄器—

鉄器の製作・入手・消費からみる地域性—⋯⋯⋯鈴木崇司

弥生鉄器普及論と日本海沿岸地域の様相⋯⋯⋯⋯村上恭通

■**三面川流域の考古学**　第19号奥三面を考える会　2022年10月A4判　70頁

新潟県における古代の仏教関連資料について⋯⋯⋯山崎忠良

新潟市石動遺跡および長岡市松ノ脇遺跡出土の天王山系列土器群の口縁部文様について⋯⋯⋯⋯⋯⋯⋯渡邊朋和

村上市三角点下住居跡の基礎的研究⋯⋯⋯⋯⋯⋯小野本敦

魚沼地域出土羽釜の新例—南魚沼市坂之上遺跡，川尻西遺跡出土羽釜の紹介—⋯⋯⋯⋯⋯田中祐樹・高木公輔

新潟県出土の玦飾について⋯⋯⋯⋯⋯⋯⋯⋯松本吉弘

■**新潟史学会第72回研究大会資料**新潟史学会　2022年11月

新潟における弥生時代高地性集落の研究—長岡市赤坂遺跡第1次・第2次調査の成果と課題—⋯⋯⋯⋯森　貴教・青木　要祐

■**信濃**　第75巻第9号　考古学特集「追悼　桐原　健氏」信濃史学会　2023年9月　A5判　96頁

追悼　平出遺跡と桐原健先生⋯⋯⋯⋯⋯⋯小林康男

桐原健先生の縄文時代研究—土偶研究を中心に—⋯⋯綿田弘実

五〇年来の宿題⋯⋯⋯市澤英利

信州の古墳との関りと桐原先生⋯⋯⋯⋯⋯⋯西山克己

桐原先生の二つの教えと「山地居住人」⋯⋯⋯⋯原　明芳

人生と学問の師　桐原健先生⋯⋯⋯⋯⋯⋯市川正夫

七世紀以前の奈良井川西岸⋯⋯⋯⋯⋯⋯直井雅尚

大室古墳群調査に忘れざる，戦後の分布調査と後藤守一・明治大学教授の調査—永野豊三郎を継いだ栗林紀道と赤塩郡住の功績—⋯⋯⋯⋯三上徹也

大型竪穴建物から古代社会を考える⋯⋯⋯⋯⋯小平和夫

安曇郡成立期の考古学的追究⋯⋯⋯⋯⋯⋯百瀬新治

■**高井**　第224号　高井地方史研究会　2023年8月

根塚遺跡の三韓土器について—発見記録と若干の覚書—⋯⋯⋯⋯⋯⋯⋯室　正一

古墳に葬られた人々（二）⋯⋯⋯⋯⋯⋯土屋　積

■**文化財信濃**　第50巻第2号　長野県文化財保護協会　2023年10月　A5判　30頁

薙鎌をめぐって—身近なところにある文化財—⋯⋯笹本正治

関跡の歴史を福島の景観から読む—史跡　福島関跡　保存活用計画の策定をふまえて—⋯⋯⋯⋯⋯⋯鋤柄俊夫

■**飛騨市山城シンポジウム**　姉小路氏城館跡の実像に迫る　飛騨市教育委員会　2023年10月　A4判　42頁

史跡の保存と使用について⋯⋯⋯⋯⋯⋯渋谷啓一

全国の山城と姉小路氏城館跡について⋯⋯⋯⋯⋯中井　均

戦国時代の飛騨国の武家とその支配〜姉小路氏・三木氏・金森氏をめぐって〜⋯⋯⋯仁木　宏

飛騨地方戦国期城郭石垣の様相—姉小路氏城館跡を中心に—⋯⋯⋯⋯⋯⋯内堀信雄

縄張りから見た姉小路氏城館跡について⋯⋯⋯⋯加藤理文

姉小路氏城館跡とその周辺の空間構造⋯⋯⋯⋯山村亜稀

■**織豊城郭**　第21号　織豊期城郭研究会　2023年9月　A4判261頁

織豊系城郭の石垣研究の新視点⋯⋯⋯⋯⋯溝口彰啓

織豊系城郭の瓦研究の新視点⋯⋯⋯⋯⋯山口誠司

織豊系城郭の礎石建物（天守台）研究の新視点⋯⋯⋯早川　圭

駿府城天正期天守台の発掘調査成果⋯⋯⋯⋯⋯⋯増山　慎

東日本における豊臣政権の城郭政策—天正13年体制と天正18年体制から見た城郭政策—⋯⋯⋯⋯⋯⋯松井一明

ケ（綱掛）の意味するものと宮座———浦西　勉

遺構・遺構移設保存考—史跡の現地保存の原則に反する事例———建石　徹

■**紀伊考古学研究**　第26号　紀伊考古学研究会　2023年8月　B5判　81頁

壁川崎遺跡の露頭断面採集資料—旧石器包含層の確認に向けて———中原正光

大木系石器群の中部以西への波及とその様態—和歌山県天田橋南出土の石匙から———橋本勝雄

和歌山県北部で採集した旧石器・縄文時代資料について———北村純治

紀伊における初期石塔の生産と流通—紀伊北部地域に分布する中世の滑石製石塔———北野隆亮

日高町小池古墳出土遺物について———仲辻慧大

和歌山市船戸山古墳群で採集されたヒスイ製勾玉———前田敬彦

■**徳山地方郷土史研究**　第44号

周南市立中央図書館内徳山地方郷土史研究会　2023年3月　A5判　114頁

小倉口の戦いの真相〜龍馬も参戦した！———田中洋一

天王森古墳出土の形象埴輪と角国の古代———西村修一

徳山藩絵師朝倉南陵と朝倉家墓所墓仕舞———栗﨑　健

新庄藩古文書で浮かび上がった「毛利飛騨守（元次）預り」の件———木原陽一郎

〜徳山下松港開港一〇〇周年記念〜丸山助二郎評伝———浅田洋二

【台南聖廟考復刻版】発刊に寄せて———国重義久

古写真の収集について（第二回）———森重祥子

■**徳島県立博物館研究報告**　第33号　徳島県立博物館　2023年3月　A4判　94頁

八貫渡銅鐸考———菅原康夫

前山遺跡の馬形埴輪の徳島県における位置づけ———河内一浩

■**ミュージアム調査研究報告**　第14

号　香川県立ミュージアム　2023年3月　A4判　100頁

江戸時代〜昭和時代の薬看板とその変遷———長井博志

本莚寺松平頼該霊廟の調査—高松藩主松平家墓所の系譜における位置———渡邊　誠・竹内裕貴・降幡順子・尾野善裕・野村美紀・古野徳久

■**紀要愛媛**　第19号　愛媛県埋蔵文化財センター研究紀要　公益財団法人愛媛県埋蔵文化財センター　2023年5月　A4判　100頁

弥生時代中期後葉における矢羽根透孔の分布———山口莉歩

石器の生産と流通にかかわる集落—弥生時代中期の瀬戸内地方における検討———乗松真也

可動域による鉄釧の分類—鍛冶作業の理解にむけた実験的検討———石貫弘泰

弧帯文を描いた伊予の複合口縁壺———松村さを里

別名端谷Ⅰ遺跡2次調査における古代の土器埋納遺構について———青木聡志

湯築城跡出土の土製護摩炉———柴田圭子

■**高知県立高知城歴史博物館研究紀要**　第5号　公益財団法人土佐山内記念財団高知県立高知城歴史博物館　2023年3月　A4判　80頁

土佐藩主山内家墓所と石材調達—開発・堀浚・津波———望月良親

山内家資料中のフズリナ石灰岩製硯———三本健二・中山　健

■**南国史談**　第46号　南国史談会　2023年5月　A5判　124頁

長谷寺の梵鐘———松井　喬

■**九州考古学**　第98号　九州考古学会　2023年11月　B5判　172頁

墓地からみた北部九州初期弥生社会—埋葬属性間の相関分析と空間分析を中心として———端野晋平

吉野ケ里遺跡出土層灰岩製石器の石材原産地推定と考古学的意義———森　貴教・柚原雅樹・渡部芳久・梅﨑惠司・川野良信

古墳時代後・終末期における鐔付

大刀の副葬とその性格—北部九州を対象に———出見優人

野多目地域の開発史———朝岡俊也

栄山江流域三国時代土器生産体系の展開様相と地域性———李　志映（訳：小池史哲）

西北九州の大珠—長崎県・大野台支石墓群と狸山支石墓群の大珠再検討———水ノ江和同・大坪志子・中尾篤志・栁田裕三

福岡県糟屋郡粕屋町駕与丁池等の旧石器関連資料について—中原志外顕寄贈資料を中心として———福島日出海

関行丸古墳第3屍床出土の方格T字鏡———徳富孔一

高野山奥之院発見の門司城主長岡勘解由造立の五輪塔———木下浩良

■**南島考古**　42号　沖縄考古学会　2023年7月　B5判　87頁

伊礼原遺跡における先史時代漂着軽石の化学組成分析———桒畑光博・足立達朗・米須菜摘美

トカラ列島・横当島調査追補———新里貴之

グスク時代出土銭貨からみた貨幣流通の推移———宮城弘樹

沖縄県八重山地域におけるブタの出現—下田原貝塚出土資料を中心に———新美倫子・玉城　綾

「大天」「天」銘の意味（上）—高麗系瓦にみる浦添グスク有力者の支配イデオロギーと太陽子思想への道———仁王浩司

与論島発見の緑釉玉壺春瓶について———南　勇輔

統計データからみた沖縄県の埋蔵文化財行政の現状—『埋蔵文化財関係統計資料』を基にして———大堀皓平

報告書・会誌新刊一覧●編集協力

◎時枝　務　◎福井淳一（北海道）◎利部　修・大竹憲治（東北）◎関口慶久・村山　卓・阿部昭典・山口正紀（関東）◎河西克造（中部）◎水澤幸一・藤田富士夫・伊藤雅文（北陸）◎勝又直人（東海）◎江谷　寛（近畿）◎白石祐司（中国）◎岡本桂典（四国）◎小林昭彦（九州）

考古学界ニュース

九州地方・・・・・・・・・・・・・・・・・

☑ 鹿児島 県内で暗文土師器出土，尾長谷迫遺跡　指宿市教育委員会の調査で，尾長谷迫遺跡（同市西方）から飛鳥時代の暗文土師器が出土した。出土した暗文土師器の口径は17.1cm，高さ6.4cmで，南九州に分布する成川式土器と共に割れた状態で出土した。器内面には金属製の光沢を表現した放射線状の線が施されている。暗文土師器は飛鳥時代から近畿地域で生産された畿内産土師器を模倣したもので，官衙に関連する遺跡から発見されることが多い。これまでは宮崎県西都市の寺崎遺跡や宮ノ東遺跡が南限とされていた。

☑ 鹿児島 弥生中期の木製弓発見，六反ケ丸遺跡　鹿児島県文化振興財団埋蔵文化財調査センターの調査により，六反ケ丸遺跡（出水市六月田町）から弥生時代中期のものと考えられる木製の弓4張が，深さ約4mの層から腐食を免れた状態で発見された。最も大きいもので長さ87.9cm，小さなものは46.1cmで，幅は2.2〜2.7cm。樹種，出土状況から祭祀に使用された可能性が高い。同遺跡は出水平野を流れる米ノ津川の右岸，標高約6mの自然堤防上に位置し，これまでの発掘調査で縄文時代晩期から近世までの遺構が見つかっている。

☑ 熊本 奈良時代の稲を納めた正倉跡か　熊本市文化財課による調査で，大江遺跡群（同市中央区大江3丁目）から奈良時代の大規模な掘立柱建物跡が見つかった。調査面積は988㎡。発見された建物跡は規格性のある形状・規模・間隔で検出され，2月の調査終了時までに，柱穴46基，4棟の建物跡を確認した。柱の直径は最大40cm，柱を据えた穴の直径は最大1.5m。このうち1棟は一辺が6〜7mほどの大型の総柱建物で，周辺から炭化した米が発見されたことから，役所へ税として納められた稲（租）を保管した倉庫（正倉）であった可能性が高いという。同遺跡ではこれまでにも柱跡が発見されており，律令国家のもと，肥後の国の国府や託麻郡の郡衙があった候補地として注目されてきた。

四国地方・・・・・・・・・・・・・・・・・・

☑ 徳島 辰砂採掘遺跡から新たな出土品　阿南市による発掘調査により，若杉山辰砂採掘遺跡（同市水井町）から弥生時代後期の甕の一部とみられる土器片や，敲打痕の残る長さ約15cmの石製の杵が出土した。周辺ではこれまでの調査で石杵や石臼，辰砂鉱石が大量に見つかっており，石杵や石臼などの石器を用いて辰砂を朱に加工する工程を若杉山辰砂採掘遺跡で行っていたことがわかっている。同遺跡は，弥生時代後期から死者を弔う儀式などに使う朱の原料となる辰砂が採掘されていたことがわかる全国唯一の遺跡で，国の史跡に指定されている。

中国地方・・・・・・・・・・・・・・・・・

☑ 岡山 造山古墳において城郭遺構を調査　岡山市による調査で，造山古墳（同市北区）から新たに備中高松城の水攻めに伴うとみられる城郭遺構が確認された。今回の調査範囲は後円部墳頂で，古墳築造以降に掘られた柱穴や，墳丘を削平した土を用いた土塁などが検出された。土塁の盛土内からは埴輪片や後世の土師器が出土。中心部付近の土と埴輪がまとめて盛土に用いられる。また，墳頂平坦面の大部分が後世に造成されていることが分かった。全国で4番目の規模を誇る造山古墳は5世紀前半築造の前方後円墳で，豊臣秀吉による備中高松城の水攻めの際に毛利方の砦として使用されたと考えられ，現地では土塁や曲輪，竪堀などの遺構が観察できる。

近畿地方・・・・・・・・・・・・・・・・・

☑ 奈良 奈良町遺跡から高麗青磁や中国産緑釉陶器　奈良市埋蔵文化財調査センターによる調査で，奈良町遺跡（同市内侍原町・高天市町）から平安〜鎌倉時代に輸入された高麗青磁や中国産緑釉陶器が出土した。12世紀末の遺構から出土した高麗青磁は，酒などを入れて使用した梅瓶と呼ばれる容器の一部で，象嵌によって鶴などの文様が描かれている。中国産緑釉陶器は13世紀ごろに中国福建省で製作された。型押しにより成形，施文がおこなわれている。この他にも，青磁の香炉破片や「興福寺」の銘がある瓦，平城京造営後に削平された5世紀ごろの古墳の周溝の一部や平城京の条坊道路が発見された。

☑ 兵庫 石積みの防波堤発見，神戸海軍操練所か　神戸市による開発事業に伴う発掘現場（同市中央区新港町）から，元治元年（1864）に勝海舟の献言により幕府が開設した神戸海軍操練所の遺構とみられる石積みの防波堤が見つかった。神戸海軍操練所は海軍士官の養成施設や戦艦修繕のためのドックを併設していたが，開設からわずか1年足らずで閉鎖。その後，操練所遺構を土台に港湾施設が建設され，慶応3年（1868）に神戸港として開港した。操練所は約5.7haに広がっていたとみられ，今回遺構が確認されたのはそのうち約800㎡。石積みの防波堤は操練所創設期のもののほか，神戸港開港時，明治時代中期以前のものとみられる三つの時代のものが重層的に発見された。幕末に開港した5都市（神戸・函館・横浜・新潟・長崎）で開港当時の遺構が見つかったのは今回が初めてだという。

☑ 京都 拝田14号墳で埴輪列と周溝を確認 公益財団法人京都府埋蔵文化財調査研究センターによって、全18基からなる拝田古墳群のひとつ、拝田14号墳の発掘調査が行われた。その結果、一部のトレンチで葺石・埴輪列・周溝を確認した。埴輪列は、周溝の少し内側の平坦面で見つかり、古墳を一周していると100本以上が並んでいたことになる。周溝内からは、円筒埴輪の他、蓋形、朝顔形などの埴輪も見つかった。周溝の外周まで含めると直径40m級の円墳となり、墳丘中央部のトレンチでは、割竹形と見られる木棺の痕跡および、木棺内部に塗られた朱が残存していた。円筒埴輪の様相から、古墳時代前期末から中期初頭に相当する古墳と考えられ、主体部、外表施設などをふまえると、地域の首長墳レベルの古墳である可能性が高い。

☑ 滋賀 坂本城から石垣発見 大津市の調査で、坂本城跡（同市坂本下阪本）から石垣や堀などの遺構が検出された。今回の調査面積は約900㎡。16世紀後半に埋没した石垣をもつ堀が、長さ30mにわたり検出された。石垣の高さは0.9～1.2mだが最上部の石が崩落しているため、本来はもう1～2段分の石が積んであったと考えられる。あわせて検出された堀は幅8m以上で、帯水していた可能性がある。城郭の西にあたる三の丸の堀と推定され、これまで想定されていた坂本城の南端外郭より約100m小さくなる。坂本城は元亀2年（1571）、比叡山焼き討ち後、織田信長の命により、滋賀郡支配の拠点として明智光秀が築城した。天正10年（1582）、本能寺の変後に焼失。再建された坂本城は天正14年ごろ、大津城の築城に伴い移築された。築城からわずか15年程度で廃城となったため、絵図などの詳細な記録がほとんど残っていない。これまでの発掘調査で、本丸推定地では16世紀後半の遺構や大量の瓦などが発見されていた。

中部地方

☑ 岐阜 岐阜城山頂部に饗応施設か 岐阜市による調査で、岐阜城（同市天主閣）のある金華山山上部分から、かわらけの破片21点と、庭に使用したとみられる円礫115点が確認された。天守南側通路の西側斜面、通路から約6m下の石垣下段付近の堆積土から出土した。山麓の織田信長の居館跡から大規模な庭園跡が確認されているが、山上部で庭園の存在の可能性を示す遺物が発見されたのは初めてで、饗応施設の可能性もある。

関東地方

☑ 神奈川 本社B遺跡で古墳を確認、市内で4地点目 茅ヶ崎市の調査で、本社B遺跡（同市浜之郷）で古墳が確認された。確認されたのは円墳の一部で周溝とみられる。これまでの調査で近隣の宮ノ腰遺跡で円墳が発見されており、同地域では以前から古墳の存在が確認されていた。今回近隣で2基目の発見であり、群集する可能性がでてきた。この他に市内で古墳が見つかったのは堤の十二天古墳と呼ばれる前方後方墳と円墳、JR茅ケ崎駅付近にある前方後円墳とされる石神古墳、芹沢の臼久保A遺跡の円墳3基である。古墳には古代政権と関わる有力者が葬られた可能性があり、これまで市内で明確になっていない中央と地方豪族の在り方を示す手がかりとなる可能性がある。

☑ 東京 英国大使館跡から弥生の集落跡 千代田区の調査で、英国大使館跡（同区一番町）から弥生時代の集落跡などが確認された。1月末時点で、竪穴住居跡は縄文時代のみのが3軒、弥生時代のもの

が43軒確認された。調査区域は約7,700㎡。江戸時代には旗本や大名の武家屋敷などとして利用されていたと考えられ、これに伴う上水木樋や井戸、地下室も確認された。

☑ 千葉 1万1000年前の土器と判明、坂ノ越遺跡 坂ノ越遺跡（同市緑区）で、1979年に出土した土器の年代が、約1万1000年前に遡ることが明らかになった。当時の調査では、約8,000年前の文時代早期後半の遺物や遺構が検出されていた。今回、明治大学資源利用史研究クラスタ（代表阿部芳郎）と千葉市教育委員会がこのうち古い時代の特徴を示す土器2点を再検証。土器内面に付着していた炭化物の年代を測定したところ、縄文時代草創期後半に遡ることが判明した。この2点は、長さ約2mの楕円形の浅い掘り込みの土坑から出土。復元すると底面が平らな筒状の土器で、敷物の圧痕跡や櫛状の工具を用いた条線や刺突文様が確認できる。以上から、これらの土器を新たに「坂ノ越式土器」と設定することが提唱された。

☑ 千葉 縄文時代の丸木舟が密集して出土 千葉県教育振興財団の調査により、高谷川低地遺跡（山武郡横芝光町）から全形のわかる丸木舟が合計15艘出土した。このうち9艘は北西方向に15m程の帯状の範囲に折り重なるように分布し、現在の水田面から約1.5～2.0mの深さから密集して検出された。周辺からは縄文時代後期の加曽利B式土器や、漆塗りの櫛、弓などの木製品、骨角器なども出土した。同遺跡を流れる高谷川が借当川と合流する栗山川水系では、過去にも多数の丸木舟が出土している。

東北地方

☑ 青森 聖寿寺館跡からサイコロ

出土　南部町教育委員会による調査で，聖寿寺館跡（三戸郡南部町）からシカの角製とみられるサイコロが出土した。一辺1.2cmの立方体で，倉庫と考えられる竪穴建物跡から出土した。これまでの調査で盤双六に使われる円形の駒が見つかっていた。サイコロと駒がセットで発見されるのは東北地方では初めてだという。同遺跡は，奥州街道と鹿角街道の合流点付近，馬淵川沿いの交通の要衝に立地する。15世紀前半からの三戸南部氏の本拠地と推定されており，天文8年（1539）に焼失したと伝わる。これまでの調査面積は約29,528㎡に及ぶ。

学会・その他

　研究助成基金の募集　公益信託吉田学記念文化財化学研究助成基金の2024年度（第28期）研究助成対象の募集が行なわれている。研究テーマは文化財化学に関する研究で，特に，自然科学的手法を援用した考古学研究，古学研究に資する文化財科学研究が望ましい。募集条件は①若手研究者（大学院生を含む）の個人研究であること，②研究計画が独創的かつ優れたものであること，③原則として年齢満40歳以下の研究者を主担当とする研究であること，④応募できる件数は1件とする，⑤申請者，及び申請課題について知悉している者からの推薦が受けられること。前年度の受給決定者とテーマは以下の通り。

　平岡　和「ニワトコの歴史生態学的研究：縄文文化における「エゾニワトコの人為拡散仮説」の検証」，三浦　麻衣子「戦国時代の鉄砲玉に関する研究-東国出土資料を中心に-」，河野　摩耶「朱の産地推定による日本国家形成期の対外交流ネットワークの構築」，白石　実希「胎土分析に基づく土器の復元製作」

締切は6月28日（金）必着。助成金は1件20〜50万円。連絡先は東京都港区芝3-33-1三井住友信託銀行個人資産受託業務部公益信託グループ　吉田学記念文化財化学研究助成基金　申請口（Tel：03-5232-8910）

　「文字が語る古代のくまもと」3月15日から，くまもと文学・歴史館（熊本県熊本市中央区出水2-5-1，Tel:096-384-5000）にて特別展が開催されている（5月6日まで）。海外やヤマト王権との交流を契機に古代肥後に広まった漢字文化。江田船山古墳から出土した大刀銘文は，肥後の豪族が渡来人・漢字を受容したことを示す。熊本で出土した木簡・墨書土器や写経・石碑などから古代肥後の歴史・文化を辿る。

　「古代の瓦と天蓋のかがやき」3月23日から，島根県立八雲立つ風土記の丘（島根県松江市大庭町456，Tel:0852-23-2485）にて令和6年春季企画展が開催されている（6月17日まで）。律令時代，風土記の丘周辺は，古代出雲の政治・経済・宗教の中心地として栄え，出雲国府を取り囲むように国分寺などが建立された。松江市周辺の遺跡に分布する奈良・平安時代の瓦や天蓋を紹介する。

　「比叡山麓の縄文世界」3月6日から，京都大学総合博物館（京都府京都市左京区吉田本町，Tel:075-753-3272）にて企画展が開催されている（6月9日まで）。縄文時代，比叡山から東山一帯にかけての山麓は照葉樹の森が広がり，滋賀里遺跡など多数の遺跡が発見されている。1948年の調査以降，多くが未公開であった滋賀里遺跡資料を一般公開し，あわせて比叡山麓の東西に展開した縄文遺跡の史料を紹介する。

　「古代の稲作と実験考古学」2月23日から，静岡市立登呂博物館（静岡県静岡市駿河区5丁目10番5号，Tel:054-285-0476）にて春季企画展が開催されている（5月12日まで）。登呂遺跡では，発掘調査の結果をもとに住居や水田を再現整備している。静岡大学と共同で取り組む水田稲作の復元実験について，その過程と成果を紹介し弥生時代の水田耕作の実態を明らかにする。

　「土器でみる一万年　宮代の縄文」3月19日から，宮代町郷土資料館（埼玉県南埼玉郡宮代町字西原289，Tel:0480-34-8882）にて企画展が開催されている（7月7日まで）。宮代町の遺跡からは縄文草創期から晩期までの土器が出土している。その形と文様の変化，製作道具に焦点を当てる。

　「東吾妻の弥生〜古墳時代の集落と墓」2月18日から，発掘情報館（群馬県渋川市北橘町下箱田784-2，Tel:0279-52-2511）にて最新情報展が開催されている（6月6日まで）。古くから吾妻郡の交通拠点に位置する四戸遺跡，四戸古墳群，新井遺跡について，発掘調査成果を展示する。

　「盛岡を発掘する―令和5年度調査速報」2月3日から，岩手県盛岡市遺跡の学び館（岩手県盛岡市本宮字荒屋13-1，Tel:019-635-6600）にて埋蔵文化財調査資料展が開催されている（6月9日まで）。令和5年度に発掘を行った市内の遺跡について，最新の調査成果を展示・解説する。主な遺跡は，落合遺跡，百目木遺跡，乙部方八丁遺跡，国史跡 盛岡城跡。

　「函館の円筒土器文化」2023年10月24日から，函館市立函館博物館（北海道函館市青柳町17-1，Tel：0138-23-5480）にて収蔵資料展が開催されている（6月32日まで）。縄文時代前期から中期にかけて，北海道南部に北東北と共通する円筒土器文化が広がった。函館市内の遺跡から出土した円筒土器を展示する。

•••• 編集室より

✎ 本特集号では，調査研究が進む韓国考古学の成果を受け，あらためて韓半島の三国時代と日本列島の古墳時代の比較研究をみすえた，基礎資料についての研究動向をアップデートする。

✎ 個々の資料の最新研究からはこれまでの理解を再検討する必要も出てきており，資料の基礎的検討をもとに，「考古学による交渉史の理論的枠組みの構築」（山本孝文氏）が求められるという。また倭系古墳や倭系遺物の研究の進展から，双方向の様相がより鮮明にみえてきつつあり，注目される。

✎ 今後，これらの資料をもとに，地域や階層，時期や頻度そして性格の異なる多様な交流史を描くことができるだろう。

✎ 連載「考古学の旬」では，顕著な地域的特色をもつ常陸の古墳についてまとめる。また，連載「私の考古学史」では小笠原好彦氏に考古学人生を振り返っていただいた。

✎ 次号は，古気候学と考古学が解き明かす歴史像について，最新研究をまとめる。（桑門）

•••• 本号の編集協力者

山本孝文（日本大学教授）

1974年長野県生まれ。日本大学文理学部史学科（考古学専攻）を卒業。大韓民国政府招請留学生として忠南大学校大学院考古学科修士課程，釜山大学校大学院考古学科博士課程を修了。文学博士（釜山大学校）。主な著書に『古代朝鮮の国家体制と考古学』（吉川弘文館，2017），『古代韓半島と倭国』（中央公論新社，2018），『考古学概論—初学者のための基礎理論—』（共著，ミネルヴァ書房，2022）などがある。

•••• 本号の表紙

慶州皇南大塚南墳出土の新羅の銀製冠帽

韓半島三国時代の新羅の代表的な大型古墳（積石木槨墳）である慶州の皇南大塚南墳から出土した銀製の冠帽。5世紀代。本体は銀板を折り曲げ，部分的に打ち出して烏帽子形の冠帽を作り，その前面に龍文から変化したと思われる唐草文を透かし彫りした五角形の銀地金銅製飾り板を折り曲げて鋲留めしている。飾り板は五角形の周縁と方形の内郭部分にそれぞれ蹴り彫りで平行線を配し，その間に波状列点文を施す。詳細に見ると多様な技術が適用されていることが観察できる。銀や金銅を使用した装身具や装飾馬具などの金工品技術は新羅をはじめ韓半島の三国時代諸地域で発展し，やがて日本の古墳時代にも広く用いられるようになった。日韓の様々なレベルの交渉の中でもトップクラスの人々によるもので，両地域の支配者層がある時点で共通の表象物を採用していたことを物語る資料である。（山本孝文）

▶本誌直接購読のご案内◀

『季刊考古学』は一般書店の店頭で販売しております。なるべくお近くの書店で予約購読なさることをおすすめしますが，とくに手に入りにくいときには当社へ直接お申し込み下さい。その場合，1年分の代金（4冊，送料当社負担）を郵便振替（00130-5-1685）または現金書留にて，住所，氏名および『季刊考古学』第何号より第何号までと明記の上当社営業部まで送金下さい。

季刊 考古学　第167号　　2024年5月1日発行
ARCHAEOLOGY QUARTERLY　　定価（本体2,400円＋税）

編集人　桑門智亜紀
発行人　宮田哲男
印刷所　株式会社ティーケー出版印刷

発行所　㈱雄山閣　http://yuzankaku.co.jp

〒102-0071 東京都千代田区富士見2-6-9
　電話 03-3262-3231　Fax. 03-3262-6938　振替 00130-5-1685

◆本誌記事の無断転載は固くおことわりします

ISBN 978-4-639-02979-3　printed in Japan

Basic Materials for Japan-Korea Exchanges in Kofun Period
CONTENTS

Published by **YUZANKAKU, Inc.**

2-6-9, Fujimi-cho, Chiyoda-ku, Tokyo 102-0071
URL http://yuzankaku.co.jp E-mail info@yuzankaku.co.jp
TEL +81-3-3262-3231 FAX +81-3-3262-6938

ISBN 978-4-639-02979-3

printed in Japan

季刊考古学 年間定期購読のご案内

年間購読料　本体（税抜）2,400円×4冊＝9,600円（送料無料）

年間4回（季刊）の発売と同時にお手元にお届けします。

定期購読をご希望の方は，下記のお申し込み方法とご注意をご覧のうえ，お申込みください。お支払方法は，基本的に郵便振替での前払いとなります。

■定期購読のお申し込み方法

① 下記必要事項をご連絡ください。電話・FAX等で受け付けます。また，弊社ホームページからはお申込みフォームによって簡単に送信できます。ご活用ください。

【必要事項】

・お名前・フリガナ

・ご住所（郵便番号・都道府県・ビル・マンション名もお知らせください）。

・電話番号・メールアドレス

・別冊季刊考古学の定期購読の有無

　　＊季刊考古学には，本誌の他に『別冊 季刊考古学』があります（不定期）。

　　＊別冊は刊行が不定期ですので，刊行のつど，請求書と振込用紙を同封させていただきます。

・バックナンバーを合わせてご購入される場合は，号数をお知らせください。

② お申し込み後，弊社よりお送りする振替用紙にて郵便局よりお振込下さい。

③ お振込みを確認次第，振替用紙記載の開始号から送付させていただきます。

　なお，お客様からのお申し込み日を基準として購読期間を設定，送本を開始させていただきますので，下記ご購読に関しての注意事項をよくお読みいただいたうえ，お申し込み下さい。

■お問い合わせ先

雄山閣　営業部　Mail.info@yuzankaku.co.jp ／ HP. http://www.yuzankaku.co.jp

Tel. 03 - 3262 - 3231／Fax. 03 - 3262 - 6938（営業時間：平日9：00〜17：00）

■定期購読に関してのご注意

□開始号について

『季刊考古学（本誌）』は年間4回の発売予定です。お客様からのお申し込み日直後の号から定期購読の送本を開始いたします。なお，お客様の定期購読期間につきましては，弊社よりお送りする年間購読料金振込み用紙に記載させていただきますので，よくお確かめ下さい。

□配送について

運送会社より，住所（マンション等の場合，建物名・部屋番号）と表札を確認しポストに投函する方法で配送をおこなっております。お届け先が特定できないと配送されない場合がございますので，建物名・部屋番号・「〜様方」等の詳細をご記入のうえお申込み下さい。

□配達日について

弊社より発売と同時に発送を手配致しますが，交通事情等により到着が遅れることがございます。また，万が一到着が大幅に遅れた場合や，発売日を過ぎても届かない場合がありましたら，大変お手数ですが上記のお問い合わせ先までご連絡下さい。

□住所変更について

本書籍の配送は上記方法でおこなっており，郵便ではございませんので，新しい住所への転送はされません。購読期間中にご住所等の変更があった場合は，氏名，新しい送付先，電話番号，変更の期日を上記のお問い合わせ先までご連絡下さい。

□購読更新について

購読期間終了が近づきましたら弊社より次年度の購読についてご案内申し上げます。

＊その他，ご不明な点などがございましたら，上記までお気軽にお問い合わせ下さい。

季刊 考古学

（年4回発行） 本体2,400円

第*166*号（1月刊行） 本体2,400円

(特集) **DNAと考古学** 藤尾慎一郎 編

中国文明起源の考古学

中村慎一（監修）　秦 小麗・久保田慎二（編）

中国文明はどのように形成されたのか。最新の研究成果にもとづき、日中両国の研究者が、従来の中国文化論・文明論に刷新を迫る新たな歴史像を提示する。

■刊行
2024年3月10日刊行
■ISBN
978-4-639-02969-4
■仕様
B5判・上製カバー
296頁
■定価
本体12,000円＋税

1　稲作と文明形成

環境変化・集落形態・生業方式・文明化過程（孫 国平）／湿地稲作農業社会の発生と文明の形成（方 向明）／浙江省嘉興地域における先史考古学の概要（趙 曄）／良渚文化の生業モデルと稲作農業（鄭 雲飛）／「破土器」とは何か（小柳 美樹）／北タイ山地民のウルチ米蒸し調理における二度蒸し法と茹で蒸し法の選択（小林 正史・久保田 慎二）

2　良渚文化とその周辺

良渚文化と良渚古城（劉 斌）／良渚考古学における衛星リモートセンシングとGIS技術の応用過程および現状（王 寧遠・張 依欣）／琮を考える（蒋 衛東）／東南中国貝塚社会と良渚文化（後藤 雅彦）／錯綜する文化（中村 慎一）

3　地方文明から中国文明へ

長江中流域における石家河文化後期の玉器の生産と流通（秦 小麗）／陶寺遺跡M2172号墓の「東方文化要素」（高 江涛）／土器からみた陶寺文化と石峁文化の関係（久保田 慎二）／「簧」を説く（孫 周勇）／蘆山峁遺跡出土瓦からみた新石器時代における瓦生産とその使用（呂 夢馬 明志）／徳字の遡源と堯舜文徳の含意に関する探索（何 努）／「分」と「合」（許 宏）／殷墟大司空村遺跡303号墓の墓制についての一考察（小澤 正人）

4　歴史考古学の諸相

古代紹興周辺の水利施設と土地利用（大川 裕子・渡部 展也）／北魏爾朱氏の発祥地及びその封地についての考察（蘇 哲）／遼墓の懸鏡葬俗に関する研究（陳 斯雅）／衝突と共生（王 冬冬）

東アジア考古科学の新展開

中村慎一（監修）　米田 穣・佐々木由香・覚張隆史（編）

地球化学や生命科学の最先端の分析手法を応用して、遺跡や遺物から最大限の情報を抽出する考古科学。東アジアをフィールドに、新たな展開をみせるその最新研究成果を展望する。

■刊行
2024年3月10日刊行
■ISBN
978-4-639-02970-0
■仕様
B5判・上製カバー
200頁
■定価
本体10,000円＋税

1　遺跡と遺物の考古科学

科技考古に関する日中共同研究（中村 慎一）／中国考古学におけるリモートセンシングの活用（渡部 展也）／水田探査の変遷と展望（宇田津 徹朗）／良渚遺跡群における「都市性」の議論（米田 穣）／収穫に用いられた民具の使用痕（原田 幹）

2　動植物の考古科学

二里頭文化における畜産の革新（菊地 大樹）／動物考古学から世界最古の家禽を探る（江田 真毅）／骨や歯のリン酸基酸素同位体分析の手法と応用（板橋 悠・米田 穣）／草原のノマドとキビ粥（庄田 慎矢・村上 夏希・Elina Ananyevskaya・Yana Lukpanova・Helen M. Talbot・Oliver E. Craig・Giedre Motuzaite Matuzeviciute）／東アジアにおける残存デンプン粒分析の進展（渋谷 綾子）／残存デンプン粒分析の実践（上條 信彦）／栽培育種学を応用した考古科学（石川 隆二）／叩き割り技術による日中新石器時代の編組製品の製作と用途（佐々木 由香）

3　人の考古科学

考古学研究から古人学研究へ（覚張 隆史）／パレオゲノミクスから探る現代日本人の成り立ち（中込 滋樹／パレオプロテオミクスの進展と展望（西内 巧）／植物遺物の古DNA・古ゲノミクス研究（熊谷 真彦）／河姆渡遺跡と田螺山遺跡から出土した人骨（澤田 純明・佐伯 史子）／新石器時代の長江デルタにおける稲作農耕民の健康状態（岡崎 健治・高椋 浩文・板橋 悠・覚張 隆史・米田 穣・朱 暁汀・芮 国耀・陳 傑）